평신도가 외치는

복음 메시지

평신도가 외치는
복음 메시지

초판 1쇄 인쇄일 2022년 10월 24일
초판 1쇄 발행일 2022년 11월 2일

지은이 권영균
펴낸이 양옥매
디자인 송다희

펴낸곳 도서출판 책과나무
출판등록 제2012-000376
주소 서울특별시 마포구 방울내로 79 이노빌딩 302호
대표전화 02.372.1537 **팩스** 02.372.1538
이메일 booknamu2007@naver.com
홈페이지 www.booknamu.com
ISBN 979-11-6752-197-2 (03230)

오직 예수, 오직 교회, 오직 목회자, 오직 기도

평신도가 외치는
복음 메시지

· 권영균 지음 ·

책과나무

작가의 말

우리는 지금 설교 홍수 시대에 살고 있습니다. 인터넷 방송, 유튜브, 설교 사이트, 설교집 등에 설교가 넘쳐납니다. "홍수 가운데 마실 물이 없다."는 속담이 있고, 찬송가에는 "외치는 자 많건마는 생명수는 말랐다."고 했습니다. 왜 이러한 현상이 일어날까요?

아모스 8장 11-13절에 "주 여호와의 말씀이니라. 보라 날이 이를지라. 내가 기근을 땅에 보내리니 양식이 없어 주림이 아니며 물이 없어 갈함이 아니요, 여호와의 말씀을 듣지 못한 기갈이라. 사람이 이 바다에서 저 바다까지, 북쪽에서 동쪽까지 비틀거리며 여호와의 말씀을 구하려고 돌아다녀도 얻지 못하리니 그날에 아름다운 처녀와 젊은 남자가 다 갈하여 쓰러지리라."고 하셨습니다.

설교 홍수 시대인데 왜 여호와의 말씀을 듣지 못하는 기근과 기갈에 비틀거리며 말씀을 구하려고 이곳저곳 방황할까요? 그 이유는 다른 복음인 율법과 윤리, 도덕, 인본주의, 기복사상이

범람하기 때문입니다. 그것은 복음이 아니요 생명의 말씀도 아니며, 생명수가 아닙니다. 그러므로 영적으로 갈급한 것입니다.

그렇다면 예수님이 전한 복음이 무엇인가요?

예수님이 전한 복음은 천국 복음입니다(마4:23, 마9:35). "이 천국 복음이 모든 민족에게 증언되기 위하여 온 세상에 전파되리니 그제야 끝이 오리라(마24:14)."고 했습니다.

우리의 사명은 무엇입니까?

주님이 전하신 천국 복음을 전하는 것이요, 불신자로 하여금 천국이신 예수님을 영접하여 주님과 한 생명 되고, 한 몸 되어 심령 천국 누리며 살다가 영원한 천국에 들어가게 하는 것입니다. 이것이 바로 새 언약의 천국 복음입니다.

이 책을 통해 한국 교회 목회자와 성도들을 깨우고 천국 복음이 확산되고 회개와 기도운동이 일어나 생명 낳는 역사가 곳곳에서 일어나기를 소망하며 출간을 허락해 주신 하나님께 모든 영광을 돌립니다.

지극히 작은 종

권영균

목차

1장

예수 생애 복음

천국 복음

2장

2장

그리스도의 복음

3장

성경의 핵심

5장

필자와 함께

1장

예수 생애 복음

1
탄생의 복음

| 본문 | 마1:23

성탄절 하면 가장 먼저 생각나는 것이 무엇인가요?
선물, 성탄 트리, 산타크로스, 캐럴, 공휴일…. 그러나 크리스마스는 그리스도를 예배하는 날입니다. 구약의 여러 선지자들이 메시아의 탄생을 예언한 대로 예수님은 이 땅에 예수와 임마누엘로 오셨습니다. 오늘은 탄생의 복음에 대하여 말씀드리겠습니다.

1. 예수님이 이 세상에 오신 이유는 무엇일까요?

1) 세상을 구원하시기 위해 오셨습니다.

요3:17절에 "하나님이 그 아들을 세상에 보내신 것은 세상을 심판하려 하심이 아니요 그로 말미암아 세상이 구원을 받게 하려 하심이라."고 했고, 요12:47절에 "내가 온 것은 세상을 심판하려 함이 아니요 세상을 구원하려 함이로라."고 했습니다.

2) 믿는 자에게 영생을 주시기 위해서 오셨습니다.

요3:16절에 "하나님이 세상을 이처럼 사랑하사 독생자를 주셨으니 이는 그를 믿는 자마다 멸망하지 않고 영생을 얻게 하려 하심이라."고 했습니다.

3) 자기 백성을 죄에서 구원하시려고 십자가를 지시기 위해 많은 사람의 대속물로 오셨습니다.

마1:21절에 "아들을 낳으리니 이름을 예수라 하라. 그가 자기 백성을 그들의 죄에서 구원할 자이심이라 하니라."고 했으며, 마20:28절에 "인자가 온 것은 섬김을 받으려 함이 아니라 도리어 섬기려 하고 자기 목숨을 많은 사람의 대속물로 주려 함이니라." 고 했습니다.

4) 하나님 아버지의 뜻인 둘째 언약(복음)을 세우려고 오셨습니다.

히10:9절에 "보시옵소서. 내가 하나님의 뜻을 행하러 왔나이다 하셨으니 그 첫째 것을 폐하심은 둘째 것을 세우려 하심이라."고 했습니다.

5) 우리와 영원히 함께하시려고 오셨습니다.

마1:23절에 "보라 처녀가 잉태하여 아들을 낳을 것이요, 그의 이름은 임마누엘이라 하리라 하셨으니, 이를 번역한즉 하나님이 우리와 함께 계시다 함이라."고 했으며, 살전5:10절에 "예수께서 우리를 위하여 죽으사 우리로 하여금 깨어 있든지 자든지 자기와 함께 살게 하려 하셨느니라."고 했습니다.

6) 우리에게 구원(생명)과 꼴(말씀)을 주시기 위해 오셨습니다.

요10:9-10절에 "내가 문이니 누구든지 나로 말미암아 들어가면 구원을 받고 또는 들어가며 나오며 꼴을 얻으리라. 내가 온 것은 양으로 생명을 얻게 하고 더 풍성히 얻게 하려는 것이라."고 했습니다.

2. 예수님의 탄생과 예루살렘의 소동

1) 헤롯은 에돔 출신으로 유대 총독을 거쳐 분봉 왕이 된 자입니다.

유대인의 왕이 탄생하였다는 말에 자신의 지위에 위기감을 느

껴 아기 예수를 죽이려고 음모를 꾸몄으나 실패하자 두 살 아래의 아이를 다 죽였습니다.

2) 대제사장과 서기관들은 당시 종교지도자와 학자들입니다. 그러나 그들은 메시아 탄생에 관심이 없었습니다.

3. 예수님을 경배한 자들

1) 구유 위의 주님은 메시아의 표적으로 낮은 자를 구원하시기 위해 오신 주님을 의미합니다.

눅2:12절에 "너희가 가서 강보에 싸여 구유에 뉘어 있는 아기를 보리니 이것이 너희에게 표적이라."고 했습니다.

2) 목동들은 약한 자를 구원하시기 위해 오신 주님을 의미합니다.

3) 동방박사들은 이방인을 구원하시기 위해 오신 주님을 의미합니다.

결론적으로 말씀드리겠습니다.

성탄절은 구원받는 우리 편에서는 기쁘고 감사한 날이지만, 하나님 아버지 편에서는 인류를 구원하기 위해 독생자를 속량 제물로 보내신 날입니다. 목동들은 기쁜 소식으로, 동방박사들은 황금과 유향과 몰약으로 경배했습니다.

그렇다면 나는 어떻게 맞이해야 할까요?

2천 년 전 유대 땅 베들레헴에 오신 예수님은 새 언약을 이루시기 위해 십자가에 죽으시고, 부활하시고, 승천하시고, 우리의 모든 죄를 탕감받게 하시고, 하늘과 땅의 모든 권세를 위임받으시고, 왕권을 가지고 영으로 오순절 날 성령과 함께 오셨습니다. 그분은 복음으로 우리의 마음의 문을 두드리십니다(계3:20). 마음에 문을 열고 예수님을 영접하며 내 안에 들어오십니다. 나를 성전 삼고 나와 한 몸, 한 생명 되어 하나님의 생명으로 살게 하십니다. 주님의 음성을 듣고 천국 되어 살게 하십니다.

예수님은 지금 내 안에 살아 계십니다. 초림에 머무르지 말고 날마다 내 안에 살아 계신 주님으로 인해 심령 천국 누리시기를 소망합니다.

2

성육신의 복음

| 본문 | 마1:21-23

성경은 예수님에 대해 말씀하신 책입니다. 구약은 오실 예수님, 신약은 오신 예수님에 대한 말씀입니다. 하나님은 범죄하고 타락한 인간을 위해 메시아를 보내 주시겠다고 약속하셨습니다(사7:14, 미5:2). 예수님은 구약의 선지자의 예언대로 이 땅에 육신의 몸을 입고 오셨습니다(마1:22). 예수님께서 이 땅에 오신 이유가 무엇일까요?

1. 예수님은 자기 백성을 죄에서 구원하시려고 오셨습니다.

마리아가 성령으로 예수님을 잉태했을 때, 하나님은 요셉에게 "아들을 낳으리니 이름을 예수라 하라. 이는 그가 자기 백성을 그들의 죄에서 구원할 자이심이라."고 하셨습니다(마1:21).

예수라는 이름은 구원이라는 뜻입니다. 예수님은 자기 백성을 그들의 죄에서 구원하시기 위해 오셨습니다(딤전1:15). 인간의 모든 불행의 근본적인 원인은 죄 때문입니다. 그러므로 인간이 죄에서 구원받지 못하는 한 결코 참된 행복을 누릴 수 없고, 지옥 형벌을 피할 수 없습니다.

사람이 이 세상에서 아무리 부귀영화를 누리고 살아도 백 년도 살기 힘든 인생인데, 죽은 후 지옥에 가서 영원한 고통을 당한다면 무슨 유익이 있겠습니까? 그래서 주님이 어리석은 부자 이야기(눅12:16-21), 부자와 거지 나사로 이야기(눅16:19-31)를 하신 것입니다.

예수님이 죄인들을 구원하시려고 이 세상에 직접 오신 것은 죄로부터의 구원은 인간의 자력으로 불가능하기 때문입니다. 예수님이 오셔서 자기 백성의 죗값을 대신 짊어지시고 죽으심으로 죄에서 구원해 주시는 길 외에는 방법이 없었기 때문에 예수님이 친히 오신 것입니다.

2. 예수님은 생명을 주시려고 오셨습니다.

죄의 삯은 사망입니다(롬6:23). 그러므로 모든 죄인들은 영적으로 죽은 자들입니다(엡2:1). 그래서 예수님은 생명을 주시려고 오셨습니다(요10:10). 당신의 죽으심으로 죄의 삯인 죽음의 대가를 치르시고 믿는 자들에게 생명을 주시려고 오셨습니다.

예수님이 주시는 생명은 영생입니다(요10:28). 영생은 단순히 오래 살거나 영원히 죽지 않고 사는 것을 의미하지 않습니다. 영생은 영원한 생명, 곧 영원하신 하나님의 생명입니다.

이 생명을 아들에게 주셨습니다. 아들이 있는 자에게는 생명이 있습니다(요5:11-12). 그래서 예수님을 믿으면 하나님의 자녀가 되는 것입니다(요1:12). 하나님의 생명을 받아 다시 태어났기에 하나님의 자녀인 것입니다. 하나님의 자녀가 되었기에 아버지 하나님의 나라인 천국 시민이 되는 것입니다(빌3:20).

그러므로 예수님의 피로 죄 사함을 받고 예수님의 생명으로 거듭나지 아니하면 아무 소용이 없습니다. 결코 천국에 갈 수 없습니다(요3:3). 하나님은 믿는 자들에게 영생을 주시려고 독생자를 보내 주셨습니다(요3:16).

3. 예수님은 우리를 하나님과 함께 살게 하시려고 오셨습니다.

예수님은 임마누엘의 하나님이 되셔서 우리와 함께 살기 위해서 오신 것입니다. '임마누엘'은 히브리어인데, '함께'라는 뜻의 '임'과 '우리와'라는 뜻의 '마누', '하나님'이라는 뜻의 '엘'의 합성어입니다.

예수님의 이름이 임마누엘이신 이유는, 예수님이 오신 이유가 죄인들이 예수님을 믿고 하나님의 생명으로 거듭나서 하나님의 자녀가 되어 하나님과 영원히 함께 살게 하시려고 오셨기 때문입니다.

하나님이 태초에 인간을 창조하실 때 유독 인간만 하나님의 형상대로 창조하신(창1:27) 이유가 하나님과 사랑의 교제를 나누며 함께 살게 하기 위함이었습니다. 그런데 범죄하고 하나님에게서 쫓겨난 인간(창3:24)을 예수님은 구원하셔서 다시 하나님과 함께 영원히 살게 해 주시는 것입니다.

결론적으로 말씀드리겠습니다.

신앙생활은 하나님과 함께 사는 것입니다. 하나님의 생명으로 사는 것입니다. 하나님과 사랑으로 연합하여 함께 사는 것입니다(갈2:20). 그러므로 나중에 천국에 가서 영원히 하나님과 함께 살고 이 땅에서도 매일매일 하나님과 함께 살아야 합니다.

이 땅에서 하나님과 함께 사는 것이 천국을 누리는 것입니다. 내 안에 계신 주님과 날마다 심령 천국 누리며 살아가시기를 소망합니다.

3

공생애의 복음

| 본문 | 마4:23

오늘은 예수님의 공생애의 복음에 대해서 말씀드리겠습니다. "예수께서 가르치심을 시작할 때에 30세쯤 되시니라."(눅3:23)고 하셨습니다. 30세부터 십자가에 달리시기 전 3년 동안 천국 복음을 전하는 공적 사역을 하셨습니다. 예수님은 공생애 기간 수많은 사역을 하셨습니다(요21:25).

예수님이 이 세상에 오셔서 크게 세 가지 사역을 하셨는데 첫째는, 하나님의 말씀을 가르치신 사역입니다. 둘째는, 천국 복음을 전파하신 사역입니다. 셋째는, 병자를 고친 힐링 사역입니다(마4:23).

1. 예수님은 가르치셨습니다.

예수님은 바닷가에서 가르치시고, 들판에서도 가르치시고, 산에서도 산상수훈을 가르치시고, 특별히 본문에는 회당에서 가르치셨다고 했습니다.

주로 무엇을 가르치셨을까요? 기도에 대해서 주기도문을 가르치시고, 금식에 대해서도 가르치시고, 염려에 대해서도 가르치시고, 마태13장-25장까지 예수님의 비유가 나옵니다. 그 비유는 열의 하나같이 천국 비유입니다. 주로 천국에 대해서 가르치시고 천국 백성의 삶을 가르치셨습니다.

2. 천국 복음을 전파하셨습니다.

예수님은 온 천하에 다니며 만민에게 복음을 전파하라고 하셨습니다(막 1:14-15, 막16:15). 무슨 복음을 온 천하 만민에게 전파하라고 하셨나요? 바로 천국 복음입니다.

1) 예수님은 천국 복음을 전파하셨습니다(마4:23, 마9:35, 눅4:43, 눅16:16).

예수님이 전한 복음은 천국 복음입니다. 예수님이 전한 모든 비유는 천국 비유입니다. 예수님이 천국이십니다. 이 천국 복음이 땅끝까지 전파되어야 그제야 끝이 옵니다(마24:14).

2) 그러면 천국 복음이 무엇입니까?

천국 복음은 하나님께서 렘31:31-33, 겔11:19-20, 겔36:25-27절에 약속하신 "새 영을 너희 속에 두고 새 마음을 너희에게 주고 내 법을 너희 마음에 새겨 나는 너희 하나님이 되고 너희는 내 백성이 되리라."는 새 언약입니다. 한마디로 말하면, 하나님이 내 안에 들어오시겠다는 것입니다. 이 새 언약이 천국 복음입니다.

3) 하나님은 이 새 언약을 이루시기 위해,

① 이 땅에 예수님을 새 언약의 중보자로 보내셨습니다(히9:15).

② 이 세상에 오신 예수님은 하나님 아버지 뜻에 전적으로 순종하셨습니다(요 6:38-40).

③ 하나님은 새 언약을 이루시기 위해 예수님에게 천국 복음을 전하게 하시고(마4:23, 9:35), 우리의 모든 죄를 속량하시려고 예수님을 십자가 위에서 죽게 하셨습니다(히9:15, 살전5:10).

④ 하나님은 새 언약을 이루시기 위해 예수님을 죽은 자 가운데서 3일 만에 부활시키셨습니다.

⑤ 하나님은 새 언약을 이루시기 위해 예수님을 하늘로 올리우

셔서 우리의 과거, 현재, 미래의 죄를 사해 주시고 하늘 보좌 우편에 앉히셨습니다(히 8:12-13).

⑥ 하나님은 새 언약을 이루시기 위해 택한 백성들과 영원히 함께하시려고 예수님에게 왕권을 주시어 오순절에 성령과 함께 그리스도(부활의 영)로 보내셨습니다(마16:28).

⑦ 이 예수 그리스도를 나의 왕으로, 나의 주인으로, 나의 머리로, 나의 생명으로, 나의 삶의 전부로 영접하고 믿으면 주님은 내 안에 들어오십니다(계3:20). 예수 그리스도가 성령 안에서 나를 성전 삼고 내주하십니다. 주님과 하나 되면 마음의 천국이 이루어지고 영원한 천국에 들어가게 되는데, 이것이 바로 천국 복음입니다.

4) 예수님이 내 안에 들어오시는 것입니다(계3:20).

주님이 내 안에 사시는 것입니다(갈2:20). 내 안에 살아 계신 그리스도가 하나님의 비밀입니다(골1:26-27). 심령에 예수님을 모시고 천국 되어 사는 것입니다. 심령 천국 되게 하는 것입니다. 천국이신 예수님을 마음에 모시고 이 땅에서 천국 되어 살다가 영원한 천국에 들어가는 복음이 천국 복음입니다. 이 천국 복음이 구약의 새 언약입니다. 예수님이 내 안에 들어오셔서 사시는 것입니다.

3. 병자들을 치유하셨습니다.

마4:23절에 보면 "백성 중의 모든 병과 모든 약한 것을 고치셨다."고 했습니다. 우리 인간은 육체의 질병을 가지고 있습니다.

1) 왜 육체의 질병이 우리들에게 찾아옵니까?

① 첫째는 우리의 죄 때문입니다. 아담과 하와가 죄를 범함으로 질병이 우리에게 찾아왔습니다.

② 두 번째는 하나님이 주신 육신을 잘 관리하지 못해서 찾아오기도 합니다.

③ 세 번째는 하나님께서 징계하시는 수단으로 질병이 올 수도 있습니다. 그런가 하면 하나님의 영광을 위해서 질병이 올 수도 있습니다. 모든 질병을 치유하시는 주님이십니다. 왜냐하면 십자가에서 우리의 질병과 연약함을 짊어지셨기 때문입니다(마8:16, 마8:17, 벧전2:24). 하나님의 자녀들이 건강하게 사는 것이 하나님의 뜻입니다.

2) 건강에는 다섯 가지 종류가 있습니다.

육체적 건강, 마음의 건강, 정신적인 건강, 환경적인 건강, 영적인 건강입니다. 예수님은 각색 육체적 · 정신적 · 환경적 · 영적 질병들을 전인적으로 치유하셨습니다.

결론적으로 말씀드리겠습니다.

질병이 없는 곳이 있습니다. 그곳은 바로 천국입니다(계21:3-4). 천국이신 예수님을 마음에 왕으로 주인으로 모시고 날마다 심령 천국 되어 전인적인 건강을 누리고 천국 복음 전하는 주님의 일꾼 되시기를 소망합니다.

4

십자가의 복음

| 본문 | 살전5:10

오늘은 십자가의 복음에 대해서 말씀드리겠습니다. 십자가는 복음에 있어서 매우 중요한 부분입니다. 십자가 없는 부활이 없고, 십자가 없는 구원이 있을 수 없기 때문입니다. 그러나 십자가는 복음의 전부 또는 핵심은 아닙니다. 복음의 시작이요 중요한 과정입니다. 그래서 십자가에 머물러 있으면 안 됩니다.

1. 하나님은 예수님을 이 땅에 보내셨습니다.

예수님께서 이 땅에 오신 목적은 하나님께서 맹세로 약속한 새 언약을 이루기 위해서입니다. 새 언약은 하나님께서 내 안에 들어오시겠다는 약속입니다. 하나님께서 새 언약을 이루시려고 예수님을 새 언약의 중보자로 이 땅에 보내셨습니다(히9:15). 중보자는 하나님이시며 인간이어야 합니다.

예수님은 신성과 인성을 지니셨습니다. 예수님은 이 땅에 오실 때 두 개의 이름을 가지고 태어나셨습니다. 예수와 임마누엘입니다. 예수님은 ① 자기 백성을 죄에서 구원하시기 위해서 오셨습니다(마1:21). 임마누엘은 ② 우리와 함께 계시기 위해서 오셨습니다(마1:23, 사7:14).

2. 하나님은 예수님을 십자가에 못 박혀 죽게 하셨습니다.

예수님께서 십자가에 죽으심은 새 언약을 이루시기 위해서입니다. 우리 안에 영으로 들어오시기 위함입니다.

십자가와 그리스도는 하나님이 감추어 놓은 비밀입니다.

1) 율법의 정죄 아래 죽을 수밖에 없는 우리의 구원을 위해 예비해 놓으신 하나님의 지혜가 바로 십자가의 복음입니다.

십자가는 하나님이 감추어 놓은 비밀입니다(고전2:7-8). 마귀가 이 비밀을 알았다면 예수님을 십자가에 못 박아 죽이지 않았을 것입니다. 우리를 향하신 하나님의 구원 계획이 놀랍고 신기

하고 감사할 뿐입니다.

2) 육신의 생명에서 볼 수 없도록 감추어 놓은 비밀이 또 하나 있습니다. 그것은 내 안에 계신 그리스도입니다.

내 안에 계신 그리스도는 비밀입니다. 그러므로 세상의 지혜로는 깨달을 수 없고, 오직 내 안에 계신 성령께서 깨닫게 해 주셔야 알 수 있습니다(골1:26-27). 많은 목회자와 신자들이 이 비밀을 깨닫지 못하고 십자가와 부활에 머물러 있습니다. 십자가와 부활은 복음 안에서 매우 중요한 부분인 것은 맞지만, 복음의 핵심은 아닙니다.

3) 예수님이 이 땅에 오신 목적은 하나님이 맹세로 약속한 새 언약을 이루기 위해서입니다.

새 언약을 이루기 위해 십자가에 죽으시고 부활 · 승천하시어 하늘 보좌 우편에서 우리 죄를 영원히 대속하시고 왕권을 가지고 다시 성령과 함께 오셨습니다. 성령 안에 오신 그리스도는 나를 성전 삼으시고 내 안에 들어오셔서 하나님의 생명으로 거듭나게 하여 예수님과 한 생명이 되게 하셨습니다. 그래서 주님을 머리로 삼고 나는 몸이 되어, 주님이 주는 마음에서 주님의 음성을 듣고 주님의 뜻을 이루는 삶을 살게 되었습니다. 이것이 복음의 핵심입니다.

3. 예수님께서 왜 십자가에 못 박혀 죽으셨습니까?

예수님께서 십자가에 죽으신 이유가 많이 있겠지만 몇 가지를 살펴보겠습니다.

1) 아버지의 뜻을 이루시기 위해서입니다(눅22:42).

우리의 구원을 위해 예수님께서 십자가에 죽는 것이 하나님의 뜻입니다.

2) 우리의 모든 죄를 대속하시기 위함입니다.

십자가는 예수 그리스도의 대속 사역의 완성입니다(요19:30). 예수님께서 십자가에서 '다 이루었다.'고 하셨는데, 이 말씀은 '구원을 다 이루었다.'는 말이 아니고, '죗값을 다 치르셨다.'는 의미이고 '이 세상에서 해야 할 아버지의 뜻을 다 이루었다.'는 뜻입니다. 십자가의 피로 영원한 속죄를 이루었다고 해서 구원이 완성되는 것은 아닙니다.

십자가의 복음은 천국 복음의 시작입니다. 부활하시고 승천하시고 성령과 함께 다시 오셔서 내 안에서 구원을 이루고 우리를 천국으로 인도하셔야 구원이 완성되는 것입니다. 그러므로 십자가의 복음에 머물러 있어서는 안 됩니다. 사단은 우리의 지은 죄를 가지고 정죄하고 참소하므로 우리를 다시 십자가로 돌아가게 하여 십자가에 머물러 있게 합니다. 십자가의 복음은 천국 복음의 진행 과정입니다.

3) 우리의 죄악과 율법의 저주와 연약함과 질병을 담당하시기 위해서입니다.

우리의 죄악을 담당하셨습니다(사53:5-6). 우리를 위해 율법의 저주를 담당하셨습니다(갈3:13). 우리의 연약함과 질병을 담당하셨습니다(마8:17).

4) 우리에 대한 하나님의 사랑을 확증하시기 위해서입니다(롬5:8).

하나님은 우리를 사랑하십니다.

5) 우리를 하나님께로 인도하기 위해서입니다(벧전3:18).

예수님은 우리를 하나님 앞으로, 천국으로 인도하시는 분이십니다. 예수님으로 말미암지 않고는 아버지께로 갈 자가 없습니다(요14:6).

6) 우리와 영원히 함께 살기 위해서 죽으셨습니다(살전5:10).

주님이 십자가에 죽으신 것은 자나 깨나 우리와 영원히 함께 살기 위함입니다. 그래서 임마누엘입니다. 이것이 십자가 복음의 결론입니다.

결론적으로 말씀드리겠습니다.

십자가에 죽으신 예수님이 지금 어디에 계십니까?

내 안에 계신 그리스도의 복음을 믿지 않으면 십자가의 복음이 헛된 것입니다. 2천 년 전, 예수님이 십자가에서 내 죄를 사해 주셨다는 확실한 증거는 십자가에 죽으신 예수님이 지금 내 안에 살아 계신 것입니다(고후13:5).

내 안에 계신 그리스도로 인해 날마다 심령 천국 누리시다가 영원한 천국에 들어가 영생복락 누리시기를 소망합니다.

5
장사 지냄의 복음

| 본문 | 고전15:3-4

"우리가 받은 것을 먼저 너희에게 전하였노니 이는 성경대로 그리스도께서 우리 죄를 위하여 죽으시고 장사 지낸바 되었다가 성경대로 사흘 만에 다시 살아나사"(고전15:3-4).

오늘은 예수님의 장사 지냄의 복음에 대하여 말씀드리겠습니다. 예수님을 장사 지낸 것은 우리의 모든 것(죄, 옛사람)을 다 담당하시고 장사 지낸 것입니다. 그와 함께 장사 지냈습니다(롬6:4). 그래서 우리의 옛사람, 옛 성품, 죄가 죽었습니다. 장사 지냈습니다. 그리스도의 죽으심과 함께 우리의 옛사람이 죽은 것입니다.

바울이 놀라운 진리를 깨달았습니다. 나의 정욕과 욕심이 그리스도와 함께 십자가에 못 박혔다는 것입니다. 복음이란 내가 십자가에서 예수님과 함께 죽고 내 안에 부활하여 살아 계신 예수님과 함께 사는 것입니다.
그렇다면 예수님을 장사 지낸 이유가 무엇입니까?

1. 예언을 성취하시기 위함입니다.

1) 이사야를 통해 예언하셨고 예언대로 부자 아리마대 요셉의 무덤에 묻히셨습니다(사53:9).

2) 요나를 통해 예언하셨습니다(마12:39-40).

2. 우리 대신 죽으시고 음부(지옥)에 내려가신 것입니다.

죄인인 우리가 죗값으로 죽어 지옥에 들어가야 하는데, 예수님께서 대신 죽으시고 음부(지옥)에 내려가신 것입니다.

3. 우리를 하나님 앞으로 인도하기 위해서입니다.

벧전3:18절에 "그리스도께서도 단번에 죄를 위하여 죽으사 의인으로서 불의한 자를 대신하셨으니 이는 우리를 하나님 앞으로 인도하려 하심이라 육체로는 죽임을 당하시고 영으로는 살리심을 받으셨으니….”라고 했습니다.

4. 몸은 무덤에 영은 음부(지옥)에 내려가셨습니다.

1) 예수님은 십자가에 죽으신 후 장사 지내시고 몸은 무덤에, 영은 음부(지옥)와 낙원에 가셨습니다.

죽음과 부활 사이 예수님의 영은 노아시대 방주를 지을 때 불순종하여 죽은 영혼들에게 선포하시기 위해 지옥에 내려가셨습니다(벧전3:19-20). 우리가 가야 할 지옥을 예수님이 대표로 가셨기 때문에 그를 믿는 우리는 가지 않게 되었습니다.

2) 노아시대 홍수 심판은 마지막 심판의 예표요, 방주는 예수님의 예표입니다(마24:37-39).

따라서 노아시대 방주에 들어가지 못한 자들은 예수님을 믿지 않아 구원받지 못한 자들을 가리키고, 방주에 들어간 자는 예수님을 믿음으로 구원받은 자들을 가리킵니다.

3) 예수님의 영이 지옥에 가신 것은 천주교의 연옥설과 같이 그

들에게 구원의 기회를 주기 위함이 아니고, 예수님 자신이 방주의 실체요, 심판의 주이심을 선포하기 위함입니다(빌2:9-11).

4) 지옥의 영들에게 선포하신 예수님의 영은 강도에게 말씀하신 대로 낙원에 가셨습니다(눅23:39-43).

예수님이 마지막 강림하실 때 낙원에 있는 영들을 데리고 오셔서 부활시키십니다(살전 4:13-17). 낙원에 계신 주님이 부활의 첫 열매가 되신 것처럼 우리도 낙원에 있다가 똑같은 방법으로 부활하게 됩니다(고전15:20).

결론적으로 말씀드리겠습니다.

결국 예수님을 장사 지냄도 새 언약을 이루시기 위함이요, 우리 안에 들어오시기 위한 과정입니다. 우리의 죄와 옛사람과 질병을 함께 장사 지낸 것입니다. 우리의 모든 것을 짊어지시고 장사 지내신 주님은 부활하셔서 승천하신 후, 우리의 모든 죄를 탕감받으시고 왕권을 가지고 오셔서 내 안에 들어 오셨습니다.

내 안에 계신 주님으로 인해 날마다 나는 죽고 그리스도만 나타나는 빛과 소금의 삶이 되시기를 소망합니다.

6

부활의 복음

| 본문 | 롬8:11

오늘은 부활의 복음에 대하여 말씀을 드리겠습니다. 일반 역사는 예수, 공자, 석가, 마호메트를 4대 성인이라 합니다. 공자는 기원전 551년에 노나라 산동성에서 태어나 유교를 창시한 후 72세에 죽었고, 고향인 산동성에 500평이 넘는 묘지가 있습니다.

석가는 기원전 563년에 카필라 왕국 국왕의 왕자로 태어나 불교를 창시한 후 80세에 죽었고, 46미터의 탑을 비롯해서 5대 보궁(석가의 사리를 보관한 곳)이라는 거대한 묘지가 있습니다.

마호메트는 570년에 메카에서 태어나 이슬람교를 창시한 후 62세에 죽었고, 사우디아라비아에 세계 최대의 묘지가 있습니다.

그러나 예수님은 묘지나 무덤이 없습니다. 왜냐하면 부활하셨기 때문입니다.

1. 부활 신앙이란 무엇인가요?(고전 15:12-20)

1) 만일 예수님이 부활하지 않으셨다면,

① 우리가 전하는 것이 헛것입니다. ② 우리의 믿음도 헛것입니다. ③ 우리 모두는 거짓말쟁이입니다. ④ 우리는 여전히 죄에 빠져 있는 소망 없는 자들입니다. ⑤ 믿음으로 살았던 수많은 그리스도인들 모두 다 망한 자들입니다. ⑥ 우리가 세상에서 가장 불쌍한 자들입니다.

2) 부활 신앙이란 예수님께서 부활하셨다는 것을 믿는 객관적 믿음이 아니라, **예수님이 부활하신 것처럼 나도 부활할 것을 믿고 소망하는 주관적 믿음입니다**(롬 8:11).

2. 부활에는 순서가 있습니다.

1) 예수 그리스도의 부활은 예수님을 믿고 죽은 모든 자들에게

첫 열매가 되셨습니다(고전15:20).

첫 열매라 함은 계속해서 그다음 열매가 있다는 것인데, 부활에는 첫째 부활과 마지막 부활이 있습니다. 즉 ① 예수님 부활, ② 첫째 부활은 주님께 붙어 있는 자들이요, ③ 마지막 부활은 나머지 택한 백성들입니다(고전15:22-24, 계20:4-6).

2) 천년왕국은 첫째 부활한 자들이 들어가서 천 년 동안 그리스도와 더불어 왕 노릇을 하는 곳입니다.

사도 바울은 이 첫째 부활에 이르기 위해 푯대로 삼고 최선을 다해 달려갔습니다(빌3:11, 14).

3. 하나님이 예수님을 부활시키신 이유는 무엇일까요?

1) 죄와 사망을 정복하셨다는 확증을 위해서입니다.

2) 우리의 부활을 예표해 주시기 위해서(첫 열매)입니다(고전15:20-23).

3) 복음을 전하고 제자를 삼으라는 사명을 위해서입니다(행3:15).

4) 우리 안에 들어오셔서 임마누엘로 사시기 위해서입니다(살전 5:10).

4. 부활하신 예수님은 내 안에 살아 계십니다.

1) 하나님은 독생자(예수)를 새 언약의 중보자로 이 땅에 보내셔서 십자가에서 죽게 하셨습니다(행2:23).

2) 하나님은 아들을 사망에서 살리셨습니다(행2:31-32).

3) 하나님은 아들(예수)을 하늘에 올리셨다가 택한 자의 심령 안에 거하게 하시려고 성령과 함께 다시 보내셨습니다(요14:18, 골 1:27).

4) 하나님은 마지막 날에 택한 자들을 다시 살리셔서 천국으로 인도하십니다(요6:40, 고후4:14).

5) 부활하신 예수 그리스도는 지금 내 안에 살아 계십니다(고후 13:5).

결론적으로 말씀드리겠습니다.

생명이시며 천국이신 부활하신 예수 그리스도가 내 안에 오셔야 영생을 얻고 천국을 누릴 수 있습니다. 이 땅에서 주님과 한 생명 되어 천국을 누린 자만이 마지막 날에 부활하여 영원한 천국에 들어가 영생의 복을 누리게 됩니다. 이 땅에서 천국이 되지 않으면 영원한 천국에 들어갈 수 없습니다.

내 안에 부활하신 주님이 계셔서 감사합니다. 나도 주님처럼 부활하게 되니 감사합니다. 부활의 복음을 깨닫게 하신 하나님께 날마다 영광을 돌리기를 소망합니다.

7
승천의 복음

| 본문 | 행1:11

여러분, 복음이 무엇입니까? 우리가 믿는 예수 그리스도가 복음입니다. 예수님이 복음의 실체입니다(막1:1). 따라서 복음을 예수님의 한 부분만 강조하여 단편적으로 정의해서는 안 됩니다. 예를 들면 십자가, 부활, 임마누엘, 강림 등 예수님의 탄생, 공생애, 십자가, 부활, 승천, 다시 오심, 임마누엘, 강림, 천년왕국, 새 예루살렘까지 전체가 복음입니다. 오늘은 승천의 복음에 대해 말씀드리겠습니다.

1. 하나님은 예수를 하늘에 올리셨습니다.

하나님은 부활하신 예수님을 하늘 지성소로 올리셔서 우리의 모든 죄를 탕감받게 해 주시고 하늘 보좌 우편에 앉게 하셨습니다. 행1:11절에 "갈릴리 사람들아 어찌하여 서서 하늘을 쳐다보느냐? 너희 가운데서 하늘로 올려지신 이 예수는 하늘로 가심을 본 그대로 오시리라 하셨느니라."고 했습니다.

행7:55-56절에 "스데반이 성령 충만하여 하늘을 우러러 주목하여 하나님의 영광과 및 예수께서 하나님 우편에 서신 것을 보고 말하되, 보라 하늘이 열리고 인자가 하나님 우편에 서신 것을 보노라."고 했고, 벧전3:22절에 "그는 하늘에 오르사 하나님 우편에 계시니 천사들과 권세들과 능력들이 그에게 복종하느니라."고 했습니다.

히1:3절에 "이는 하나님의 영광의 광채시오 그 본체의 형상이시라. 그의 능력의 말씀으로 만물을 붙드시며 죄를 정결하게 하는 일을 하시고 높은 곳에 계신 지극히 크신 이의 우편에 앉으셨느니라."고 했으며, 히12:2절에 "믿음의 주요, 또 온전하게 하시는 이인 예수를 바라보자. 그는 그 앞에 있는 기쁨을 위하여 십자가를 참으사 부끄러움을 개의치 아니하시더니 하나님 보좌 우편에 앉으셨느니라."고 했습니다.

2. 예수님이 승천하셔야 하는 이유는 무엇일까요?

1) 첫째는 하늘 지성소에서 우리의 모든 죄를 탕감받으시기 위해서입니다.

땅의 지성소는 하늘 지성소의 모형이요 그림자입니다(히8:5). 땅의 지성소에서는 대제사장이 자기와 그 집안과 온 이스라엘 자손의 모든 죄를 위해 짐승의 피를 가지고 일 년에 한 번 속죄하였습니다(레16:17, 30, 34). 하늘 지성소에서는 영원한 대제사장이신 예수 그리스도께서 자기의 피로 단번에 영원한 속죄를 이루셨습니다(히9:11-12, 히10:12).

2) 우리와 온 세상의 구원을 위해 중보하시기 위해서입니다.

예수님은 우리의 중보자로 하나님 우편에서 우리를 위하여 친히 간구하십니다(롬8:34, 요일2:1-2).

3) 오순절 날 성령과 함께 영으로 다시 오시기 위해입니다.

예수님께서 당시 제자들에게 인자가 왕권을 가지고 오는 것을 볼 것이라고 말씀하셨습니다(마16:28). 하늘로 올라갔다가 너희에게로 다시 오리라고 말씀하셨습니다(요14:18-20, 28, 히9:27-28).

4) 마지막 때에 강림하시기 위해서입니다.

주님과 한 생명 된 자를 구원하고 믿지 않는 자를 심판하시기 위해 강림하십니다(행1:11).

결론적으로 말씀드리겠습니다.

예수 그리스도는 우리의 모든 죄를 탕감받기 위해 승천하셨습니다(히8:12-13). 우리를 위해 중보하시기 위해 승천하셨습니다. 우리 안에 영으로 들어오시기 위해 승천하셨습니다. 그 예수님은 우리 안에 들어오셔서 임마누엘 하십니다. 그리고 마지막 종말의 때에 강림하실 것입니다.

오늘도 왕권을 가지고 내 안에 오신 예수 그리스도로 날마다 심령 천국 누리며 강림하실 주님을 소망하며 사는 저와 여러분 되시기를 소망합니다.

8

다시 오심의 복음

| 본문 | 요14:16-20

우리가 믿는 예수 그리스도가 복음입니다. 예수님이 복음의 실체입니다(막 1:1). 따라서 복음을 예수님의 한 부분, 예를 들어 십자가, 부활, 임마누엘, 강림 등만 강조하여 단편적으로 정의해서는 안 됩니다. 예수님의 탄생, 공생애, 십자가, 부활, 승천, 다시 오심, 임마누엘, 강림, 천년왕국, 새 하늘과 새 땅, 새 예루살렘까지 전체가 복음입니다.

여러분, 예수님은 이 땅에 몇 번 오십니까? 세 번입니다. 초림으로 오시고, 성령과 함께 영으로 오시고, 마지막 날 심판주로 강림하십니다. 오늘은 두 번째 오순절 날 성령과 함께 영으로 오신 예수님에 대해 말씀드리겠습니다.

1. 예수 그리스도는 우리의 구원을 완성하시기 위해 오순절 날 성령과 함께 영으로 다시 오셨습니다.

예수님은 인성과 신성을 가지고 계십니다. 인성인 부활체는 하나님 보좌 우편, 하늘에 계시고, 신성인 영은 그리스도로 다시 오셨습니다(눅9:27, 요14:16-20, 요한1서3:24).

예수님은 마16:28절에서 왕권을 가지고 다시 오신다고 했습니다. 흔히 말하는 재림이 아닙니다. 두 번째 영으로 초대교회 오순절 날 오신 것입니다. ① 왕권을 가지고 오셨습니다. ② 하나님 나라로 오셨습니다. ③ 성령과 함께 오셨습니다. ④ 믿는 자들 심령에 오신 것입니다.

2. 왜 영으로 오셨습니까?

1) 첫째는 새 언약을 이루기 위해서입니다(렘31:31-33, 겔11:19-20, 겔36:25-27).

구약에 새 언약은 육신의 생명으로는 하나님의 법에 순종할 수 없고, 말씀을 지킬 수도 없고, 주님의 음성을 들을 수 없기에 하나님께서 우리 속에 들어오시겠다는 약속입니다. 그래서 새 언약의 중보자로 오신 것입니다(히9:15).

2) 둘째는 우리 안에 들어오시기 위해서입니다.

예수님은 임마누엘이십니다(마1:23). 하나님이 우리와 함께 계시기 위해 오셨습니다. 영으로 우리 안에 들어오시는 것입니다(계3:20).

3) 세 번째는 내 안에서 사시기 위해서입니다(갈2:20, 살전5:10).

예수님은 나를 성전 삼고, 나와 한 생명 되고, 한 몸 되어 내 안에서 말씀하시고, 나는 그 음성을 듣고 순종하며 사는 것입니다.

4) 내 안에 들어오신 예수님이 하나님의 비밀입니다(골1:26-27).

내 안에 계신 예수 그리스도는 어떤 비밀입니까?

① 복음의 비밀이요, ② 구원의 비밀이요, ③ 생명의 비밀이요, ④ 천국의 비밀입니다.

3. 다시 오셔서 내 안에 계시는 주님은 나를 통해서 나타나십니다.

나를 통해서 주님이 나타나야 합니다.

요14:21절에 "나의 계명을 지키는 자라야 나를 사랑하는 자니 나를 사랑하는 자는 내 아버지께 사랑을 받을 것이요 나도 그를 사랑하여 그에게 나를 나타내리라."고 했습니다.

딤후4:7-8절에 "나는 선한 싸움을 싸우고 나의 달려갈 길을 마치고 믿음을 지켰으니 이제 후로는 나를 위하여 의의 면류관이 예비되었으므로 주 곧 의로우신 재판장이 그날에 내게 주실 것이며 내게만 아니라 주의 나타나심을 사모하는 모든 자에게도니라."고 했습니다.

요일2:28절에 "자녀들아 이제 그의 안에 거하라. 이는 주께서 나타내신바 되면 그가 강림하실 때에 우리로 담대함을 얻어 그 앞에서 부끄럽지 않게 하려 함이라."라고 말씀하셨습니다.

나의 삶을 통해 주님이 나타나야 합니다. 나는 십자가에 죽고 주님이 나타나야 합니다. 이것이 빛과 소금의 삶입니다. 복음으로 사는 삶입니다.

결론적으로 말씀드리겠습니다.

① 주님이 내 안에 들어오셔야 새 생명으로 거듭나는 것입니다. 거듭남의 비밀입니다. ② 주님이 내 안에 들어오셔야 구원받은 하나님의 자녀입니다(요1:12). 구원의 비밀입니다. ③ 주님이 내 안에 들어오셔야 생명이 있습니다(요일5:11-12). 생명의 비밀입니다. ④ 주님이 내 안에 들어오셔야 천국을 누리게 됩니다(골

1:26-27). 천국의 비밀입니다.

내 안에 들어오신 주님이 내 안에서 말씀하시는 것입니다(요10:27). 그 음성을 듣고 살아야 합니다. 주님은 내 안에 살아 계십니다(갈2:20). 그래서 임마누엘입니다. 내 안에 계신 예수 그리스도로 말미암아 날마다 심령 천국 누리시기를 소망합니다.

9
임마누엘의 복음

| 본문 | 골1:26-27

오늘은 임마누엘의 복음에 대해 말씀드리겠습니다.

예수님은 구약의 예언대로 임마누엘로 이 땅에 오셨습니다(사7:14, 마1:23). 하나님이 우리와 함께 계시기 위해서 예수님을 이 땅에 보내신 것입니다. 이 땅에 오신 그 예수님은 우리의 죄를 대신하여 십자가에 죽으시고, 부활하시고, 승천하셔서 우리 죄를 완전히 탕감하시고, 왕권을 가지시고(마16:28), 이 땅에 영으로 오셔서 우리의 마음의 문을 두드리십니다. 마음의 문을 열고 주님을 영접하면 우리 안에 들어오십니다(계3:20).

예수님은 왕이십니다. 예수님은 하늘과 땅의 모든 권세를 가지고 오신 왕이십니다(마28:18). 그 예수님은 나를 성전 삼고 우리 안에 거하십니다. 그래서 임마누엘입니다.

1. 우리 안에 계신 그리스도는 하나님의 비밀입니다.

예수 그리스도는 만세 전에 감추었던 하나님의 구원의 비밀입니다(골1:26-27). 이 비밀은 우리 안에 계신 그리스도이십니다. 비밀은 아무나 아는 것이 아닙니다. 우리 안에 계신 그리스도는 지혜롭고 슬기로운 자들에게는 숨기십니다(마11:25-26). 이들은 교만하고 똑똑하고 지식으로 믿으려고 하는 자들입니다. 그러나 어린아이처럼 주님 마음 되어 겸손한 자들에게는 나타내십니다. 성경이 기록된 그대로를 믿는 것입니다. 그래서 하나님의 비밀입니다.

예수 그리스도 안에 모든 풍성함이 있습니다. 예수 그리스도는 우리의 영광이요, 우리의 소망입니다. 찬송가에도 "이 몸에 소망 무엔가 우리 주 예수뿐일세."라고 했습니다. 내 안에 예수 그리스도가 계신 것을 믿고 깨닫는 자는 하나님의 비밀을 아는 자입니다.

2. 우리 안에 그리스도께서 계시지 않으면 생명이 없습니다.

여기서 생명은 영원한 생명, 영생, 곧 하나님의 생명입니다(요 5:26). 예수님은 길이요 진리요 생명이십니다(요14:6). 생명이신 예수 그리스도가 내 안에 계셔야 생명이 있고, 예수님이 내 안에 계시지 않으면 생명이 없습니다(요일5:11-12). 예수 안에 생명이 있습니다. 이 예수님이 내 안에 들어오셔야 내 안에 생명이 있습니다. 내 안에 예수의 생명이 없으면 영적으로 죽은 자입니다(엡2:1).

3. 우리 안에 그리스도의 영이 없으면 그리스도인이 아닙니다.

롬 8:9절에 "만일 너희 속에 하나님의 영이 거하시면 너희가 육신에 있지 아니하고 영에 있나니 누구든지 그리스도의 영이 없으면 그리스도의 사람이 아니라."고 하셨습니다.

여러분 속에 그리스도의 영이 없으면 여러분은 그리스도인이 아닙니다. 그냥 교회에 다니는 종교인일 뿐입니다. 육에 속한 사람입니다. 그러나 우리 안에 하나님의 영이 거하시면 영의 사람이요, 그리스도의 영이 계시면 그는 그리스도인입니다. 그 속에 생명이 있습니다.

4. 우리 안에 그리스도께서 계시지 않으면 버림받은 사람입니다.

예수 그리스도께서 내 안에 계시지 아니하면 버림받은 자입니다(고후13:5). 여기에서 버림받은 자란 구원받을 수 없다는 뜻이다.

여러분 안에 예수 그리스도께서 살아 계십니까?

우리 안에 예수 그리스도께서 계시기 전에는 엡2:1-3절을 보면 우리는 허물과 죄로 죽는 자입니다. 그래서 공중권세 잡은 자를 따랐습니다. 본질상 진노의 자녀였습니다. 육체로는 이방인이요, 그리스도 밖에 있었고, 이스라엘 나라 밖의 사람이요, 약속의 언약들에 대하여는 외인이요, 세상에서 소망이 없고 하나님도 없는 자였습니다.

그러나 이제는 전에 멀리 있던 너희가 그리스도 예수 안에서 그리스도의 피로 가까워졌다고 했습니다(엡2:1-13). 그리스도께서 내 안에 거하시면 "그러므로 이제부터 너희는 외인도 아니요 나그네도 아니요 오직 성도들과 동일한 시민이요 하나님의 권속이라."(엡2:19)고 했습니다.

결론적으로 말씀드리겠습니다.

사복음서는 주로 예수님의 공생애와 십자가에 대해서 말씀하시고, 사도행전은 부활하신 예수님에 대해서 말씀하시고, 서신서는 내 안에 계신 예수 그리스도에 대해서 말씀하시고, 계시록은 강림하실 예수님에 초점이 맞추어져 있습니다. 그렇다면 지금 우리는 어디에 계신 예수님께 초점을 맞추며 살아야 할까요?

당연히 내 안에 계신 예수님께 초점을 맞추고 살아야 합니다. 주님과 함께 살아야 합니다. 내 안에 계신 예수님을 믿는 믿음으로 살아야 합니다. 내 안에 계신 주님의 음성을 듣고 살아야 합니다. 우리 안에 계신 예수 그리스도는 세상 끝 날까지 항상 함께 계십니다(마28:20). 그래서 그분의 이름이 임마누엘입니다. 내 안에 계신 주님은 언제나 함께하십니다. 영원히 함께하십니다.

주님이 내 안에서 나와 함께 사시는데 무엇이 두렵겠으며 걱정할 것이 무엇이 있겠습니까?(히13:5-6). 주님이 내 안에 계시면 얼마나 행복한지 그분이 복음이요 생명이요 천국이십니다.

여러분 안에 예수 그리스도를 모시고 날마다 천국의 기쁨을 누리시길 소망합니다.

10

강림의 복음

| 본문 | 살전4:15-18

이 땅에 많은 그리스도인들이 예수님의 재림을 기다리고 있습니다. 그렇다면 예수 그리스도는 이 땅에 몇 번 오시나요? 세 번입니다. 첫 번째는 우리와 같은 육신으로 오셨고, 두 번째는 영으로 오셨고, 세 번째는 부활하신 몸으로 오실 것입니다.

많은 신자들이 마지막 때에 주님이 재림하신다고 합니다. 재림이란 '두 번째 오신다', '다시 오신다'란 의미입니다. 그러니까 예수님이 세 번 오신다고 하면 이상하게 생각합니다.

제가 묻겠습니다. 성경에 예수님이 재림하신다는 말씀이 있나요? 없습니다. 재림이라는 단어를 쓰지 않고 '강림'이라는 단어를 사용합니다. 강림입니다. 강림이란 단어가 15

번 나옵니다. 강림이란 '신이 이 세상에 내려온다.'라는 의미이지, 숫자적인 개념은 없습니다.
오늘은 강림의 복음에 대하여 말씀드리겠습니다.

1. 예수님은 강림하십니다.

왜 강림하십니까?

1) 승천하신 그대로 오시리라고 약속하셨기 때문입니다(행1:9).

2) 예수께서 하나님의 생명이 있는 자들을 다시 살려서 구원하시기 위함입니다(살전3:13, 살전4:16-17).

3) 공중에서 주를 영접하게 하기 위해서입니다(살전4:17).

4) 우리와 항상 함께 살기 위해서입니다(살전4:17).
공중에서 혼인잔치를 하고 천년왕국에 들어가 함께 왕 노릇을 하며 살기 위해 강림하십니다.

2. 강림하시는 목적은 무엇인가요?

강림의 목적은 두 가지입니다.

1) 천국 복음으로 주님과 한 생명 된 성도들을 첫째 부활시켜서 천년왕국의 복을 누리게 하기 위함입니다(계20:4-6).

2) 불신자들을 영원히 심판하시기 위함입니다(살후1:7-9).

3. 재림과 강림

1) 신학과 교리에서 예수님의 마지막 '강림'을 '재림'이라고 가르침으로 인해 성령과 함께 내 안에 두 번째 영으로 오신 그리스도를 보지 못하게 합니다.

2) 성경에 '재림'이라는 단어는 단 한 구절도 없습니다.

성경은 주님이 마지막 때에 오시는 것을 재림이라고 하지 않고 강림이라고 말씀합니다(고전 15:23. 살전1:10. 2:19. 3:13. 4:15. 4:16. 5:23. 살후1:10. 2:1. 2:8. 약5:7. 5:8. 벧후1:16. 3:4. 요일 2:28).

이렇게 많은 곳에서 강림하신다고 말씀하시는데 왜 많은 사람들이 주님이 재림하신다고 알고, 또 믿고 있나요? 잘못된 신학, 교리로 인해 눈이 가리어져서 천국 복음을 보지 못하기 때문입니다.

천국 복음, 즉 내 안에 계신 그리스도는 하나님이 만세와 만대로부터 감추어 놓은 하나님의 비밀이기 때문입니다(골1:26-27). 하나님의 비밀이기에 하나님께서 깨닫게 하셔야 하고 성령께서 깨닫고 고백하게 하셔야 합니다.

예수님은 마24:14절에서 "이 천국 복음이 모든 민족에게 증거되기 위하여 온 세상에 전파되리니 그제야 끝이 오리라."고 말씀하셨습니다. 이 천국 복음이 모든 민족에게 증언되기 위하여 전파되면 주님은 장엄하신 모습으로 강림하실 것입니다(살전4:15-17).

결론적으로 말씀드리겠습니다.

하나님의 생명이 있는 자는 주님이 강림하실 때에 다 부활하여 구원을 받습니다.

강림하시는 주님을 맞이하고 공중에 휴거하여 혼인잔치에 참여하고 천년왕국에서 천 년 동안 주님과 함께 왕 노릇 하게 되기를 소망합니다.

11

천년왕국의 복음

| 본문 | 계20:4-6

성경의 핵심 주제는 예수 그리스도입니다. 구약은 오실 예수님에 대한 말씀이고, 신약은 오신 예수님에 대한 말씀입니다. 그리고 또 하나의 핵심 주제는 하나님의 나라, 천국입니다.

천국은 현세적인 천국과 미래적인 천국이 있습니다. 현세적인 천국은 천국이신 예수님을 마음에 모시고 천국을 누리며 사는 심령 천국이고, 미래적인 천국은 천년왕국과 영원한 아버지 집, 새 하늘과 새 땅, 새 예루살렘입니다.

오늘은 미래적인 천국인 천년왕국의 복음에 대해서 말씀드리겠습니다.

1. 성경에서 천국을 다섯 가지 의미로 말씀하고 있습니다.

1) 육신을 입고 오신 예수님 자신이 천국입니다(마4:17).

2) 성령 안에, 성령과 함께 왕권을 가지고 영으로 오신 그리스도가 천국입니다(마16:28).

3) 성령으로 거듭나 성령의 전이 되어 사는 성도가 천국입니다(눅17:21 심령 천국).

4) 천년왕국이 천국입니다(계20:4-6).
천년왕국은 성령으로 거듭나 성령의 전(성전)이 되어서 천국 되어 사는 성도가 첫째 부활에 참여함으로 들어가는 천국입니다.

5) 영원한 아버지 나라, 새 하늘과 새 땅, 새 예루살렘이 천국입니다(계21:1-7).

2. 첫째 부활과 천년왕국

예수님을 믿는다고 해서 모두가 천년왕국에 들어갈 수 있는 것은 아닙니다. 그렇다면 누가 첫째 부활에 참여하여 천년왕국에 들어갈까요?

1) 첫째 부활에 참여하여 천년왕국에 들어갈 자에 대해 말씀하고 있습니다(계20:4-6).

① 예수를 증언하는 자, ② 하나님의 말씀 때문에 목 베임을 당한 자들의 영혼들, ③ 짐승과 그의 우상에게 경배하지도 아니한 자, ④ 이마와 손에 짐승의 표를 받지 아니한 자들입니다. 이들이 천년왕국에 들어가 천 년 동안 왕 노릇을 합니다.

2) 부활에는 순서(차례)**가 있습니다.**

먼저는 부활의 첫 열매인 그리스도요, 첫째는 그리스도께서 강림하실 때 그에게 속한 자요, 그 후에는 마지막 부활입니다(고전 15:22-24).

3) 천년왕국은 첫째 부활에 참여한 자들만 들어갈 수 있습니다.

① 주님이 강림하실 때 첫째 부활에 참여할 성도들(영혼)을 데리고 오십니다(살전3:13, 살전4:13-15). ② 부활장인 고전 15장 결론에서 성도들에게 "흔들리지 말고 항상 주의 일에 더욱 힘쓰라. 너희 수고가 헛되지 않을 것이라."고 권면합니다.

부활은 수고한다고 되는 것이 아님에도 수고하라고 권면하는 것은 상을 예고하는 것이며, 그 상은 천년왕국을 말합니다. 일반적으로 알고 있는 예수님을 믿으면 부활한다는 것이 성도들에게는 비밀이 아닙니다. 사도 바울이 비밀이라고 말한 것은 첫째 부활과 천년왕국의 비밀입니다(고전15:51-58).

3. 천년왕국에 들어가려면 어떻게 살아야 할까요?

1) 사도 바울은 첫째 부활과 천년왕국을 소망하며 살았습니다 (빌3:10-16).

바울은 부름의 상을 받기 위해, 곧 첫째 부활을 푯대(목표)로 삼고 달려갔습니다(빌3:10-14). 바울은 어떻게 해서든지, 무슨 일이 있어도 부활(푯대)에 이르기를 원했습니다. 그래서 그리스도에 대해, 부활의 권능에 대해 알기를 원하고, 그리스도의 죽으심과 그 고난을 본받기를 원하였습니다.

바울은 이미 얻은 것도, 이룬 것도, 붙잡은 것도 아니기에, 예수님의 손에 있는 그것, 하나님이 위에서 부르신 부르심의 상을 잡으려고 뒤도 보지 않고 앞만 보며 달려간다고 고백합니다. 바울이 푯대로 삼은 부활은 첫째 부활을 말하는 것이요, 그리스도 예수 안에서 하나님이 위에서 부르신 부르심의 상은 천년왕국을 말하는 것입니다.

2) 바울은 모든 일에 절제하고 자기 자신의 몸을 쳐 복종시키며 살았습니다.(고전15:31).

내가 죽어야 주님이 일하시고, 우리도 복음 안에서 그리스도의 마음으로 살 수 있습니다. 그래야 신앙의 경주를 마치는 그날에 버림을 당하지 않게 됩니다(고전9:24-27). 우리가 신앙의 경주를 하는 이유는 상을 받기 위함입니다. '상'이 무엇일까요? 첫째 부활과 천년왕국입니다.

3) 바울은 오직 믿음으로 살았습니다(롬1:17, 딤후4:7-8).

오직 의인은 믿음으로 살아야 합니다. 어떤 믿음입니까? 내 안에 계신 예수 그리스도를 믿는 믿음입니다. 갈2:20절을 보십시오. 내 안에 계신 예수 그리스도를 믿는 믿음이 하나님의 비밀이요 곧 새 언약의 천국 복음입니다. 예수님을 믿는다고 해서 모든 사람이 다 천년왕국에 들어가는 것은 아닙니다. 새 언약으로 사는 사람이 믿음으로 사는 것입니다.

결론적으로 말씀드리겠습니다.

하나님의 생명이 있는 자는 다 부활하여 구원을 받습니다. 그러나 복음을 깨달은 성도라면 첫째 부활에 참여하여 천년왕국에 들어가야 합니다. 이는 사도바울이 달려가는 목표였습니다. 우리도 이 목표를 향하여 달려가야 할 것입니다.

위에서 부르신 부름의 상이 천년왕국에 들어가 천 년 동안 주님과 더불어 왕 노릇을 하는 것입니다. 첫째 부활에 참예하여 천년왕국에서 그리스도로 더불어 천 년 동안 왕 노릇 하는 상급을 받는 여러분 되시기를 소망합니다.

12

새 예루살렘의 복음

| 본문 | 계21:1-8

오늘은 예수님의 생애 복음 마지막 시간으로 새 하늘과 새 땅, 새 예루살렘의 복음에 대해서 말씀드리겠습니다.

솔로몬은 '해 아래는 새것이 없다.'고 했습니다(전1:9-10). 그러나 사도 바울은 '누구든지 예수 그리스도 안에 있으면 새로운 피조물이라'고 하십니다(고후5:17). 베드로와 사도 요한은 예수 그리스도 안에서 새롭게 거듭난 성도들이 장차 얻게 될 나라가 바로 천년왕국 즉 새 하늘과 새 땅이요, 이 후에 영원한 천국 새 예루살렘이라고 말씀하고 있습니다.

1. 새 하늘과 새 땅은 어떻게 예비 되나요?

메시아의 통치를 보여 주신 천년왕국과 백보좌 심판이 끝나면, 우리가 알고 있는 땅과 하늘은 사라지고 새 하늘과 새 땅이 펼쳐질 것입니다(계21:1). 만물을 새롭게 하셨다고 선언하십니다(계21:5).

그럼 새 하늘과 새 땅은 어떻게 조성될까요?

베드로 사도는 벧후3:10-13절에서 하늘이 불에 타서 큰 소리로 떠나가고, 체질이 뜨거운 불에 녹아져 풀어짐으로 처음 하늘과 처음 땅이 사라지고, 지금까지 우리가 경험하지 못했던 새 하늘과 새 땅이 펼쳐질 것을 말씀하고 있습니다.

지금 우리가 보고 있는 세상과는 완전히 다른 새 하늘과 새 땅을 창조주 하나님은 우리를 위하여 지으십니다.

2. 새 예루살렘은 어떤 곳일까요?

새 하늘과 새 땅을 지으신 하나님께서 구속받은 하나님의 백성들과 함께 머물 거룩한 성 새 예루살렘을 준비해 놓으셨습니다(계21:2-3).

1) 거룩한 성 새 예루살렘은 하나님께서 그의 택한 백성들과 함께 거하시기 위해서 예비하신 하나님의 장막입니다(계21:3).

"하나님의 장막이 함께 있다."는 말씀은 ① 출애굽 당시 광야 40년 동안 장막에 머물며 낮에는 구름 기둥 밤에는 불기둥으로 함께해 주셨던 하나님의 모습입니다.

② "저희와 함께 거하시리니"라는 말씀에서 '거하다'는 단어는 '장막을 치다'는 뜻으로 예수님의 성육신의 모습입니다(요1:14).

③ 성경적 의미에서 천국은 하나님이 계신 곳입니다. 새 예루살렘은 바로 하나님의 임재의 역사가 영원히 떠나지 않는 궁극적인 하나님의 나라, 천국인 것입니다.

2) 거룩한 성 새 예루살렘은 하나님께로부터 하늘에서 내려옵니다(계 21:2).

하나님의 나라는 하나님이 만드셔서 우리에게 주시는 선물입니다. 천국과 영생은 위로부터 주어지는 선물입니다. 우리의 노력과 수고로 얻을 수 있는 것이 아닙니다. 하나님의 나라는 위로부터 주어지는 것입니다(마6:10).

3) 새 예루살렘은 어떤 모습일까요?

(1) 새 예루살렘의 모습은 신부가 남편을 위하여 단장한 것 같습니다(계21:2).

구약에서는 하나님의 택함받은 이스라엘을 여호와의 신부로 표현하고, 신약에서는 교회를 그리스도의 신부로 표현하고 있습니다. 또한 구속받은 하나님의 백성들을 신부로 표현하고 있습니다. 남편을 위하여 빛나고 깨끗한 세마포로 단장한 신부와 같은 성도들과 신랑 되신 예수님이 영원히 함께하며 기쁨을 나누는 곳. 그곳이 바로 새 예루살렘, 영원한 천국인 것입니다.

(2) 새 예루살렘에 없는 것은 무엇일까요?

① 눈물이 없습니다. 눈물은 이 땅에서 성도들이 믿음을 지키고 사명을 감당하려다 흘린 것입니다. 이 땅에서 우리가 믿음을 지키고 사명을 감당하면서 흘려야 하는 눈물이 있습니다. 그런데 우리가 새 예루살렘에 들어가면, 하나님께서 친히 이 눈물을 씻겨 주십니다. 그러므로 눈물이 없습니다.

② 사망도 없습니다. 죽음은 인간이 범죄함으로 찾아온 저주인데, 이 저주가 사라진 곳이 바로 새 예루살렘입니다. 생명만 있는 곳입니다. 이곳에서 구속받은 성도들은 신랑 되신 예수님과 영생을 누리며 함께하게 될 것입니다.

③ 질병이 없습니다(계21:4). 육신을 벗고 영광스런 몸으로 변화하기 때문입니다.

④ 밤이 없습니다(계21:23, 25). 하나님의 영광이 비치고 어린 양이 그 등불이 되기기 때문입니다.

⑤ 저주가 없습니다(계22:3). 죄가 없기 때문입니다.

(3) 새 예루살렘에 있는 것은 무엇일까요?

① 하나님의 영광이 가득합니다(계21:11, 23).

② 성과 열두 보석으로 꾸민 성곽이 있습니다(계21:12, 14, 18).

③ 열두 진주문이 있습니다(계21:12, 21).

④ 황금 길이 있습니다(계21:21).

⑤ 생명수 강이 흐릅니다(계22:1-2).

⑥ 생명나무가 있습니다(계22:2).

3. 새 예루살렘에는 누가 들어갈까요?

1) 목마른 자입니다(계21:6).

목마른 자에게 생수의 은혜를 주하십니다. 산상수훈에서도 '의에 주리고 목마른 자는 복이 있다.'고 했습니다. 누가 하나님의 나라를 유업으로 얻을 수 있습니까? 주리고 목마른 자입니다. 하나님의 은혜를 사모하는 자가 새 예루살렘에서 생명수 샘물을 마시게 될 것입니다.

2) 이기는 자입니다(계21:7).

믿음은 시작보다 끝이 중요합니다. 마지막까지 영적 싸움을 잘 싸우고 이기는 자가 하나님의 나라를 유업으로 얻게 될 것입니다.

3) 어린양의 생명책에 기록된 자입니다(계21:27).

주님을 영접하면 하나님의 자녀가 되고, 하늘의 시민권을 가지게 되며 그 이름이 생명책에 기록됩니다(요1:12, 빌3:20).

결론적으로 말씀드리겠습니다.

우리가 그리스도 예수 안에서 거듭나지 않으면 해 아래서는 새 것이 있을 수 없습니다. 예수를 믿고 새롭게 거듭난 성도들은 장차 궁극적인 하나님의 나라인 새 하늘과 새 땅, 새 예루살렘을 얻게 될 것입니다.

천국이신 주님과 한 생명 되어 천국을 누리며 새 하늘과 새 땅, 새 예루살렘에 대한 소망을 가지고 날마다 주님과 동행하는 삶을 살아갈 수 있기를 소망합니다.

2장

천국 복음

1
천국 복음

| 본문 | 마24:14

기독교의 사명은 온 천하 만민에게 복음을 전하여 영혼을 구원하는 것입니다.

막16:15절에 "너희는 온 천하에 다니며 만민에게 복음을 전파하라."고 했습니다. 무슨 복음을 온 천하 만민에게 전파하라고 하셨을까요? 마24:14절에 "이 천국 복음이 모든 민족에게 증언되기 위하여 온 세상에 전파되리니 그제야 끝이 오리라."고 하셨습니다. 온 천하 만민에게 천국 복음을 전파하라고 하셨습니다.

그래서 오늘은 천국 복음에 대해서 말씀드리겠습니다.

1. 천국이란 무엇일까요?

성경은 천국을 다섯 가지 개념으로 말씀하고 있습니다.

1) 육신의 몸을 입고 오셨던 예수님 자신이 천국입니다.

마4:17절에 “회개하라 천국이 가까이 왔느니라.”고 하셨는데, 예수님이 천국으로 왔다는 선언입니다.

2) 오순절 날 성령과 함께 영으로 오신 예수 그리스도가 천국입니다.

마16:28절에 “진실로 너희에게 이르노니 여기 서 있는 사람 중에 죽기 전에 인자가 그 왕권을 가지고 오는 것을 볼 자들도 있느니라.”라고 했고, 요14:20절에 “그날에는 내가 아버지 안에, 너희가 내 안에, 내가 너희 안에 있는 것을 너희가 알리라.”고 했습니다. 그날은 오순절 날을 가리킵니다.

3) 성령으로 거듭나 예수 그리스도와 함께 사는 심령이 천국입니다.

눅17:21절에 “…천국은 너희 안에 있느니라.”고 했습니다. 찬송가 438장에 “초막이나 궁궐이나 내 주 예수 모신 곳이 그 어디나 하늘나라.”라고 했습니다. 심령 천국입니다.

4) 천년왕국이 천국입니다(계20:4-6).

5) 낙원과 영원한 아버지 집 새 예루살렘이 천국입니다(계21:1-7).

천국은 현세적이며 미래적입니다. 천국이신 예수님을 심령에 모시고 사는 사람은 현세적인 천국을 누리는 사람이고, 죽어서 들어가는 천년왕국과 새 예루살렘은 미래적인 천국입니다.

2. 복음이란 무엇일까요?

1) 복음이란 기쁜 소식이라는 의미인데, 복음의 실체는 예수 그리스도입니다. 막 1:1절에 "하나님의 아들 예수 그리스도의 복음의 시작이라."고 했습니다.

① 이 땅에서의 성공과 축복을 전하는 것은 복음이 아닙니다. 율법과 행위를 전하는 것도 복음이 아닙니다.

② 십자가에서 죽으신 예수님은 슬픈 소식입니다.

③ 3일 만에 부활하신 예수님은 기쁜 소식입니다(마28:8).

④ 그 주님이 내 안에 들어오셔서 나와 함께 사신다(계3:20)는 것은 더 기쁜 소식입니다.

⑤ 그 주님이 나를 구원하셔서 영원한 천국으로 인도하신다는 것은 최고의 기쁜 소식입니다.

2) 그러므로 복음이란 새 언약의 중보자로 오셔서 십자가에 죽으시고, 부활하시고, 승천하셔서 하늘과 땅에 모든 권세를 가지신 주님께서 내 안에 들어오셔서 주님과 한 몸 되고, 한 생명 되어 천국 누리며 살다가 영원한 천국에 들어가는 것입니다.

3. 예수님이 전하신 복음

예수님은 무슨 복음을 전파하셨을까요? 예수님께서 천국으로 오셔서 천국 복음을 전파하셨습니다(마4:23, 마9:35). 이 천국 복음이 땅끝까지 전파되어야 그제야 끝이 옵니다(마24:14).

1) 그러면 천국 복음이란 무엇일까요?

천국 복음은 하나님께서 렘31:31-33, 겔11:19-20, 겔36:25-27절에 약속하신 "새 영을 너희 속에 두고, 새 마음을 너희에게 주고, 내 법을 너희 마음에 새겨 나는 너희 하나님이 되고 너희는 내 백성이 되리라."는 새 언약입니다. 한마디로 말하면, 하나님이 내 안에 들어오시겠다는 것입니다. 이 새 언약이 천국 복음입니다.

2) 하나님은 이 새 언약을 이루시기 위해,

① 이 땅에 예수님을 새 언약의 중보자로 보내셨습니다. 히 9:15절에 "이로 말미암아 그는 새 언약의 중보자시니 이는 첫 언약 때에 범한 죄에서 속량하려고 죽으사 부르심을 입은 자로 하여금 영원한 기업의 약속을 얻게 하려 하심이라."고 하셨습니다.

② 이 세상에 오신 예수님은 하나님 아버지 뜻에 전적으로 순종하셨습니다(요6:38-40).

③ 하나님은 새 언약을 이루시기 위해 예수님에게 천국 복음을 전하게 하시고(마4:23, 9:35), 모든 비유는 다 천국 비유입니다. 우리의 모든 죄를 속량하시려고 예수님을 십자가 위에서 죽게 하셨습니다(히9:15, 살전5:10).

④ 하나님은 새 언약을 이루시기 위해 예수님을 죽은 자 가운데서 3일 만에 부활시키셨습니다.

⑤ 하나님은 새 언약을 이루시기 위해 예수님을 하늘로 올리우셔서 우리의 과거, 현재, 미래의 죄를 사해 주시고 하늘 보좌 우편에 앉히셨습니다. 히 8:12-13절에 "…그들의 죄를 다시 기억하지 아니하리라 새 언약이라 말씀하셨으매"라고 하셨습니다.

⑥ 하나님은 새 언약을 이루시기 위해 택한 백성들과 영원히 함께하시려고 예수님에게 왕권을 주시어 오순절에 성령과 함께 그리스도(부활의 영)로 보내셨습니다. 마16:28절에 "…여기 서 있는 사람 중에 죽기 전에 인자가 그 왕권을 가지고 오는 것을 볼 자들도 있느니라."고 하셨습니다. 마28:18절에 "예수께서 하늘

과 땅의 모든 권세를 내게 주셨으니. …볼지어다. 내가 세상 끝날까지 너희와 항상 함께 있으리라."고 하셨습니다.

⑦ 이 예수 그리스도를 나의 왕으로, 나의 주인으로, 나의 머리로, 나의 생명으로, 나의 삶의 전부로 영접하고 믿으면 구원을 받습니다(계 3:20).

이 복음이 성령의 감동으로 이해되고 깨달아지고 믿어져서 내 입술로 확실히 고백할 때, 예수 그리스도는 성령 안에서 나를 성전 삼고 내주하십니다.

결론적으로 말씀드리겠습니다.

주님을 머리로, 왕으로, 주인으로 생명으로 고백할 때 주님과 하나가 되어 심령의 천국이 이루어지며, 천국 되어 살다가 영원한 천국에 들어가는 것입니다. 이것이 바로 천국 복음입니다.

천국 복음은 ① 예수님이 내 안에 들어오시는 것입니다(계 3:20). ② 주님이 내 안에 사시는 것입니다(갈2:20). ③ 내 안에 살아 계신 그리스도가 하나님의 비밀입니다(골1:26-27).

날마다 내 안에 계신 그리스도로 말미암아 심령에 천국을 누리며 천국 복음을 증거하는 천국 복음의 일꾼 되시기를 소망합니다.

2

예수님이 전한 복음

| 본문 | 막1:14-15

복음이란 기쁜 소식이라는 의미인데, 복음의 실체는 예수님입니다.(막1:1).

① 이 땅에서의 성공과 축복을 전하는 것은 복음이 아닙니다. 율법과 행위를 전하는 것도 복음이 아닙니다. ② 십자가에서 죽으신 예수님은 슬픈 소식입니다. ③ 3일 만에 부활하신 예수님은 기쁜 소식입니다(마28:8). ④ 그 주님이 내 안에 들어오셔서 나와 함께 사신다(계3:20)는 것은 더 기쁜 소식입니다. ⑤ 그 주님이 나를 구원하셔서 천국으로 인도하신다는 것은 최고의 기쁜 소식입니다.

복음이란 새 언약의 중보자로 오셔서 십자가에 죽으시고 부활하시고 승천하셔서 하늘과 땅에 모든 권세를 가지신 주님께서 내 안에 들어오셔서 주님과 한 몸 되고, 한 생명

되어 천국 누리며 살다가 영원한 천국에 들어가는 것입니다. 이것이 천국 복음입니다.

1. 예수님이 전한 복음

예수께서 하나님의 복음을 전파하고 복음을 믿으라고 했는데, 무슨 복음인가요?

1) 천국 복음을 전파하셨습니다(마4:23, 마9:35).

예수님이 전한 복음은 천국 복음입니다. 성경은 명확하게 말씀하고 있습니다. 예수님이 전한 모든 비유는 천국 비유입니다. 천국 비유 아닌 것은 하나도 없습니다. 예수님이 천국입니다. 예수님은 천국으로 오셔서 천국 복음을 전하시고, 승천하시기 직전까지 하나님의 나라 천국 복음을 전하셨습니다(행1:3절).

2) 제자들도 천국 복음을 전파하였습니다.

초대교회 빌립 집사도 하나님 나라를 전파하였습니다(행8:12절). 사도 바울도 하나님의 나라, 천국 복음을 전파하였습니다(행20:25, 행28:31). 사도들도 하나님의 나라 천국 복음을 전파했습니다.

3) 그러면 우리가 전해야 할 복음은 무엇일까요?

예수님이 전한 천국 복음을 전해야 합니다. 예수님은 천국 복음을 전하셨습니다. 이 천국 복음이 모든 민족에게 전파되면 끝이 옵니다(마24:14절). 다른 복음은 없습니다. 예수님이 전한 천국 복음, 사도들이 전한 하나님의 나라 천국 복음을 전해야 합니다. 다른 복음을 전하면 저주를 받는다고 했습니다(갈1:6-9절).

그래도 복받으라고 기복을 전하겠습니까? 열심히 노력하라고 행위를 전하겠습니까? 선하게 삶으라고 윤리 도덕을 전하겠습니까? '하라'와 '하지 말라'라는 율법을 전하겠습니까?

복음은 내가 하는 것이 아니라 내 안에 계신 주님이 하게 하시는 것입니다. 복음은 주님의 생명으로 사는 것입니다. 이 천국 복음이 온 세상에 전파되어야 끝이 옵니다. 주님이 강림하십니다.

2. 누가 천국 복음을 전할 수 있을까요?

1) 성령 받은 사람이 천국 복음을 전할 수 있습니다.

성령님은 예수님을 증언하시는 분입니다(요15:26). 성령 받은 사람이 예수님을 증거하는 천국 복음을 전하는 것입니다.

2) 생명 있는 자만이 천국 복음을 전할 수 있습니다.

예수님이 생명입니다. 예수님이 내 안에 계셔야 생명이 있습니다(요1서5:11-12). 전도는 생명을 살리는 것입니다. 영혼을 구원하는 것입니다. 생명 있는 자만이 전도할 수 있습니다.

생명이 없는 자는 청해 오는 자입니다. 청함을 받은 자는 많습니다. 택함받은 자는 적습니다(마22:14). 왜냐하면 생명이 생명을 낳기 때문입니다.

3) 천국 복음을 깨달은 자만이 전할 수 있습니다.

예수님이 전하신 천국 복음입니다. 천국 복음은 새 언약입니다. 새 언약은 내 안에 계신 예수 그리스도입니다. 내 안에 계신 그리스도가 하나님의 비밀입니다(골1:26-28). 이 비밀을 깨달은 자만이 천국 복음을 전할 수 있습니다.

3. 천국 복음의 핵심은 무엇입니까?

예수 그리스도가 복음입니다(막1:1). 예수님의 탄생, 십자가의 죽으심, 부활, 승천, 승귀, 다시 오심, 임마누엘, 강림, 천년왕국, 새 예루살렘 등 예수님의 생애가 복음이요, 예수님의 말씀이 복음입니다.

1) 그러면 복음의 핵심은 무엇일까요?

예수님이 복음인데, 어디에 계신 예수 그리스도인가요?

내 안에 계신 예수 그리스도입니다. 이것이 복음의 핵심입니다.

골1:26-27절에 "이 비밀은 만세와 만대로부터 감추었던 것인데 이제는 그의 성도들에게 나타났고 하나님이 그들로 하여금 이 비밀의 영광이 이방인 가운데 얼마나 풍성한지를 알게 하려 하심이라 이 비밀은 너희 안에 계신 그리스도시니 곧 영광의 소망이니라."고 했습니다.

내 안에 계신 예수 그리스도가 하나님의 비밀입니다(골1:26-27절). 복음의 비밀입니다(계3:20). 생명의 비밀입니다(요1서5:11-12). 구원의 비밀입니다(고후13:5). 천국의 비밀입니다(눅17:21).

내 안에 계신 예수 그리스도를 믿는 믿음이 참믿음입니다(갈2:20). 내 안에 그리스도께서 계시지 않으시면 버림받은 사람입니다(고후13:5).

2) 내 안에 들어오신 예수님은 언제 오셨나요?

오순절 성령 강림하실 때 주님이 영으로, 그리스도로 성령과 함께 왕권을 가지고 오셨습니다(요14:20, 마16:28). 부활체의 몸은 물론 하나님 보좌 우편에 계시다가 종말의 때에 장엄한 모습으로 강림하십니다. 이 예수님을 영접하면 내 안에 들어오십니다.

결론적으로 말씀드리겠습니다.

내 안에 계신 예수 그리스도가 하나님의 비밀입니다. 하나님의 비밀이기에 성령께서 깨닫게 하셔야 깨달아지고 믿어지고 고백됩니다. 지식이 아닙니다. 이론이 아닙니다. 하나님의 비밀입니다.

심령에 예수 그리스도를 모시고 천국 되어 살다가 영원한 천국에 들어가는 복음이 천국 복음입니다. 심령 천국 되어 하나님 나라가 확장되도록 천국 복음을 전하는 새 언약의 일꾼이 되시기를 소망합니다.

3

하나님 나라(천국)

| 본문 | 마4:17

성경의 핵심 주제는 예수님입니다. 또 하나의 주제가 있는데, 하나님의 나라입니다. 하나님의 나라는 예수님과 사도들이 전한 중심 메시지입니다. 하나님 나라와 천국은 같은 의미입니다.

오늘은 '하나님 나라 (천국)'에 대해서 말씀드리겠습니다.

1. 하나님 나라의 일반적 개념을 살펴보겠습니다.

세상의 나라를 이루려면 세 가지 요소가 필요합니다. 주권, 국민, 영토가 있어야 합니다.

1) 하나님 나라도 하나님의 주권, 하나님의 백성, 그리고 하나님의 주권적 은혜의 통치가 미치는 모든 영역을 하나님 나라라고 합니다.

2) 하나님 나라는 이 세상 나라처럼 지리적·시간적 제한을 받는 어떤 장소나 공간적인 개념이 아닙니다.

이 세상에 속하지 않은 구원받은 하나님의 자녀들의 세계를 지칭하는 하나님의 초자연적 나라를 말합니다.

3) 하나님 나라는 현재성과 미래성을 가지고 있습니다.

하나님 나라는 예수 그리스도의 성육신으로 인하여 이미 이 땅에 실체적으로 도래하였습니다. 예수 그리스도께서 부활의 생명으로 성령과 함께 우리 안에 들어오심으로 이미 이 땅에 하나님의 나라가 임하였습니다. 그리고 미래에 새 하늘과 새 땅에서도 영원히 계속될 것입니다.

4) 많은 사람들이 예수 천당이라 하여 미래적인 천당을 이야기합니다.

물론 틀린 말은 아니지만 그것이 전부는 아닙니다. 예수님이 전하신 천국 복음은 현재 천국 되어 천국을 누리며 살다가 영원한 천국에 들어가는 기쁜 소식입니다. 따라서 현재 천국이 되어 천국을 누리지 못하는 사람에게 미래 천국은 보장될 수 없습니다.

2. 성경의 핵심 주제는 하나님 나라입니다.

성경은 하나님의 나라로 시작하여 하나님의 나라로 끝이 납니다. 창세기에 에덴동산 하나님의 나라로 시작하여 요한계시록 21장과 22장 새 하늘 새 땅, 하나님의 영원한 나라로 끝이 납니다.

1) 하나님 나라는 세례 요한이 선포한 첫 메시지입니다(마3:1-2).

2) 하나님의 나라는 예수님께서 선포한 첫 메시지입니다(마4:17).

3) 제자들을 둘씩둘씩 파송하실 때에도 하나님 나라 전파를 명령하셨습니다(눅9:1-2).

4) 예수님은 부활하신 후 40일 동안에도 하나님 나라의 일을 말씀하셨습니다(행1:3).

5) 사도바울도 하나님의 나라를 전파했습니다(행20:25, 행28:31).

6) 우리가 먼저 구해야 할 기도 제목은 하나님 나라입니다(마6:33).

하나님의 나라를 구하는 기도는 하나님 자신을 구하는 기도이며, 천국 되어 살기를 구하는 기도이며, 천국이신 내 안에 계신 주님으로 말미암아 살기를 구하는 기도입니다.

7) 하나님의 자녀들이 받는 가장 큰 복은 하나님 나라를 기업으로 상속받는 것입니다(마13:43, 마25:34).

즉, 성령으로 거듭나 하나님의 성전이 되어 성령의 음성을 듣고, 천국의 삶을 살다가 천국에 들어가서 하나님 나라를 기업으로 상속받는 것입니다.

3. 예수님이 전하신 천국 복음은 무엇인가요?

1) 천국 복음은 천국 되어 사는 기쁜 소식입니다.

예수님은 자신이 천국으로 오셔서 천국의 삶을 사시면서 천국 되어 사는 기쁜 소식, 곧 천국 복음을 전파하셨습니다(마4:23-24, 마9:35). 이 천국 복음이 모든 민족에게 전파되면 끝이 옵니다(마24:14).

2) 그러나 오늘날 천국 복음이 천당 복음으로 왜곡되고, 기복주의 신앙이나 성공주의, 또는 세상 종교 철학이나 사상, 율법주의, 도덕, 윤리로 변질되어서 다른 복음을 전하고 가르치는 수많은 거짓 선생들이 있습니다.

이들은 천국 복음을 깨닫지 못해서 복음이 무엇인지 모르기에 다른 복음을 전하고 있는 것입니다. 왜냐하면 예수님이 전하신 천국 복음이 가리어져 있기 때문입니다(고후4:3-4).

3) 사도 바울은 천국 복음 외에 다른 복음을 전하는 자들을 향해 저주를 선포하고 있습니다(갈1:7-9).

다른 복음은 없습니다.

결론적으로 말씀드리겠습니다.

우리는 온 천하 만민에게 복음을 전해야 합니다(막16:15). 무슨 복음을 전해야 합니까?

① 천국 복음을 전해야 합니다(마24:14). ② 하나님의 나라를 전해야 합니다. ③ 주님이 전하신 천국 복음을 전해야 합니다. ④ 제자들이 전한 복음도 하나님의 나라 천국 복음입니다(행8:12, 행20:25, 행28:31).

천국 복음은 새 언약의 중보자가 되시고 천국이신 예수님을 마음에 모시고 주님과 한 생명 되고, 나는 주님의 성전 되어 주님의 음성을 들으며 천국 되어 살다가 영원한 천국에 들어가는 복음입니다.

이 복음 전하는 새 언약의 일꾼 되시기를 소망합니다.

4

하나님의 비밀

| 본문 | 골1:26-27

오늘 본문에는 만세와 만대로부터 지금까지 감추었던 하나님의 비밀이 있습니다. 이 비밀이 무엇일까요? 이 비밀은 너희 안에 계신 그리스도라고 말씀하고 있습니다.

구약에 하나님이 맹세로 약속하신 새 언약이 비밀입니다(렘31:31-33, 겔11:19-20, 겔36:26-28). 이 새 언약은 주님이 전하신 천국 복음입니다(마4:23, 마9:35, 마24:14). 새 언약의 천국 복음은 바로 우리 안에 계신 예수 그리스도입니다. 새 언약의 천국 복음, 즉 내 안에 계신 그리스도는 창세전부터 하나님의 지혜로 감추어 놓은 비밀입니다.

새 언약은 비밀입니다. 천국 복음은 비밀입니다. 우리 안에 계신 예수 그리스도는 비밀입니다. 그러므로 세상의 지혜로는 깨달을 수 없습니다(마11:25-26). 오직 내 안에 계신 성령께서 깨닫게 하셔야 하나님의 비밀을 알 수 있습니다(요14:26). 새 언약의 천국 복음, 즉 내 안에 계신 그리스도는 하나님의 비밀입니다.

어떤 비밀입니까?

1. 구원의 비밀입니다.

1) 예수님이 내 안에 계시지 않으면 구원받지 못한 사람입니다.

고후13:5절에 "너희는 믿음 안에 있는가. 너희 자신을 시험하고 너희 자신을 확증하라. 예수 그리스도께서 너희 안에 계신 줄을 너희가 스스로 알지 못하느냐. 그렇지 않으면 너희는 버림받은 자니라."라고 했습니다. 예수 그리스도께서 내 안에 계시지 아니하면 버림받은 자입니다. 버림받은 자란 구원받을 수 없다는 뜻입니다.

2) 우리 안에 예수 그리스도께서 계시기 전에는 엡 2:1-3절을 보면 우리는 허물과 죄로 죽은 자입니다.

그래서 공중권세 잡은 자를 따랐습니다. 본질상 진노의 자녀였습니다. 육체로는 이방인이요, 그리스도 밖에 있었고, 이스라엘 나라 밖의 사람이요, 약속의 언약들에 대하여는 외인이요, 세상에서 소망이 없고 하나님도 없는 자였습니다.

3) 그러나 이제는 전에 멀리 있던 너희가 그리스도 예수 안에서 그리스도의 피로 가까워졌다고 했습니다.

그리스도께서 내 안에 거하시면 엡2:19절에 "그러므로 이제부터 너희는 외인도 아니요 나그네도 아니요 오직 성도들과 동일한 시민이요 하나님의 권속이라."고 했습니다. 요1:12절에 "영접하는 자, 곧 그 이름을 믿는 자들에게는 하나님의 자녀가 되는 권세를 주셨으니."라고 했습니다. 예수님이 내 안에 들어오셔야 구원받은 하나님의 자녀입니다.

2. 복음의 비밀입니다.

1) 복음이 무엇입니까?

막1:1절에 "하나님의 아들 예수 그리스도의 복음의 시작이라."고 했습니다. 예수님 자신이 복음입니다. 예수님의 생애가 복음입니다. 그분의 말씀이 복음입니다. 막16:15 "또 이르시되 너희는 온 천하에 다니며 만민에게 복음을 전파하라."고 했습니다. 마24:14절에 "이 천국 복음이 모든 민족에게 증거 되기 위하여 온 세상에 전파되리니 그제야 끝이 오리라."고 했습니다.

2) 무슨 복음을 전파해야 하나요?

천국 복음입니다. 이 천국 복음은 구약의 새 언약이요, 내 안에 계신 예수 그리스도입니다. 천국이신 예수님을 마음에 모시고 천국 되어 살다가 영원한 천국에 들어가는 복음이 천국 복음입니다.

3. 생명의 비밀입니다.

1) 우리 안에 그리스도께서 계시지 않으면 생명이 없습니다.

여기서 생명은 영원한 생명, 영생, 곧 하나님의 생명입니다. 요5:26절에 "아버지께서 자기 속에 생명이 있음같이 아들에게도 생명을 주어 그 속에 있게 하셨고 또 인자됨을 인하여 심판하는 권세를 주셨느니라."고 했습니다.

2) 이 생명을 아들에게 주어 그 속에 있게 하였습니다.

요일5:11-12절에 "또 증거는 이것이니, 하나님이 우리에게 영생을 주신 것과 이 생명이 그의 아들 안에 있는 그것이니라. 아들이 있는 자에게는 생명이 있고 하나님의 아들이 없는 자에게는 생명이 없느니라."라고 했습니다.

3) 예수님은 길이요 진리요 생명이십니다.

요14:6절에 "예수께서 가라사대 내가 곧 길이요 진리요 생명이니 나로 말미암지 않고는 아버지께로 올 자가 없느니라."고 했습니다. 생명이신 예수 그리스도가 내 안에 계셔야 생명이 있고 예수님이 내 안에 계시지 않으면 생명이 없습니다. 예수 안에 생명이 있고 예수님이 생명이기 때문입니다.

4. 천국의 비밀입니다.

1) 내 안에 계신 예수 그리스도는 천국의 비밀입니다.

마13:10-11절에 "제자들이 예수께 나아와 이르되 어찌하여 그들에게 비유로 말씀하시나이까 대답하여 이르시되 천국의 비밀을 아는 것이 너희에게는 허락되었으나 그들에게는 아니 되었나니…."라고 했습니다.

2) 예수님이 천국이십니다.

마4:17절에 "회개하라 천국이 가까이 왔느니라." 이 말씀은 예수님께서 내가 천국으로 왔다는 선언입니다. 눅17:20-21절에

"바리새인들이 하나님의 나라가 어느 때에 임하나이까 묻거늘 예수께서 대답하여 이르시되 하나님의 나라는 볼 수 있게 임하는 것이 아니요 또 여기 있다 저기 있다고도 못하리니 하나님의 나라는 너희 안에 있느니라."고 했습니다.

초막이나 궁궐이나 내 주 예수 모신 곳이 하나님의 나라입니다. 예수님이 계신 곳이 천국입니다.

결론적으로 말씀드리겠습니다.

내 안에 계신 예수 그리스도는 하나님의 비밀입니다. 구원의 비밀입니다. 복음의 비밀입니다. 생명의 비밀입니다. 천국의 비밀입니다.

여러분 안에 계신 그리스도로 말미암아 날마다 복음으로 살고, 주님의 생명으로 살고, 천국 되어 살다가 영원한 천국에서 영생복락 누리시기를 소망합니다.

5

이 땅에 오신 예수님

| 본문 | 마1:21-23

예수 그리스도는 지금 어디에 계시나요? 많은 신자들이 내 안에 그리스도가 계시다는 것을 믿고 있습니다. 갈2:20, 고후13:5절에 말씀하고 있습니다.

그러면 그리스도께서는 언제 오셨나요? 오순절 성령 강림 때 성령과 함께 영으로 오셨습니다. 그리스도 안에는 아버지가 영으로 계십니다. 즉 삼위 하나님이 오신 것입니다(요14:16-24).

그렇다면 예수 그리스도는 이 땅에 몇 번 오시나요? 세 번입니다. 첫 번째는 우리와 같은 육신으로 오셨고, 두 번째는 영으로 오셨고, 세 번째는 부활체의 몸으로 강림하실 것입니다. 오늘은 이 땅에 오신 예수님에 대해서 말씀드리겠습니다.

1. 예수님께서 육신의 몸을 입고 이 땅에 오셨습니다.

1) 예수님이 이 땅에 오실 때 예수와 임마누엘이라는 이름을 가지고 오셨습니다(마1:21, 23).

예수는 '구원자'란 의미이고, 임마누엘은 '하나님이 우리와 함께 계시다'란 의미입니다. 다시 말해, 예수님이 성육신 하신 목적은 두 가지입니다. 첫째, 우리를 죄에서 구원하시기 위함이요, 둘째, 우리와 함께 영원히 살기 위함입니다. 살전5:10절에 "예수께서 우리를 위하여 죽으사 우리로 하여금 깨어 있든지 자든지 자기와 함께 살게 하려 하셨느니라."라고 했습니다.

2) 임마누엘은 육신을 입고 이 땅에 오신 예수님에게 붙일 수 있는 이름이 아닙니다.

육신으로 오신 분이 어떻게 우리와 함께 계실 수 있습니까? 우리와 영원히 함께하시려면 영으로 오셔야 합니다. 그러므로 성령과 함께 오셔서 믿는 자들의 마음에 계시는 그리스도가 임마누엘입니다.

2. 예수 그리스도께서 성령과 함께 내 안에 오셨습니다.

1) 성령님께서 우리(내) 안에 오셨습니다.

요14:16-17절에 "내가 아버지께 구하겠으니 그가 또 다른 보혜사를 너희에게 주사 영원토록 너희와 함께 있게 하리니 그는 진리의 영이라 세상은 능히 그를 받지 못하나니 이는 그를 보지도 못하고 알지도 못함이라 그러나 너희는 그를 아나니 그는 너희와 함께 거하심이요 또 너희 속에 계시겠음이라."고 하셨습니다.

2) 예수 그리스도께서 우리(내) 안에 오셨습니다.

요14:18-20절에 "내가 너희를 고아와 같이 버려두지 아니하고 너희에게로 오리라. 조금 있으면 세상은 다시 나를 보지 못할 것이로되 너희는 나를 보리니 내가 살아 있고 너희도 살아 있겠음이니라. 그날에는(오순절 성령 강림) 내가 아버지 안에, 너희가 내 안에, 내가 너희 안에 있는 것을 너희가 알리라."고 하셨습니다.

3) 예수 그리스도와 아버지 하나님과 성령님께서 우리(내) 안에 오셨습니다.

요14:23절에 "예수께서 대답하여 이르시되 사람이 나를 사랑하면 내 말을 지키리니 내 아버지께서 그를 사랑하실 것이요 우리가 그에게 가서 거처를 그와 함께하리라."고 하셨습니다.

마16:28절에 "진실로 너희에게 이르노니 여기 서 있는 사람 중에 죽기 전에 인자가 그 왕권을 가지고 오는 것을 볼 자들도 있느니라."라고 했고, 마28:18절에 부활하신 예수님께서 "예수께서 나아와 말씀하여 이르시되 하늘과 땅의 모든 권세를 내게 주셨으니", 20절에 "…볼지어다 내가 세상 끝 날까지 너희와 항상 함께 있으리라 하시니라."고 했습니다.

4) 많은 목회자와 교인들이 그리스도께서 왕권을 가지고 내 안에 오셨다는 이 부분을 잘 깨닫지 못합니다.

왜냐하면 골1:26-27절 말씀대로 우리 안에 계신 그리스도가 만세와 만대로부터 감추어진 하나님의 비밀이기 때문에 보지 못하고 깨닫지 못하는 것입니다.

5) 그리스도께서 왜 우리 안에 계셔야 하나요?

우리 속에 들어오셔서 우리를 성령으로 거듭나게 하셔서 새 생명을 주시고 우리의 왕으로, 머리로 우리와 함께 거하시면서 천국을 누리게 하시다가 영원한 천국으로 인도하시기 위해서입니다.

3. 예수님께서 마지막 때에 강림하십니다.

살전4:16-17절에 예수님은 장엄하신 모습으로 강림하십니다. 예수님께서 강림하시는 목적은 이 땅에서 예수님과 한 생명되어 천국을 누리는 자를 구원하여 영원한 천국으로 인도하기 위함이요, 예수님과 한 생명 되지 않은 자(믿지 않는 자)들을 심판하시기 위해서입니다.

재림이 아닙니다. 세 번째 강림입니다. 찬송가 179장 1절에도 “주 예수의 강림이 가까우니”라고 나옵니다. 성경에 재림이라는 말은 없습니다. 재림이 아니라 강림입니다. 왜냐하면 오순절 날 성령과 함께 영으로 오셨기 때문입니다.

결론적으로 말씀드리겠습니다.

사복음서에 나오는 예수님은 육신을 입고 계시는 주님이시고, 로마서 이후에 나오는 예수 그리스도는 대부분 내 안에 영으로 오신 그리스도라는 것을 알고 읽으시나요? 이것을 모르고 읽으시면 말씀에 대해 이해가 안 될 뿐 아니라 살아 계신 주님, 살아서 역사하시는 주님을 만날 수 없습니다. 그러기에 수십 년을 믿어도 주님을 만나지 못하는 것입니다.

말씀을 듣는 중에 내 안에 살아 계신 주님의 만지심과 생수(사랑)를 부으심과 신령한 은혜를 경험하십시오. 인생이 바뀝니다. 내 안에 계신 예수 그리스도를 머리로 삼고 그분의 말씀에 순종하며 이 땅에서 천국을 누리다가 영원한 천국에 들어가게 되시기를 소망합니다.

6

예수 그리스도가 천국입니다

| 본문 | 막1:14-15

성경의 주제는 예수님입니다. 또 하나의 핵심 주제는 하나님 나라 천국입니다. 오직 우리가 먼저 구할 것도 하나님 나라입니다.

하나님의 아들 예수 그리스도가 복음이고, 천국 복음만이 참복음입니다. 다른 복음은 없고 오직 천국 복음만이 복음이라는 확신이 있어야 담대하게 천국 복음을 전할 수 있습니다.

천국은 하나님이 맹세로 약속하신 새 언약의 천국 복음을 믿고 성령으로 거듭나서 하나님의 생명을 가진 하나님의 자녀가 들어가는 곳입니다.

지금 죽어도 천국에 들어갈 확신이 있다면, 그 이유는 무엇일까요?

1. 천국은 성경에 다섯 가지 개념으로 나타납니다.

성경에 나타나는 천국은 현재적이며 미래적인 천국입니다. 현재적인 천국은 구원받은 자들이 이 땅에서 실제로 누리는 나라이고, 미래적인 천국은 구원받은 자들이 장차 갈 나라입니다.

현재적인 천국은 ① 이 땅에 육신으로 오신 예수님이 천국이고, ② 오순절 날 성령과 함께 영으로 오셔서 천국을 이루어 가시는 그리스도가 천국이며, ③ 성령으로 거듭나 예수님을 모신 하나님의 성전이 된 성도들이 심령에 누리는 천국입니다.

미래적인 천국은 ④ 예수님의 강림 이후의 천년왕국이 천국이며, ⑤ 하나님 아버지의 집인 영원한 천국으로 아직 성취되지 않은 앞으로 누릴 천국입니다.

2. 이 땅에 육신으로 오신 예수님이 천국입니다.

1) 예수님은 자신을 천국이라고 선포하셨습니다(마4:17, 막1:14-15).

“회개하라, 천국이 가까이 왔다.”는 말을 직역하면 너희 손 닿는 곳에 천국이 와 있다는 뜻입니다. 예수님은 자신이 천국으로 손 닿는 곳에 와 계셨습니다.

2) 예수님은 자신의 육체를 가리켜 성전이라고 말씀하셨습니다(요2:19-21).

성전이란 하나님이 임재하시는 거룩한 집을 가리킵니다. 예수님께서 자신의 육체를 성전이라고 하신 것은 살아 계신 하나님 아버지께서 자기 안에 계셨기 때문입니다.

3) 예수님은 살아 계신 하나님 아버지의 성전으로서, 아무것도 스스로 하지 않으시고, 자기 안에서 아버지가 하시는 일을 보고 하나님 아버지께서 가르치시고 명하시는 대로 행하셨습니다(요5:19, 요8:28, 요12:49-50).

예수님은 천국으로 오셔서 살아 계신 하나님의 성전으로 천국의 삶을 사시는 기쁜 소식, 즉 천국 복음을 전하셨습니다(마4:23, 마9:35).

3. 오순절 날, 성령과 함께 영으로 오신 예수 그리스도가 천국입니다.

1) 왕권을 가지신 그리스도께서 하나님의 나라, 천국으로 오셨습니다(마16:28, 눅9:27).

인자가 왕권을 가지고 하나님 나라로 오신다는 것은 마지막 강림의 때가 아니라, 오순절 날 그리스도께서 왕권을 가지고 성령과 함께 하나님의 나라, 천국으로 오신다는 것입니다(요14:16, 18, 20). 성령 강림 이후에는 성령과 함께 오신 그리스도가 전파되어 사람마다 그 안으로 들어가야 합니다(눅16:16). 그리스도 안으로 들어가는 것이 하나님 나라, 천국으로 들어가는 것입니다.

2) 성령과 함께 오신 그리스도께서 우리 안에 계심을 믿지 않으면 구원받지 못합니다(고후13:5).

"예수 그리스도께서 너희 안에 계신 줄을 너희가 스스로 알지 못하느냐?"라는 것은 내 자신 스스로가 성령의 가르침으로 내 안에 그리스도가 계시다는 것을 알아야 한다는 말씀입니다(요일 2:27, 요일 3:24).

3) 참믿음은 자기 안에 그리스도께서 살아 계신 것을 인식할 뿐만 아니라, 살아 계신 그리스도의 영광을 마음의 눈으로 보고, 주님의 음성을 마음의 귀로 듣는 믿음입니다(요16:13-16, 고후3:18, 요10:27).

결론적으로 말씀드리겠습니다.

예수님은 이 땅에 천국으로 오셔서 아무것도 스스로 하지 않으시고, 자기 안에서 아버지가 하시는 일을 보고, 하나님 아버지께서 가르치시고 명하시는 대로 행하셨습니다.

인자가 왕권을 가지고 하나님 나라로 오신다는 것은 마지막 강림 때가 아니라, 오순절 날 그리스도께서 왕권을 가지고 성령과 함께 하나님의 나라, 천국으로 오신다는 것입니다.

어떤 믿음이 참믿음인가요? 천국이신 예수님이 내 안에 계신다는 것을 믿는 믿음이 참믿음입니다. 갈2:20절에 "내가 그리스도와 함께 십자가에 못 박혔나니 그런즉 이제는 내가 사는 것이 아니요 오직 내 안에 그리스도께서 사시는 것이라 이제 내가 육체 가운데 사는 것은 나를 사랑하사 나를 위하여 자기 자신을 버리신 하나님의 아들을 믿는 믿음 안에서 사는 것이라."고 했습니다.

내 안에 살아 계신 예수님을 믿는 것입니다. 내 안에 계신 예수 그리스도가 천국입니다. 날마다 내 안에 계신 예수님으로 심령 천국을 누리시기를 소망합니다.

7

천국으로 오신 예수님의 삶

| 본문 | 요14:8-11

예수님께서 천국으로 오셔서 천국 복음을 전파하셨고(마4:23, 9:35), 이 천국 복음이 땅끝까지 전파되어야 그제야 끝이 오리라(마24:14)고 하셨습니다.

오늘은 천국으로 오신 예수님의 삶에 대해서 말씀드리겠습니다.

1. 천국 복음이란 무엇일까요?

1) 새 언약이 천국 복음입니다.

천국 복음은 렘31:31-33, 겔11:19-20, 겔36:26-28절에 나오는 새 언약입니다. 하나님께서 약속하신 새 언약은 "새 영을 너희 속에 두고 새 마음을 너희에게 주어 나는 너희 하나님이 되고 너희는 내 백성이 되리라."는 것입니다. 한마디로 말하면, 하나님이신 예수님이 우리 속에 들어오시겠다는 약속입니다.

2) 하나님은 새 언약을 이루기 위해서 무엇을 하셨나요?

① 하나님은 스스로 맹세한 새 언약을 이루기 위해 이 땅에 예수님을 언약의 중보자로 보내셨습니다(히9:15).

② 이 세상에 오신 예수님은 새 언약을 약속하신 하나님 아버지 뜻에 전적으로 순종하셨습니다(요6:38-40).

③ 하나님은 새 언약을 이루시기 위해 예수님에게 천국 복음을 전하게 하시고 우리의 모든 죄를 사하시기 위해 예수님을 십자가 위에서 죽게 하셨습니다.

④ 하나님은 새 언약을 이루기 위해 예수님을 죽은 자 가운데서 3일 만에 부활시키셨습니다.

⑤ 하나님은 새 언약을 이루시기 위해 예수님을 하늘 보좌 우편에 앉히셨습니다.

⑥ 하나님은 새 언약을 이루기 위해 택한 백성들과 영원히 함께하시려고 예수님께 왕권을 주시어 오순절에 성령과 함께 그리스도로 보내셨습니다.

⑦ 이 예수 그리스도를 나의 왕으로, 나의 주인으로, 나의 머리로, 나의 생명으로, 나의 삶의 전부로 영접하고 믿으면 구원을

받습니다(요1:12, 계3:20).

3) 이 복음이 성령의 감동으로 이해되고 깨달아지고 믿어져서 확실히 고백할 때, 예수 그리스도가 성령 안에서 나를 성전 삼고 내주하십니다.

나와 주님이 하나가 되어 마음의 천국이 이루어집니다. 주님과 함께 천국 되어 살다가 영원한 천국에 들어가는 것이 천국 복음입니다. 엄밀히 말해 새 언약 복음을 모르면 하나님의 뜻도 모르고, 예수님도 모르고, 구원도 모르는 것입니다.

하나님의 뜻은 옛 언약(첫째 것, 율법)을 폐하고 새 언약(둘째 것)을 세우는 것입니다(히10:9). 여러분 마음에 천국이 이루어져야 합니다. 성부 · 성자 · 성령께서 여러분 안에 내주하시기에 그분과 하나 되고, 한 마음 되어 천국을 누려야 합니다.

2. 천국으로 오신 예수님은 어떻게 사셨나요?

1) 예수님은 이 땅에 천국으로 오셨습니다.

예수님이 천국이십니다. 마4:17절에 "예수께서 비로소 전파하여 가라사대 회개하라 천국이 가까이 왔느니라."고 하셨습니다. 천국은 하나님의 나라입니다.

2) 예수님은 이 땅에서 천국의 삶을 사셨습니다.

① 예수님은 아무것도 스스로 하지 않으시고 자기 안에 계신 하나님 아버지의 말씀을 대언하셨습니다(요5:30, 요8:28-29). 예수님은 천국으로 오셔서 자기 안에서 말씀하시는 아버지 하나님의 말씀을 듣고 대언하셨고, 그러므로 말씀으로 창조된 천지 만물이 예수님이 대언하시는 말씀을 듣고 순종하는 것입니다(마8:26-27).

② 예수님은 성령을 힘입어 사셨습니다(행10:38). 예수님은 성령을 힘입어 모든 일을 하셨습니다.

③ 예수님은 하나님을 머리로 하고 사셨습니다(고전11:3).

④ 예수님은 천국을 가르치고 전파하셨습니다(마4:23, 마9:35).

3) 예수님이 천국의 삶을 사신 것은 믿는 자들에게 본을 보이시기 위함입니다.

① 예수님은 육신을 입고 우리와 똑같은 삶을 사셨습니다(히4:15).

② 예수님은 믿고 따르는 자들에게 천국의 삶을 보여 주셨습니다(벧전2:21).

3. 천국의 삶을 사는 방법은 무엇일까요?

오늘날 예수님을 믿고 따르는 자들이 천국의 삶을 사는 방법은 무엇인가요?

1) 성 삼위 하나님이 심령에 계신 자가 천국입니다(고전3:16).

성도들 안에 성 삼위 하나님이 영으로 계십니다. 혹자는 삼위일체 하나님에 대해 "성부 하나님은 무소부재하시니 어디나 계시고, 성자 예수님은 부활하여 하나님 보좌 우편에 계시고, 성령님은 우리 안에 계십니다."라고 하는데, 맞습니까? 아닙니다. 삼위일체 하나님은 언제나 하나입니다.

예수님이 이 세상에 오시기 전에는 성부 안에 성자와 성령이 함께 계셨고, 예수님이 이 세상에 계실 때에는 성자 예수님 안에 성부와 성령이 함께 계셨고, 예수님이 승천하시고 오순절 이후에는 성령 안에 성자와 성부가 함께 계십니다.

이 진리는 학문이나 이성으로 깨달을 수 없고 오직 믿음으로만 깨달을 수 있습니다. 이 진리가 깨달아지고 믿어져야 복음도 받아들여지고 성경도 이해할 수 있습니다.

2) 예수님을 믿는 자들이 천국의 삶을 살려면 예수님처럼 살아야 합니다.

① 예수님은 아무것도 스스로 하지 않으시고 자기 안에 계신 아버지의 말씀대로 순종하셨듯이(요12:49-50), 우리도 예수님께서 새 언약을 이루시기 위해서 내 안에 계신다는 것을 믿고 아무

것도 스스로 하지 말고 내 안에 계신 주님의 음성을 듣고 순종해야 합니다.

② 예수님은 성령을 힘입어 사셨습니다. 우리도 성령의 인도를 받으며 살아야 합니다(요16:13, 갈5:16).

③ 예수님은 하나님을 머리로 하고 사셨습니다. 우리도 예수 그리스도를 머리로 하고 살아야 합니다(고전11:3, 엡4:15, 골1:18).

④ 예수님은 천국 복음을 가르치시고 전파하셨습니다. 우리도 천국 복음을 가르치고 전해야 합니다(마28:19-20, 막16:15).

⑤ 예수님은 사람들에게 천국의 삶을 보여 주셨습니다. 우리도 사람들에게 천국 생활을 보여 주어야 합니다.

결론적으로 말씀드리겠습니다.

마5:16절에 "이와 같이 너희 빛이 사람 앞에 비치게 하여 그들로 너희 착한 행실을 보고 하늘에 계신 너희 아버지께 영광을 돌리게 하라."고 하였습니다.

이제 심령의 천국을 이룬 성도들은 예수님처럼 천국의 삶을 살면서 천국의 기쁨을 누리게 됩니다. 내 안에 계신 예수님으로 날마다 심령 천국 누리시기를 소망합니다.

8
천국의 비밀

| 본문 | 골1:26–27

예수님께서 이 땅에 오셔서 하신 사역과 하늘나라 지성소에서 하신 사역과 성령과 함께 내 안에 오셔서 하시는 모든 사역은 우리로 하여금 천국(하나님 나라)이 되어 천국의 삶을 사는 기쁜 소식을 전하도록 하시는 것입니다.
즉, 삼위 하나님이 하시는 일은 오직 우리가 천국 되어 살도록 하시는 것입니다. 그럼에도 많은 사람들이 교회는 다니면서도 천국과 천국의 삶에 대해서 잘 모르는 것은 하나님께서 감추어 놓은 비밀이기 때문입니다.

1) 우리를 향하신 하나님의 궁극적인 소원은 우리로 하여금 천국(교회) 되게 하시는 것입니다.

이는 영원 전부터 예정된 하나님의 경륜(뜻)입니다. 우리가 천국이 되어 살기 위해서는 반드시 천국의 비밀을 알아야 합니다. 왜냐하면 내 안에 계신 예수 그리스도가 천국의 비밀이기 때문입니다.(골 1:26-27). 예수님께서 씨 뿌리는 비유를 통해 "천국의 비밀을 모르면 죄 사함이 없고 구원도 없다."고 말씀하셨습니다.

2) 구원은 예수 그리스도 안에 있습니다.

즉, 예수 그리스도와 하나 된 자는 자기 안에 계신 그리스도의 음성을 듣고 가르침을 받으며 천국을 누리며 살다가 영원한 천국에 들어가는 것입니다. 이것이 천국 복음입니다.

천국의 비밀은 무엇일까요?

1. 이 세상에 성육신 하신 예수님입니다.

천국의 첫 번째 비밀은 이 세상에 성육신 하신 예수님입니다.

마4:17절에 "예수께서 전파하여 이르시되 회개하라 천국이 가까이 왔느니라 하시더라." 예수님은 자신이 천국으로 오셨다고 말씀하시는 것입니다.

천국으로 오셔서 천국 복음을 선포하시고 모든 비유를 천국 비유로 말씀하셨습니다.

2. 오순절 날 성령과 함께 영으로 오신 그리스도입니다.

천국의 두 번째 비밀은 오순절 날 성령 안에 성령과 함께 오셔서 우리를 성전 삼고 우리 안에 계시는 그리스도입니다.

골1:26-27절에 "이 비밀은 만세와 만대로부터 감추어졌던 것인데 이제는 그의 성도들에게 나타났고 하나님이 그들로 하여금 이 비밀의 영광이 이방인 가운데 얼마나 풍성한지를 알게 하려 하심이라 이 비밀은 너희 안에 계신 그리스도시니 곧 영광의 소망이니라."라고 했습니다.

마28:20절에 "볼지어다. 세상 끝 날까지 너희와 함께하리라."라고 말씀하셨습니다.

3. 내 안에 계신 그리스도의 말씀을 들을 수 있는 그리스도의 마음입니다.

천국의 세 번째 비밀은 내 안에 계신 그리스도의 말씀을 들을 수 있는 주님의 마음입니다.

주님의 양은 반드시 주님의 음성을 듣고 살아야 합니다. 예수 그리스도 안에서 그리스도와 한 몸 되어 머리이신 그리스도의 음성을 듣고 따르는 삶이 그리스도인의 삶입니다. 요10:27절에 "내 양은 내 음성을 들으며 나는 그들을 알며 그들은 나를 따르느니라."고 했습니다.

씨 뿌리는 비유(마13장, 막4장, 눅8장)에서 씨는 말씀을 의미합니다. 또한 좋은 땅과 나쁜 땅을 구분하는 기준은 예수 그리스도의 말씀을 듣고 깨닫느냐, 깨닫지 못하느냐 입니다. 좋은 땅에서만 천국의 비밀이신 그리스도의 말씀을 온전히 들을 수 있고 깨달을 수 있습니다. 좋은 땅은 착하고 좋은 마음, 곧 그리스도의 마음을 의미합니다. 그리스도의 마음은 하나님의 생명에서 나오는 마음입니다.

그리고 길가나 돌밭이나 가시떨기밭은 육신의 생명에서 나오는 육신의 마음을 의미합니다.

우리가 머리이신 그리스도의 음성을 듣기 위해서는 먼저 하나님의 생명에서 나오는 그리스도의 마음을 가져야 온전히 들을 수가 있습니다. 이와 같이 머리이신 그리스도의 말씀을 들을 수 있는 주님의 마음이 천국의 세 번째 비밀입니다.

4. 성도들 안에는 삼위 하나님이 계셔서 거룩한 질서 가운데 역사하십니다.

성도들 안에는 삼위 하나님이 계셔서 거룩한 질서 가운데 역사하십니다. 이것이 천국의 네 번째 비밀입니다.

주님의 음성을 들을 수 있는 그리스도의 마음을 가지려면 내 안에 삼위 하나님이 계시다는 것과 그 삼위 하나님은 거룩한 질서 가운데 일(역사)하신다는 것을 믿고 깨달아야 합니다.

1) 내 안에 성령이 계심을 믿고 깨달아야 합니다.

고전3:16절에 "너희는 너희가 하나님의 성전인 것과 하나님의 성령이 너희 안에 계신 것을 알지 못하느냐?" 고전6:19-20절에 "너희 몸은 너희가 하나님께로부터 받은바 너희 가운데 계신 성령의 전인 줄을 알지 못하느냐?"라고 했습니다.

2) 성령과 함께 오신 그리스도가 내 안에 계심을 믿고 깨달아야 합니다.

요14:20절에 "그날에는 내가 아버지 안에, 너희가 내 안에, 내가 너희 안에 있는 것을 너희가 알리라."고 했으며, 갈2:20절에 "내가 그리스도와 함께 십자가에 못 박혔나니 그런즉 이제는 내가 사는 것이 아니요, 오직 내 안에 그리스도께서 사시는 것이라."고 했습니다.

3) 내 안에 계신 그리스도 안에 하나님의 생명이 있음을 믿고

깨달아야 합니다.

요일2:25절에 "그가 우리에게 약속하신 것은 이것이니 곧 영원한 생명이니라."고 했고, 요일5:11-12절에는 "또 증거는 이것이니 하나님이 우리에게 영생을 주신 것과 이 생명이 그의 아들 안에 있는 그것이니라. 아들이 있는 자에게는 생명이 있고 하나님의 아들이 없는 자에게는 생명이 없느니라."고 했으며, 빌2:13절에는 "너희 안에 행하시는 이는 하나님이시니 너희에게 소원을 두고 행하게 하시나니"라고 말씀하셨습니다.

결론적으로 말씀드리겠습니다.

1) 우리를 향하신 하나님의 궁극적인 소원은 우리로 하여금 천국(교회) 되게 하시는 것입니다.

우리가 천국이 되어 살기 위해서는 반드시 천국의 비밀을 알아야 합니다. 왜냐하면 내 안에 계신 예수 그리스도가 천국의 비밀이기 때문입니다.(골1:26-27). 천국의 비밀을 모르면 죄 사함이 없고 구원도 없습니다.

2) 구원은 예수 그리스도 안에 있습니다.

따라서 예수 그리스도와 하나 되어야 자기 안에 계신 그리스도의 음성을 듣고 가르침을 받으며 살다가 구원받는(천국에 가는) 것입니다. 새 언약, 천국의 비밀을 분별하며 깨달아야 그리스도 안에서 천국을 누리며 살 수 있습니다.

3) 첫 번째 천국의 비밀은 그들이 보고 있는 예수 그리스도입니다.

두 번째 천국의 비밀은 오순절 날 성령 안에 성령과 함께 오셔서 우리를 성전 삼고 우리 안에 계시는 그리스도입니다. 그러므로 내 안에 천국의 비밀이신 그리스도가 없다면 구원받은 자가 아닙니다. 또한, 내 안에 계신 부활의 주님은 형식적으로 존재하시는 분이 아니고 말씀하시는 분이십니다.

이제 우리는 십자가의 주님이 아니라, 사도 바울처럼 천국의 비밀이신 우리 안에 계신 그리스도를 전파해야 합니다. 천국의 비밀인 우리 안에 계신 그리스도는 세상 끝 날까지 항상 함께하시는 분이십니다. 그래서 임마누엘입니다.

날마다 천국의 비밀을 깨닫고 천국의 비밀을 전하는 복음의 일꾼 되시기를 소망합니다.

3장

그리스도의 복음

1

그리스도의 복음

| 본문 | 갈1:7–9

기독교의 사명이 무엇이며 목회자와 성도들의 사명이 무엇입니까? 가장 핵심적인 사명은 복음을 전하는 것입니다(막16:15). 영혼을 구원하는 것입니다.

우리가 온 천하에 다니며 전해야 할 복음은 무엇일까요?

다른 복음은 없습니다. 오직 그리스도의 복음입니다(갈1:7).

1. 그리스도의 복음이란 무엇일까요?

복음은 예수 그리스도입니다(막1:1). 복음의 실체는 예수 그리스도입니다.

1) 그리스도의 복음의 핵심 주제는 '예수님이 그리스도이시다.'라는 것입니다.

그리스도는 '기름 부음을 받은 자'란 뜻으로 '메시아, 구원자'라는 의미입니다. 예수님은 그리스도입니다. 예수님은 메시아입니다(요1:41). 예수는 구원자입니다(마1:21).

2) 그리스도의 복음의 핵심 성경 구절은 마16:16절인데, "시몬 베드로가 대답하여 이르되 주는 그리스도시요 살아 계신 하나님의 아들이시니이다."라고 했습니다.

① '주'라는 뜻은 예수님이 나의 주인이십니다(롬10:9). 내 안에 계신 예수님이 나의 주인이십니다. 예수님이 내 안에 계시면 생명이 있고 내 안에 살아 계신 예수님을 믿으면 구원을 받습니다.

② 예수님은 그리스도이십니다. '주는 그리스도시요.'라고 했습니다. '그리스도'라는 말은 '기름 부음 받은 자', '메시아'라는 뜻입니다. 구원자라는 의미입니다(요20:31).

3) 예수님은 살아 계신 하나님의 아들이십니다(요3:17).

그리스도의 복음이란 예수님은 나의 주인이십니다. 예수님은 메시아이십니다. 예수님은 나의 구원자입니다. 예수님은 나의 왕이라는 뜻입니다.

예수님은 살아 계신 하나님의 아들이십니다. 그 예수님이 내 안에 살아 계십니다(계3:20. 고후13:5, 갈2:20). 오직 그리스도의 복음만이 참복음입니다. 그리스도의 복음은 예수님이 전하신 천국 복음입니다(마4:23, 마9:35, 마24:14).

2. 다른 복음은 무엇일까요?

그리스도의 복음이 아닌 다른 복음이 있습니다.

1) 물질주의 설교는 복음이 아닙니다.

오늘날 한국 교회 강단의 설교는 축복받으라는 일색입니다. 복받으라는 설교가 난무합니다. 물질주의라는 것은 돈을 사랑하는 것입니다. 복을 받으라는 기복주의입니다. 물질주의, 기복주의는 복음이 아닙니다.

성도들로 하여금 돈을 탐하게 해서는 안 됩니다. 세상에서 잘되고 성공하도록 가르치는 것은 복음이 아닙니다. 믿음에서 떠나게 하는 것입니다. 근심으로 자기를 찌르는 것입니다(딤전6:10).

하나님과 재물을 겸하여 섬길 수 없습니다(마6:24). 돈 잘 벌고 부자 되라는 설교는 그리스도의 복음을 변하게 하는 다른 복음입니다.

2) 세속주의 설교는 복음이 아닙니다.

세상과 벗되는 것은 하나님과 원수가 됩니다(약4:4). 세속주의 설교는 인본주의 설교입니다.

① 기독교인은 세상에서 잘되고 높아지는 것이 목적이 아닙니다. 왜냐하면 우리는 세상에 속한 자가 아니기 때문입니다(요15:19). 우리는 하나님께 속한 천국의 시민입니다(빌3:20).

② 예수님의 나라는 세상에 속한 것이 아닙니다(요18:36). 예수님의 나라는 심령 천국이 이루어지는 것이요, 영원한 하나님의 나라 천국에 있습니다. 그래서 천국에 소망을 두고 사는 것입니다.

③ 세상의 왕은 예수님께서 보낸 사람이 아닙니다(요14:30). 세상 나라는 사단이 통치합니다. 사단이 세상 나라의 왕입니다. 공중권세 잡은 마귀가 세운 짐승입니다. 그러므로 예수님이 심판주로 강림하시면 세상 나라는 불 심판을 받아 사라집니다. 세속주의 설교는 복음이 아닙니다.

3) 종교다원주의 설교는 복음이 아닙니다.

예수 외에 다른 구원자는 없습니다(행4:12). 오직 예수님만이 구원자이시며 참하나님이십니다.

이슬람의 알라나 불교의 석가모니나 천주교의 성모 마리아나 기독교의 신이 모두 한 하나님이라 가르치는 종교다원주의 설교는 다른 복음입니다. 복음이 아닙니다.

세계 평화를 위해서 종교 간에 서로 화합해야 한다고 주장하는 WCC는 거짓 선지자의 가르침입니다. 평화를 가장한 거짓 복음을 퍼뜨려 성도들로 하여금 멸망의 길로 끌고 갑니다.

3. 다른 복음을 전하면 어떻게 될까요?

다른 복음을 전하면 저주를 받는다고 했습니다(갈1:7-9).

설교자들은 조심해야 합니다. 그리스도의 복음, 즉 예수님이 전하신 천국 복음만을 전해야 합니다(마4:23, 마9:35, 마24:14).

다른 복음을 전하여 본인은 물론이거니와 듣는 신자들을 저주의 구렁텅이로 몰아가는 것입니다.

결론적으로 말씀드리겠습니다.

다른 복음은 없습니다. 오직 예수 그리스도의 복음 외에는 구원이 없습니다. 예수님과 제자들이 전한 하나님 나라 복음, 천국 복음 외에 다른 복음은 없습니다. 예수님만이 복음입니다. 예수님만이 구원입니다. 예수님만이 생명입니다. 예수님만이 천국입니다.

오직 그리스도의 복음, 천국 복음만 전하기를 소망합니다.

2

예수님이 하나님의 아들 그리스도이십니다

| 본문 | 요20:31

예수님이 하나님의 아들 그리스도이십니다. 베드로의 신앙 고백은 참으로 유명합니다. 마16:16절에 “주는 그리스도시요 살아 계신 하나님의 아들이시니이다.”라고 했습니다. 성경은 무오하신 하나님의 말씀입니다. 성경은 예수님이 그리스도란 사실을 기록하고 있습니다. 성경의 시작과 끝이 예수님이 그리스도라는 것을 증거합니다.

1. 신약성경은 예수님이 그리스도라고 선언합니다.

1) 마태복음은 예수님이 그리스도라고 선언하면서 시작합니다(마1:1).

2) 마가복음은 예수님이 그리스도라고 선언하며 시작합니다(막 1:1).

3) 성경은 예수님이 그리스도라고 선포하면서 종결합니다(계 1:1).

요한은 요한복음을 마무리하면서 성경을 기록한 목적이 예수님이 하나님의 아들 그리스도이심을 믿고 생명을 얻게 하는 것이라고 말씀했습니다(요20:31).

2. 예수님은 자신이 그리스도인 것을 직접 말씀하셨습니다.

1) 대제사장의 질문에 내가 그리스도라고 대답하셨습니다(막 14:61-62).

예수님은 그리스도이십니다.

2) 베드로의 답변에 예수님은 칭찬하셨습니다.

시몬 베드로가 "주는 그리스도시요 살아 계신 하나님의 아들이시니이다."라고 고백할 때 복이 있다고 칭찬하셨습니다(마 16:16-17).

예수님이 그리스도라는 것은 지식으로 아는 것이 아닙니다. 오직 성령께서 깨닫게 하셔야 알 수 있습니다. 하나님이 알게 하시는 것입니다.

예수님은 자기가 그리스도인 것을 아무에게도 말하지 말라고 하셨습니다(마16:20). 왜 말하지 말라고 했을까요? 그리스도는 하나님의 비밀이기 때문입니다(골1:26-27). 택한 자만이 아는 비밀이기 때문입니다.

3) 사마리아 여인과의 대화에서 그리스도라고 말씀하셨습니다.

사마리아 여인이 "당신이 오실 메시아, 곧 그리스도입니까?"라고 물을 때 그렇다고 하셨습니다(요4:25-26).

4) 유대인들의 질문에서 그리스도이심을 말씀하셨습니다(요10:24-26).

예수님은 하나님의 아들 그리스도이십니다.

3. 예수님은 자신이 하나님의 아들이심을 직접 선포하셨습니다.

1) 하나님을 내 아버지라고 칭하셨습니다(요5:17).

2) 하나님과 동등하신 하나님의 아들 예수님이십니다(요5:18).

예수님은 하나님의 본체이십니다(고후4:4, 빌2:6, 골1:15, 히1:3).

3) 하나님이 하시는 일을 아들도 행하십니다(요5:19-20).

4) 죽은 자를 살리는 하나님과 하나님의 아들 예수님이십니다(요5:21).

5) 심판주이신 하나님의 아들 예수님이십니다(요 5:22).

6) 공경을 받으신 하나님의 아들 예수님이십니다(요 5:23).

7) 아들은 믿는 자는 영생을 얻습니다(요5:24-25).

예수님은 하나님의 아들이십니다.

결론적으로 말씀드리겠습니다.

성경은 예수님이 그리스도란 사실을 기록하고 있습니다. ① 성경의 시작과 끝이 예수님이 그리스도라는 것을 증거합니다. ② 신약성경은 예수님이 그리스도라고 선언하며 시작합니다. ③ 예수님은 자신이 그리스도인 것을 직접 말씀하셨습니다. ④ 예수님께서는 자신이 하나님의 아들이심을 직접 선포하셨습니다.

우리도 예수님을 그리스도로 믿어야 합니다. 그리스도는 '메시아'라는 뜻입니다. 즉 나의 구원자, 나의 왕, 나의 주인이라는 뜻입니다.

그 예수님이 내 안에 살아 계십니다(계3:20, 골1:26-27, 갈2:20). 이것이 바로 복음이요, 구원이요, 생명이요, 천국입니다. 하나님이 내 안에 들어오셔서 나를 성전 삼고 사시는 것이 새 언약입니다.

날마다 예수는 그리스도라고 고백하며 내 안에 계신 주님의 음성을 들으며 심령 천국 누리시기를 소망합니다.

3

예수는 그리스도라고 가르치는 제자들

| 본문 | 행5:42

예수님이 그리스도이십니다. 예수님은 메시아입니다. 예수님은 구원자입니다. 예수님은 나의 주인입니다. 예수님은 나의 왕입니다. 제자들은 날마다 예수는 그리스도라고 가르치고 전파하였습니다(행5:42).

1. 예수는 그리스도입니다.

1) 예수님이 주와 그리스도라는 것이 베드로의 설교 핵심입니다.

베드로의 설교의 핵심은 하나님께서 예수님을 주와 그리스도가 되게 하셨다는 것입니다(행2:36). 예수님은 우리의 주인이십니다. 예수님은 그리스도이십니다. 나의 구원자, 나의 왕, 나의 머리입니다.

죄인인 나를 피로 값 주고 사셨기 때문에 나의 주인은 예수님이십니다(고전6:19-20).

2) 빌립의 전도와 설교입니다.

빌립은 사마리아 성에 가서 그리스도를 전하고 하나님의 나라와 그리스도의 이름을 전하였습니다(행8:4-5, 12).

3) 바울의 설교입니다.

사도바울은 다메섹에서 예수를 그리스도라고 전하므로 유대인들을 당혹케 하였습니다(행9:22).

① 바울의 강론입니다. 뜻을 풀어 그리스도가 해를 받고 죽은 자 가운데서 다시 살아나야 할 것을 증언하고 내가 너희에게 전하는 이 예수가 곧 그리스도라고 전했습니다(행17:3).

② 바울의 증언입니다. 바울이 하나님의 말씀에 붙잡혀 유대인들에게 예수는 그리스도라 밝히 증언하였습니다(행18:5).

③ 바울의 변론입니다. 바울이 성경으로 예수는 그리스도라고 증언하여 유대인의 말을 이겼다고 했습니다(행 18:28). 사도바울은 어디서든지 강론할 때마다 예수는 그리스도라고 전했습니다.

2. 그리스도인의 자격

1) 제자들이 안디옥에서 비로소 그리스도인이라 일컬음을 받았습니다(행11:26).

2) 안디옥 교회에는 큰 무리가 있었습니다.

하지만 그때까지는 그들은 교인에 불과하였습니다. 그러나 바울과 바나바가 1년간 안디옥 교회에서 예수는 그리스도라고 가르친 후에 비로소 그리스도인이라 일컬어졌습니다(행11:24-26).

3) 바울이 오기 전까지는 율법적인 교회의 모습입니다.

그리스도의 복음을 전하는 바울이 오기 전까지는 그저 요한의 세례만 알 따름이었습니다(행18:25). 바나바가 일찍이 주의 도와 예수에 관한 것을 가르쳤으나 안디옥 교회 교인들은 요한의 세례만 알았습니다. 율법 설교, 도덕 설교, 교훈 설교만으로는 그리스도인이 될 수 없습니다. 그리스도의 복음을 깨달을 수 없습니다.

결론적으로 말씀드리겠습니다.

오직 그리스도의 복음을 깨달아야 그리스도인이 됩니다. 그리스도의 복음으로만이 변화될 수 있습니다. 그리스도의 복음은 예수님이 전한 천국 복음입니다(마4:23, 마9:35). 하나님 나라 복음입니다.

그리스도의 복음, 천국 복음은 예수님이 내 안에 들어오셔서 나의 주인으로 사시는 것입니다. 이 천국 복음이 온 천하 만민에게 전파되어야 합니다(막16:15). 이 천국 복음이 모든 민족, 온 세상에 전파되어야 끝이 옵니다(마24:14).

예수가 그리스도라는 것을, 때를 얻든지 못 얻든지 힘써 전파하는 천국 복음의 일꾼 되시기를 소망합니다.

4

기름 부음을 받은 자

| 본문 | 왕상 19:16, 대상 29:22

'그리스도'라는 어원은 '기름 부음을 받은 자', 즉 '메시아'라는 뜻입니다. 성경에 기름 부음을 받은 직분에는 세 부류가 있습니다. ① 왕, ② 제사장, ③ 선지자입니다.
기름을 부어서 왕을 세우고, 제사장을 세우고, 선지자를 세웠습니다(왕상19:16, 대상29:22). 예수님은 이 세 가지 직분을 가지셨습니다.

1. 예수님의 3대 직분

예수님은 기름 부음 받은 자의 세 가지 직분을 가장 완벽하게 이루신 분이십니다. 하나님이 나사렛 예수에게 성령과 능력을 기름 붓듯 하셔서 선한 일을 행하시고 마귀에게 눌린 모든 사람을 고치셨는데 하나님이 함께하셨기 때문이라고 했습니다(행 10:38).

1) 예수님은 참왕이십니다.

여자의 후손이신 예수님께서 뱀의 머리를 상하게 하셨습니다(창3:15). 이스라엘의 임금이신 예수님께서 십자가로 마귀를 멸하셨습니다(히2:14-15).

2) 예수님은 참제사장이십니다.

모든 인간은 죄를 지음으로 사망이 왕 노릇 하게 되었습니다(롬5:12). 기름 부음 받으신 예수님은 대제사장으로 죄인들의 모든 죄를 자기의 피로 단번에 영원히 대속하셨습니다(히9:11-12).

3) 예수님은 참선지자입니다.

범죄함으로 인간은 하나님께로 갈 수 없습니다(롬 3:23). 오직 예수님만이 아버지께로 가는 유일한 길입니다(요14:6). 우리 예수님께서 십자가로 새로운 살길을 여셨습니다(히10:20). 그러므로 예수님은 참왕이십니다. 영원하신 대제사장이십니다. 참선지자이십니다.

2. 3대 직분을 수행하신 예수님

예수님께서는 그리스도로서의 직분을 수행하셨습니다.

1) 예수님은 창조주이십니다.

만물을 창조하신 창조주 예수님이십니다(골1:15-16).

2) 성육신하셨습니다.

말씀이 육신이 되어 우리 가운데 거하셨습니다(요1:14). 예수님은 하나님의 본체시지만 우리를 구원하시기 위해 십자가에 죽으셨습니다(빌2:6-8).

3) 십자가를 지셨습니다(요19:30)

예수님은 하나님과 원수 된 우리를 십자가로 화목하게 하셨습니다(엡2:16).

4) 부활하셨습니다.

예수님은 성경대로 우리 죄를 위하여 죽으시고, 장사 지낸 바 되셨다가 사흘 만에 다시 살아나셨습니다(고전15:3-4). 하나님의 아들로 선포되셨습니다(롬1:4).

5) 승천하셨습니다.

갈릴리 사람들이 보는 가운데 하늘로 승천하셨습니다(행1:11). 예수님은 하나님 우편에서 우리를 위하여 간구하십니다(롬8:34).

6) 강림하십니다.

예수님은 구름을 타고 강림하십니다(막14:62). 속히 오셔서 행한 대로 상급을 주십니다(계22:12).

결론적으로 말씀드리겠습니다.

예수님은 그리스도이십니다. 메시아요 구원자이십니다. 예수님은 나의 주인이십니다. 예수님은 왕이십니다. 예수님은 참제사장이십니다. 예수님은 참선지자이십니다. 이 세 가지 직분을 수행하셨습니다.

① 창조주이십니다. ② 구원자 예수와 임마누엘로 성육신하셨습니다. ③ 인류의 속죄를 위해 십자가를 지셨습니다. ④ 사망권세를 이기시고 부활하셨습니다. ⑤ 하늘 지성소에서 단번에 영원한 속죄를 이루시기 위해 승천하셨습니다. ⑥ 만왕의 왕, 만주의 주로 강림하십니다.

그 예수님이 내 안에 계십니다. 나의 주인이십니다. 나와 한 생명 되고 한 몸 되어 내 안에서 사시는 것입니다(갈2:20). 말씀하시는 것입니다(요10:27). 내 안에 계신 그리스도로 인해 날마다 심령 천국 누리시기를 소망합니다.

5

예수 이름의 권세

| 본문 | 행9:15

예수님께서 바울을 사도로 부르셨습니다. 사도 바울의 사명은 주님의 이름을 땅끝까지 전하라고 부르신 것입니다(행9:15).

과연 예수의 이름에 어떤 비밀이 숨겨져 있기에 땅끝까지 전파하라고 말씀하셨을까요?

하나님의 본체이시지만 사람의 모양으로 나타나셔서 십자가에 죽으시고 인간의 모든 죄를 담당하신 예수님입니다. 그 위대한 우주적 구원을 완성하신 예수님의 이름 앞에 하늘과 땅의 모든 피조물들이 무릎을 꿇게 하셨습니다(빌2:8-10). 천사와 악한 영들도 무릎을 꿇습니다. 심지어 바람과 파도까지도 굴복할 수밖에 없습니다(막4:41). 예수 이름 앞에 온 우주 만물이 꿇어 경배합니다.

이것이 그리스도의 이름의 권세입니다. 그 이름은 예수입니다.

우리를 죄에서 구원하는 구원자의 이름 예수님이십니다(마1:21). 그리스도 예수 이름에 어떤 권세와 어떤 복음이 있는지 말씀을 통해서 깨닫기를 원합니다.

1. 예수의 이름에는 죄 사함이 있습니다.

인간은 모두가 죄인입니다(롬3:23). 아담과 하와가 선악과를 따먹고 원죄를 지었습니다. 그 후로 사망권세가 역사합니다. 인간은 죄로 인해 하나님의 진로를 사게 되었기에 심판받고 지옥에 갈 수밖에 없습니다(롬2:3). 죄로 인해 사망이 들어오고 죄로 인해 죽도록 일만 하다 인생 끝나는 것입니다.

1) 그런데 예수님께서 십자가를 지심으로 우리를 살리셨습니다(엡2:1).

그래서 우리가 예수님의 이름으로 세례를 받아야 죄 사함 받게 되는 것입니다(행2:38).

2) 예수님께는 죄 사하는 권세가 있습니다.

예수님께서 가버나움에서 설교하실 때, 한 중풍병자가 지붕을 뚫고 내려옵니다. 그때에 예수님께서 그 중풍병자에게 죄 사함을 받았다고 선언하셨습니다(막2:5). 예수는 죄 사함을 얻게 하는 능력의 이름입니다(막2:10).

3) 모든 선지자의 증언대로 우리가 그 이름을 믿고, 그 이름에 힘입어 죄 사함을 받았습니다(행10:43).

2. 예수 이름에는 구원이 있습니다.

1) 그리스도의 이름에는 구원이 있습니다.

누구든지 주의 이름을 부르는 자는 구원을 받습니다(롬10:13). 예수님은 자기 백성을 구원할 자로 이 땅에 오셨습니다(마1:21).

2) 사도 바울이 빌립보 감옥의 간수에게 "주 예수를 믿으라. 그리하면 너와 네 집이 구원을 받으리라."고 선포하고 자결하려던 그 간수와 그 집을 구원하였습니다.

이것이 예수님의 이름의 권세입니다.

3) 우리도 예수 그리스도를 영접하고 그 이름을 믿음으로 구원받고 하나님의 자녀가 되었습니다(요1:12).

그래서 사도들은 예수 이름을 땅끝까지 증거하였습니다. 그 이름을 전파하는 데 제자들은 생명까지 걸었습니다(행15:25). 때로는 예수 이름을 위하여 능욕을 받았습니다(행5:41).

4) 말세를 사는 우리도 예수 이름 때문에 목숨을 걸어야 합니다(마24:9).

종교 다원주의가 확산되어 예수 이름을 부르는 자들을 핍박합니다. 그러나 성경은 분명히 말합니다. 예수 이름 외에는 다른 이름으로는 구원을 받을 수 없습니다(행4:12). 우리가 끝까지 예수의 이름을 배반하지 않으면 구원을 받습니다(막13:13). 오직 예수 이름을 끝까지 붙잡기를 바랍니다.

3. 예수의 이름에는 치유가 있습니다.

1) 예수님의 이름으로 치유가 일어납니다.

베드로가 기도하러 성전에 올라가는데 앉은뱅이를 만납니다(행3:6). 나사렛 예수 그리스도의 이름으로 일어나 걸으라고 명령했습니다. 예수의 이름이 앉은뱅이를 낫게 하였습니다(행3:16).

너희 중에 병든 자가 있으면 주의 이름으로 기름을 바르며 그를 위하여 기도하라고 했습니다(약5:14). 주님의 이름으로 기름을 바르며 기도해야 합니다.

2) 왜 주님의 이름으로 기도할 때 치유가 일어날까요?

주님께서 채찍에 맞아 대신 고통을 당하셨기 때문입니다(사53:5). 주님께서 채찍에 맞아 대신 환자의 고통을 받으셨기 때문에 우리가 그의 이름으로 기도하면 상처가 치유되는 것입니다.

3) 귀신 들려 병든 자들도 고침받습니다.

칠십 인이 기뻐하며 돌아와 이르되 주여 주의 이름이면 귀신들도 우리에게 항복하였다고 고백했습니다(눅10:17). 귀신 들림, 간질, 정신병, 우울증, 의처증 같은 귀신 역사는 오직 예수의 이름으로만 고침받을 수 있습니다. 귀신을 마이신이나 신경 안정제로 쫓을 수 없습니다.

모든 무릎이 예수의 이름 앞에 꿇려졌습니다. 흉악한 귀신들도 예수님만 보면 굴복합니다. 귀신 들려 쇠고랑을 끊는 사나운 귀신 들린 자가 예수님이 보고 달려와 절합니다(막 5:6-7). 지상에 내려와 역사하는 가장 강한 군대귀신인데도 불구하고 살려 달라고 사정하다가 돼지한테 들어갑니다.

귀신의 임무는 사람을 지옥백성 만드는 것입니다. 예수의 이름으로 군대 귀신도 물러갔습니다. 예수 그리스도의 이름으로 영 · 혼 · 육이 치유받기를 바랍니다.

4. 예수의 이름에는 기도응답이 있습니다.

예수님의 이름으로 기도할 때 응답하십니다. 주님의 이름으로 기도할 때 기도가 응답되는 것은 주님이 직접 행하시기 때문입니다(약5:15).

1) 예수님의 이름으로 구하면 아버지가 들어주십니다.

예수님께서 우리의 기도를 들으시고 보좌 우편에서 아버지께 간구하시기 때문에 반드시 응답됩니다(롬8:34). 예수님은 우리의 중보자이십니다(딤전2:5). 아들이 옆에서 간청하는데 안 들어줄 아버지가 어디 있겠습니까? 우리가 예수님의 이름으로 기도할 때 하나님 아버지께서 들어주십니다(요16:23). 주님의 이름으로 나아가면 성령께서 권능으로 역사하십니다(행4:7, 10).

2) 무슨 권세입니까?

하늘과 땅의 모든 권세입니다(마28:18). 오직 성령이 너희에게 임하시면 권능을 받습니다(행1:8).

3) 누구의 이름으로입니까?

나사렛 예수 그리스도의 이름으로입니다. 그래서 우리는 예수님의 이름으로 기도하고 행해야 합니다. 우리가 예수 이름으로 기도하고, 예수 이름으로 나아갈 때 응답받습니다(요16:24). 응답받음으로 기쁨이 충만합니다.

결론적으로 말씀드리겠습니다.

우리는 예수의 이름으로 그리스도의 복음을 만났습니다.

그 이름 예수는 죄 사하는 권세가 있습니다.

그 이름 예수는 구원하는 능력이 있습니다.

그 이름 예수는 치유가 있습니다.

그 이름 예수는 기도 응답이 있습니다.

그 예수님이 지금 어디에 계십니까?

내 안에 살아 계십니다(갈2:20). 여러분 안에 계십니다(고후13:5). 그 이름을 사용하시기를 바랍니다. 믿음으로 사용하면 주님이 함께하시고 성령님이 역사하십니다.

날마다 예수님의 이름의 권세가 나타나기를 소망합니다.

4장

성경의 핵심

1

왜 예수님만 증거해야 하는가?

| 본문 | 요5:39

설교자는 설교할 때 많은 내용을 전합니다. 여러 가지 사상과 생각과 지식, 예화를 전합니다.

그러나 설교자는 예수님만 전해야 합니다. 예수를 전하지 않는 설교는 강연이요, 강의요, 훈화요 교훈에 불과합니다. 예수가 아니고서는 영혼을 구원하거나 생명을 얻을 수 없습니다.

왜 설교할 때 예수님만 증거해야 할까요?

1. 성경은 예수님에 대한 증언이기 때문입니다.

1) 성경은 구약이든 신약이든 예수님에 대한 기록입니다.

너희가 성경에서 영생을 얻는 줄 생각하고 성경을 연구하거니와 이 성경이 예수님에 대하여 증언하는 것이라고 했습니다(요 5:39).

2) 모세오경 및 모든 선지자의 글도 예수님에 관한 것이라고 했습니다(눅24:27, 요1:45, 요5:46).

모세의 율법과 선지자의 글과 시편도 예수님에 대한 기록이라고 했습니다(눅24:44). 모세오경도, 시편도, 선지서도 다 예수님에 대한 기록입니다.

3) 성경 어디서나 예수만 전해야 합니다.

왜냐하면 예수님에 대한 기록이기 때문입니다. 예수님이 성경의 핵심 주제요, 주인공입니다. 아브라함을 전하는 것이 아닙니다. 모세, 욥, 삭개오, 바울을 전하는 것이 아닙니다. 교훈을 전하는 것도 아닙니다. 성경 어디서든지 예수가 주인공이기 때문에 예수를 전해야 합니다.

2. 예수를 믿어야 구원받기 때문입니다.

누구든지 예수님을 믿어야 구원을 받을 수 있습니다(행16:31).

구원받는 믿음이 그리스도의 말씀을 들음에서 나기 때문에 설교자는 예수님만을 증거해야 합니다(롬10:17).

1) 어디에 있는 예수를 믿어야 합니까?

내 안에 계신 예수를 믿어야 합니다. "내가 그리스도와 함께 십자가에 못 박혔나니 그런즉 이제는 내가 산 것이 아니요 오직 내 안에 그리스도께서 사신 것이라. 이제 내가 육체 가운데 사는 것은 나를 사랑하사 나를 위하여 자기 몸을 버리신 하나님의 아들을 믿는 믿음 안에서 사는 것이라."고 했습니다(갈2:20).

모든 복음의 과정을 거치시고 내 안에 들어오신 예수 그리스도가 생명이요 구원이요 복음이요 천국입니다. 내 안에 예수가 없으면 생명이 없습니다(요1서5:11-12). 왜냐하면 예수님이 생명이기 때문입니다.

2) 그리스도께서 내 안에 계시지 않으면 하나님께 버림받은 자입니다. 구원받지 못한 사람입니다.

"너희는 믿음 안에 있는가. 너희 자신을 시험하고 너희 자신을 확증하라. 예수 그리스도께서 너희 안에 계신 줄을 너희가 스스로 알지 못하느냐. 그렇지 않으면 너희는 버림받은 자라."고 했습니다(고후13:5).

3) 내 안에 그리스도의 영이 없으면 그리스도인이 아닙니다(롬8:9).

그러므로 예수만 전해야 합니다.

3. 예수를 먹어야 생명을 얻기 때문입니다.

1) 성도들이 먹어야 할 영혼의 양식, 생명의 떡이 예수님이기 때문입니다.

육신의 생명을 위해서는 빵을 먹어야 살지만 영혼이 살려면 생명의 떡이신 예수를 먹어야 하고 예수님의 피를 마셔야 삽니다.

2) 예수님의 살과 피를 먹고 마시지 아니하면 우리 속에 생명이 없다고 했습니다.

예수님의 살을 먹고 예수님의 피를 마시는 자는 영생을 가졌다고 했습니다. 마지막 날에 내가 그를 다시 살리겠다고 하셨습니다.

3) 예수님의 살은 참된 양식이요 예수님의 피는 참된 음료입니다.

예수님의 살을 먹고 예수님의 피를 마시는 자는 예수님 안에 거하고 예수님도 그 사람 안에 거하시고 영원히 산다고 하셨습니다(요6:53-58).

4) 하지만 이 시대는 예수님을 듣지 못하는 영적 기근과 기갈의 시대입니다.

아모스 선지자는 종말의 때에 양식이 없어 주림이 아니며 물이 없어 갈함이 아니요 여호와의 말씀을 듣지 못하는 기근과 기갈이 있을 것을 경고하였습니다(암8:11).

홍수 가운데 마실 물이 없다는 말이 있고 외치는 자 많건마는 생명수는 말랐다고 탄식합니다.

결론적으로 말씀드리겠습니다.

오늘날 한국 교회 강단을 보면 축복 설교, 율법 설교, 세속주의 설교, 예화 설교, 간증 설교, 교훈 설교 일색입니다. 예수님을 증거하는 설교는 찾아보기 힘듭니다.

설교 홍수 시대에 예수님을 먹지 못하고 듣지 못한 성도들은 영적 기근과 기갈에 영혼이 죽어 가고 있습니다. 이 시대에 가장 필요한 설교는 예수님을 증거하는 복음 설교뿐입니다.

목사가 되기로 헌신했다면 예수만 증거하는 목회자가 되시기를 소망합니다.

2

성경은 예수님에 대한 증언입니다

| 본문 | 눅24:44

"또 이르시되 내가 너희와 함께 있을 때에 너희에게 말한 바 곧 모세의 율법과 선지자의 글과 시편에 나를 가리켜 기록된 모든 것이 이루어져야 하리라 한 말이 이것이라 하시고"(눅24:44).

성경은 하나님의 말씀으로 예수님에 대해 증언한 책입니다. 구약은 오실 예수님, 신약은 오신 예수님에 대한 기록입니다. 성경의 주제는 예수님입니다. 성경의 주인공도 예수님입니다.

설교자는 성도들에게 성경을 가지고 복음을 전합니다. 어떤 성경 몇 장 몇 절을 읽고 말하면, 그것이 복음이라고 착각합니다. 예를 들어 엡2:1-2절을 읽고 말하면 그것이 복음을 증거하는 것으로 생각합니다. 우리는 먼저 성경이 무엇을 증거하는지를 알아야 합니다.

1. 성경은 무엇을 증거하나요?

1) 성경은 예수님을 증언합니다.

"너희가 성경에서 영생을 얻는 줄 생각하고 성경을 연구하거니와 이 성경이 곧 내게 대하여 증언하는 것이니라."고 했습니다(요5:39). 모세오경 및 모든 선지자의 글과 시편도 예수님에 대한 기록이라고 했습니다(눅24:27, 요1:45, 요5:46).

2) 성경은 예수님에 대한 기록입니다.

그 어떤 성경도 예수님 외에 다른 사람을 주인공으로 기록하지 않고 있습니다. 그러므로 설교자가 성경을 가지고 설교하면서 예수님을 빼놓고 설교한다면 그것은 성경을 잘못 본 것입니다.

3) 성경에서 특히 구약을 설교할 때 예수님을 말하지 않는다면 바로 영적 소경입니다.

성경에서 예수님도 보지 못하는 소경이 목회자라면 참으로 안타까운 일입니다. 예수님은 그들을 향하여 "그냥 두어라. 그들은 맹인이 되어 맹인을 인도하는 자로다. 만일 맹인이 맹인을 인도하면 둘이 다 구덩이에 빠지니라."고 했습니다(마15:14).

2. 예수님의 제자들은 예수님만 증거했습니다.

1) 초대교회 제자들은 예수님만 선포했습니다.

제자들은 날마다 집에 있든지 성전에 있든지 예수는 그리스도라고 가르치고 전했습니다(행5:42).

2) 베드로와 요한도 십자가에 못 박혀 죽은 예수 그리스도만 전했습니다(행4:10-12).

3) 스데반은 예수님의 승천을 설교하다 순교하였습니다(행7:56).

예수를 전하는 스데반을 사울과 유대인들이 돌로 쳐 죽였습니다.

4) 바울은 예수를 그리스도라고 전했습니다.

바울은 힘을 더 얻어 예수를 그리스도라 증언하여 다메섹에 사는 유대인들을 당혹하게 했습니다(행9:22).

5) 초대교회에 제자들과 사도들은 하나같이 예수만 증거하였습니다.

주의 종이라고 목사 안수를 받은 목회자는 과연 무엇을 증거해야 할까요? 바로 예수님입니다. 제자들처럼 예수만 전하기를 바랍니다.

3. 누가 예수님만을 증거할 수 있나요?

1) 성령 받은 사람이 예수의 증인입니다.

우리가 성령을 받으면 권능을 받고 예수님의 증인이 된다고 했습니다(행1:8).

'내 증인'이 무엇입니까? 증인은 본 대로 들은 대로 증언하는 사람입니다. 증인이라는 말은 법적 용어입니다. 잘못 증언하면 위증죄로 처벌받습니다. 바르게 전하지 않는 설교자는 심판대 앞에서 심판을 받게 됩니다.

성령님은 예수님을 증언하시는 분입니다(요15:26). 성령님은 예수님을 증언합니다. 성령 받은 사람이 예수님의 증인이 되는 것입니다. 성령 받은 사람이 예수님의 증인으로 예수님을 증거하는 설교를 하는 것입니다.

2) 생명 있는 자만이 예수를 증거합니다.

예수님이 생명입니다. 예수님이 내 안에 계셔야 생명이 있습니다. 예수님이 계시지 않으면 생명이 없습니다(요1서5:11-12). 생명 있는 자만이 생명이신 예수를 증거합니다.

3) 그리스도의 복음을 깨달은 자만이 전할 수 있습니다.

그리스도의 복음은 예수님이 전하신 천국 복음입니다. 천국 복음은 새 언약입니다. 새 언약은 내 안에 계신 예수 그리스도입니다. 내 안에 계신 그리스도가 하나님의 비밀입니다(골1:26-28). 이 비밀을 깨달은 자만이 그리스도의 복음, 천국 복음을 전할 수 있습니다.

우리는 바로 알아야 합니다. 오직 예수님을 전해야 성령이 역사하는 것입니다. 예수님만을 외칠 때 성령이 뜨겁게 역사합니다. 오직 예수를 전해야 생명의 역사가 일어납니다.

결론적으로 말씀드리겠습니다.

오늘날 한국 교회 강단의 설교를 분석해 보면 복받으라는 기복 설교가 난무합니다. 설교자 자신도 지키거나 행하지 못하는 '하라'와 '하지 말라'는 율법 설교가 넘쳐납니다. 복음의 본질에서 벗어난 교훈, 예화, 간증, 좋은 글, 유머 등으로 교인들의 귀만 즐겁게 하려고 합니다. 이 모든 것은 인본주의요, 세속주의요, 복음의 본질에서 벗어난 것입니다.

설교 홍수 시대에 예수님을 먹지 못하고 듣지 못한 성도들은 기근과 기갈에 영적으로 죽어 가고 있습니다. 이 시대에 가장 필요한 설교는 예수님을 증거하는 설교뿐입니다. 예수님만 전해야 합니다.

예수님은 새 언약의 중보자로 오셔서 천국 복음을 전파하시고 우리의 죄를 대속하기 위해 십자가에 죽으시고, 장사된 지 3일 만에 부활하시고, 승천하셔서 우리의 모든 죄를 탕감받으시고, 하늘과 땅의 모든 권세를 위임받으시고, 오순절 성령과 함께 오셔서 우리 안에 영으로 들어오셨습니다.

예수님은 지금 내 안에 살아 계십니다. 물론 부활체의 몸은 종말의 때에 강림하실 것입니다. 복음의 전 과정을 거치시고 내 안에 들어와 계신 예수 그리스도를 선포하는 것이 주님을 전하는 것이요, 천국 복음을 전하는 것입니다. 생명의 주님만 전하는 복음의 일꾼들이 되시기를 소망합니다.

3

성경의 핵심은 예수 그리스도입니다

| 본문 | 행13:13-41

성경은 신약과 구약으로 되어 있습니다. 그럼 성경을 한마디로 요약한다면 무엇일까요?
그것은 곧 예수 그리스도입니다. 왜냐하면 구약은 오실 예수에 대한 약속이고, 신약은 오신 예수에 대한 약속이기 때문입니다.

복음서는 육신의 몸을 입고 오셨던 예수님에 대한 기록이고, 서신서는 내 안에 들어오신 예수님을 기록한 것이고, 요한 계시록은 장차 심판주로 오실 예수님을 기록한 것입니다.
그러므로 성경의 주제는 예수님이요, 주인공도 예수님입니다. 모든 설교의 핵심도 예수 그리스도가 되어야 합니다.

모든 성경은 예수님으로 풀어야 합니다. 그러므로 성경에서나 설교에서 예수를 빼놓고 이해한다면 그것은 지식이요, 수박 겉핥기에 불과합니다. 성경의 핵심은 예수 그리스도입니다.

1. 성경 전체에서 예수 그리스도를 발견하고 전해야 합니다.

1) 성경은 예수님에 대하여 기록한 책입니다.

율법 및 모든 선지자의 글과 시편은 예수님에 대한 기록이라고 했습니다(눅24:27, 눅24:44, 요1:45). 율법과 선지자의 글은 모세오경과 선지서를 가리킵니다(행13:15).

그러나 율법과 선지자는 넓게는 성경 전체를 가리키는 말씀입니다. 율법과 선지서를 읽는 것은 당시 회당의 전통입니다.

2) 그래서 예수님께서는 너희가 성경에서 영생을 얻는 줄 생각하고 성경을 상고하거니와 이 성경이 곧 내게 대하여 증거하는 것이라고 하셨습니다(요5:39).

바울도 성경에서 예수를 보려 하지 않는다면 그것은 수건으로 덮고 보려는 것이라고 했고, 언제든지 주께로 돌아가면 그 수건이 벗겨진다고 했습니다(고후3:15-16).

그러므로 우리는 의도적으로라도 성경에서 예수를 발견하려고 해야 합니다. 이것도 혹시 예수를 가리키는 것은 아닐까 하고 말입니다.

3) 그러므로 구약은 예수님의 이야기입니다. 신약도 예수님에 대한 말씀입니다.

창세기에 아담의 가죽옷도 예수님의 그림자입니다. 노아의 방주도 예수 그리스도의 예표요, 아브라함이 아들 이삭을 모리아 산에서 번제로 드리려 할 때 수풀에 걸려 있는 숫양을 드린 것도 예수님의 십자가 예표입니다. 요셉의 승리도 예수님의 예표입니다. 구약의 제사나 절기나 도피성도 예수 그리스도의 예표입니다.

시편을 보면서도 신령한 관점에서 볼 때 그 말씀이 우리의 영적 체험으로 다가오게 됩니다. 이런 이야기를 하려면 끝이 없습니다.

4) 그냥 전해도 은혜가 되지만 성경에서 예수님에 대한 근거를 찾아서 전해 줄 때, 그 말씀이 얼마나 보배롭고 힘이 있겠습니까?

창세기에서도 복음을, 역사서에서도 복음을, 선지서에서도 복음을, 시편과 지혜서에서도 복음을, 사복음에서부터 요한계시록에서도 복음을 발견하고 전해야 합니다. 성경 전체에서 예수 그리스도를 발견하고 전해야 합니다.

그러나 아무리 성경을 보아도 그 안에서 예수 그리스도를 발견하지 못하면 소용이 없습니다.

2. 출애굽 광야 가나안의 사건도 예수를 말씀한 것입니다.

1) 행13:17-19절은 출애굽과 광야와 가나안 이야기가 나옵니다.

바울이 이 이야기를 언급한 것도 예수를 증거하기 위해서였습니다.

2) 출애굽기는 여호와께서 모세를 통해서 애굽에서 종살이하던 이스라엘을 구원해 내신 이야기입니다.

3) 민수기 신명기에는 광야 40년의 연단이 나오고, 여호수아에는 가나안 땅을 차지하게 하신 이야기입니다.

이 말씀은 객관적으로는 우리를 죄악에서 구원해 내신 예수님에 대한 이야기요, 주관적으로는 성령께서 우리를 죄악에서 구원해 내셔서 하늘에 속한 자로 만드시는 영적 과정을 말씀한 것입니다.

4) 바울은 홍해 사건을 옛사람을 십자가 아래 매장시키는 세례 사건으로 보았습니다(고전10:1-4).

5) 반석도 예수, 생수(물)도 예수, 성막도 예수, 제사도 예수, 여호수아도 예수를 예표한 것입니다.

이런 진리를 모르는 사람들은 알레고리(풍유)라고 하면서 비난하는데, 성경은 예수님에 대한 기록입니다.

3. 사사시대, 왕정시대도 예수를 말씀한 것입니다.

1) 행13:20-23절의 말씀입니다.

사사시대에 이스라엘이 범죄하여 징계를 받아 부르짖을 때 여호와께서 사사를 보내셔서 구원해 주시는데 바로 사사는 예수 그리스도의 예표요, 성령의 예표이기도 합니다. 지금도 하나님께서는 자기 백성들이 부르짖으면 성령을 주시고 하나님의 일꾼을 보내셔서 건져 주시고 또 보호해 주십니다.

2) 왕정시대 다윗왕은 예수님의 예표입니다.

하나님이 세우신 왕 다윗은 예수님의 만왕의 왕 되심을 잘 보여 주었습니다. 온갖 고난과 고통 가운데 이스라엘의 왕이 되어

결국 온 세계를 통치하는 다윗의 모습은 바로 육신을 입고 세상에 오셔서 죽기까지 낮아지셨다가 높아지신 부활 승천하신 예수님의 모습을 예표한 것입니다.

3) 다윗에게 하신 말씀 역시 그렇습니다.

"내가 이새의 아들 다윗을 만나니 내 마음에 합한 사람이라 내 뜻을 다 이루게 하리라 하시더니 하나님이 약속하신 대로 이 사람의 씨에서 이스라엘을 위하여 구주를 세우셨으니 곧 예수라." 고 하셨습니다(행13:22-23).

즉, 상징이나 예표적으로 보나 실제적으로 하신 말씀이나 다 예수님을 증거한 것입니다.

4) 행13:24-43절에 바울은 세례요한이 증거했던 예수 이야기입니다.

성경의 고난받으실 메시아와 부활 이야기, 그리고 회개하지 않으면 화가 있을 것이라는 성경의 예언 등을 말씀하면서 예수의 구주되심을 증거하고 있습니다.

5) 이렇게 성경을 예수로 풀어서 설명해 줄 때 그들은 마음의 문을 열고, 예수 그리스도를 구주로 받아들였고, 다음 안식일에는 온 성이 다 하나님 말씀을 듣고자 하여 모였습니다.

이처럼 우리는 예수님에 대해서 추호의 의심도 없이 믿어야 합니다. 우리에게 예수에 대한 완전한 믿음을 주시기 위해서 성경은 예수님에 대해서 다각도로 말씀하신 것입니다.

결론적으로 말씀드리겠습니다.

사도들은 개념적인 예수만이 아니라 살아 계신 예수님을 전했습니다. 그들은 예수를 전할 때 예수를 알게 하고, 맛보게 하고, 체험하게 하고, 만나게 하고, 그 안에서 살게 하였습니다. 내가 만난 예수를 전했습니다. 내 안에 살아 계신 예수를 전했습니다.

그러므로 우리는 온전히 예수님을 모든 사람들에게 나타내 줄 수 있도록 항상 하나님의 임재와 성령의 충만을 입어야 합니다. 그것보다 더 귀한 축복은 없을 것입니다.

성경 모든 곳에서 예수를 발견하고 전할 수 있기를 바랍니다. 그리고 내 안에서 지금 살아 계신 예수님을 온전히 나타낼 수 있기를 바랍니다. 이 보배로운 복음을 내가 먼저 누리고, 온 세상에 전하는 예수의 증인이 되시기를 소망합니다.

4

구약성경은 예수님에 대한 기록입니다

| 본문 | 요5:39

성경은 예수님에 대한 기록입니다. 구약성경도 예수님에 대한 기록입니다. 성경의 핵심도 예수님, 성경의 주제도 예수님, 성경의 주인공도 예수님입니다.

1. 구약성경은 예수님에 대한 기록입니다.

"너희가 성경에서 영생을 얻는 줄 생각하고 성경을 상고하거니와 이 성경이 곧 내게 대하여 증거하는 것이라."고 했습니다(요 5:39).

예수님 당시는 구약성경밖에 없었습니다. 구약성경은 예수님에 대하여 증거하는 책입니다.

1) 구약성경의 기록자들은 예수님에 대하여 기록하였습니다.

모세는 예수님에 대하여 기록하였습니다(요5:46). 모세오경은 예수님에 대한 기록입니다. 창세기부터 신명기까지 예수님이 잘 보이나요? 아니면 잘 보이지 않나요?

예수님이 보이지 않는다면 그 이유는 성경을 읽을 때 율법이라는 수건으로 가리고 보기 때문입니다. 구약의 사건들은 예수님의 그림자, 모형, 예표입니다. 실체는 예수님입니다. 구약은 실체이신 예수님으로 보아야 합니다.

2) 후대의 이스라엘 사람들도 구약의 본질이 예수님이라는 사실을 알고 있었습니다(요1:45).

모세의 율법과 선지서는 메시아 예수가 기록되어 있었다는 사실을 이스라엘 사람들은 잘 알고 있었습니다. 신약성경뿐만 아니라 구약성경도 예수님에 대한 기록입니다.

2. 예수님은 구약을 어떻게 해석하셨나요?

예수님은 하나님이십니다. 예수님은 진리이시며 무오하십니다. 예수님께서 구약의 사건을 직접 해석하셨습니다.

몇 가지만 살펴보겠습니다.

1) 야곱의 하늘 사다리 사건입니다.

야곱이 벧엘에서 유숙할 때에 꿈에 하늘까지 닿은 사닥다리를 보았습니다. 그 사닥다리를 통해서 하나님의 사자들이 하늘과 땅을 오르내리고 있었습니다(창28:12). 예수님은 하늘과 땅을 연결하는 사닥다리를 어떻게 해석하셨을까요?

하늘과 땅을 연결하고 있는 사닥다리는 예수님 자신이라고 말씀하셨습니다(요1:51). 예수님은 하늘과 땅을 연결하는 사닥다리이십니다. 예수님으로 말미암지 않고는 아버지께로 갈 자가 없습니다(요14:6).

2) 요나 사건입니다.

요나가 풍랑을 만나 삼 일 밤낮을 물고기 배 속에 있었습니다(욘1:17). 예수님은 이 사건을 어떻게 해석하셨을까요?

예수님은 요나가 밤낮 사흘 동안 큰 물고기 배 속에 있었던 사건을 예수님께서 십자가에서 죽으신 지 3일 만에 부활하신 사건으로 모형론적으로 해석하셨습니다(마12:40).

3) 만나입니다.

하나님께서 광야에서 먹을 것이 없어 주려 죽게 생긴 이스라엘 백성들에게 만나를 내려 주셨습니다(출16:4). 예수님은 이 만나를 어떻게 해석하셨을까요?

구약시대 먹던 만나는 먹어도 죽었지만 나를 먹는 자는 죽지 않는다고 말씀하셨습니다(요6:49). 예수님은 영생하는 하늘 양식이십니다. 예수님은 하늘에서 내려온 만나, 즉 생명의 떡이십니다(요6:51).

4) 반석입니다.

르비딤 광야에서 반석에서 생수가 솟아나 이스라엘 백성들이 마셨습니다.

반석에서 솟아나는 생수가 그리스도 자신을 나타내고 있다고 해석하셨습니다(요4:12-13).

3. 제자들은 구약성경을 어떻게 해석하였나요?

선지자들과 제자들이 성경을 기록할 때, 성령님께서 감동하셔서 오류가 나타나지 않도록 하셨습니다(딤후3:16).

1) 세례요한

요한은 예수님께서 자기에게 나아오심을 보고 보라 세상 죄를 지고 가는 하나님의 어린 양이라고 했습니다(요1:29).

요한은 예수님을 세상 죄를 대신 지고 죽는 어린 양이라고 정의했습니다. 이것은 구약의 유월절 어린양, 번제로 드려지는 어린 양에 대한 요한의 해석입니다(출12:21).

예수님은 양이십니다. 유월절 양이십니다. 번제할 어린양이십니다. 세상 죄를 지고 가는 어린양입니다. 내 죄를 대신 짊어지신 속죄제물 되신 어린양입니다.

2) 베드로

예수님은 사람들에게는 버린바 되고 하나님께는 택하심을 받으신 보배로운 산돌이라고 했습니다(벧전2:4).

이것은 구약 시편에 건축자의 버린 돌이 집 모퉁이의 머릿돌이 되었다는 것을 해석한 것입니다(시118:22).

예수님은 산돌이십니다. 예수님은 교회의 머릿돌이십니다.

3) 바울

바울은 신령한 반석으로부터 나오는 신령한 음료를 마셨다고 했는데 "그 반석은 그리스도시라."고 했습니다(고전10:4).

이 사건은 구약에 르비딤 광야에서 이스라엘 백성들이 목말라 죽게 생겼을 때 하나님께서 반석에서 물을 내서 살리신 사건을 해석한 것입니다(출17:6).

바울은 광야 반석에서 물을 내셔서 이스라엘 백성으로 물을 마셔 살게 하신 것을 예수님께서 십자가 지시고 깨진 육체에서 물과 피를 흘려 주셔서 성도들을 구원하신 것으로 해석하였습니다. 예수님은 깨진 반석이십니다(시78:15).

이처럼 제자들도 구약의 사건들을 예수님으로 해석하였습니다.

결론적으로 말씀드리겠습니다.

성경은 구약이든 신약이든 다 같이 예수님에 대한 말씀입니다. 성경 어디든지 예수님에 대한 말씀입니다. 구약에서도 예수님을 볼 수 있어야 합니다. 구약 어디서든지 예수님을 전해야 합니다. 신약 어디서든지 예수님을 전해야 합니다.

율법이라는 수건을 벗어야 예수님이 보입니다. 우리는 아브라함을 전하는 것이 아닙니다. 모세를 전하는 것이 아닙니다. 다윗을 전하는 것이 아닙니다. 바울을 전하는 것이 아닙니다. 예수를 전하는 것입니다.

오직 예수만 보이고 예수만 나타나고 예수만 전하는 예수님의 증인이 되시기를 소망합니다.

5장

필자와 함께

1

유년 시절,
성령의 은혜를 체험하다

자식은 부모님의 은혜에 감사하며 사는 것이 인간의 도리입니다. 저는 어머니를 이 땅에서 제일 위대한 분으로 존경합니다.

1950년 6 · 25사변으로 모든 집과 재산을 잃고 피난민이 된 부모님은 필자를 비롯해 아들 다섯을 데리고 문전걸식하며 고향 경북 봉화를 떠나 강원도 평창 산골에 정착하여 화전민이 되었습니다.

동생 두 명이 더 태어나 일곱 형제가 되었고, 큰형님은 밥 수저 하나 덜기 위해 남의 집 머슴으로 보내졌습니다. 아버지는 날품을 팔고 둘째 형님과 어머니는 집집마다 다니며 밥을 구걸하여 여덟 식구가 함께 먹으며 살았습니다.

심한 멸시와 천대를 받다 보니 어머니는 스트레스로 병을 얻어 끼니때마다 실신을 하시고, 그 모습을 본 우리 형제들은 어머니가 돌아가신 줄 알고 엉엉 울곤 했습니다. 하루에 세 번씩 이런 일이 벌어지니, 산다는 것이 고역이요 지옥과 같았습니다. 아버지는 어머니가 돌아가시면 홀아비가 되어 7형제를 책임져야 된다는 생각에 눈앞이 깜깜하고 한숨과 절망뿐이셨습니다.

동네 아이들은 우리 형제를 거지라고 놀리고 때리기 일쑤였고, 우리 형제는 하나로 똘똘 뭉쳐서 살아갈 수밖에 없었습니다. 그 이후에는 저 집 형제를 건드렸다가는 벌떼처럼 달려드니 큰일 난다는 생각이 들어서였는지 동네 아이들과 어울려 딱지치기, 자치기, 구슬치기 등을 하고 놀며 친구로 지내게 되었습니다.

어느 날, 편찮으신 어머니께서 양로원에 계시는 감사 할머니라는 분의 전도를 받아 교회에 출석하게 되었습니다. 3㎞는 족히 되는 평창읍내 감리교회를 다니며 예수를 믿게 되면서, 어머니의 병은 씻은 듯이 치료되고 회복되었습니다.

부모님의 쌈짓돈과 날품을 팔아 모은 돈으로 집을 사고, 송아지를 키워 팔아 해마다 논과 밭을 살 수 있었습니다.

건강해지신 어머니는 환자가 있는 집마다 찾아가서 "나를 보시오. 오늘 죽을지 내일 죽을지 모르던 내가 예수님을 믿고 이렇게 건강해졌소. 예수 믿으세요."라는 간증을 하며 전도하기 시작했습니다. 믿으신 첫해 스물일곱 가정을 교회로 인도했습니다. 그야말로 전도의 달인이 된 것입니다.

그 당시에는 대부분 한 집에 자녀가 7-12명이니 가정마다 조부모와 부모 자녀를 합하면 족히 10명은 넘었습니다. 그러하니 믿는 자의 수가 사도행전의 초대 교회처럼 날로 늘어났습니다.

피난민으로 거지 떼 같던 우리 가족으로 인해 온 동네가 성령의 은혜를 받아 생명수가 집집마다 흘러들어 가니, 사람들의 마음에 생명의 빛이 비춰지고 웃음이 넘치며 사방에서 천국으로 바뀌는 역사가 일어났습니다.

어머니는 전도의 대장이 되었을 뿐 아니라 기도의 용사였습니다. 비가 오나 눈이 오나 365일 새벽기도와 전국 유명 기도원 집회에 참석하며 산 기도를 통해 영성을 쌓았습니다.

필자는 어린 시절부터 성령의 은혜를 체험하고 한나와 같은 기도의 용사인 어머니 밑에서 기도 훈련을 받았습니다. 10대 때부터 새벽 사이렌 소리와 함께 일어나 교회 종을 치고 새벽기도를 통해 기도의 탑을 쌓았습니다. 그때부터 지금까지 기도를 생명처럼 여기며 살아왔습니다.

기도는 영혼의 호흡입니다. 기도는 영적 생명을 유지하는 유일한 방법입니다.

2
교회가 세워지다

강원도 평창 종부리라는 시골 마을에서 어머니의 전도로 수십 명의 초신자들이 평창 읍내 감리교회에 출석하게 되니, 시골 동네에 교회가 세워지게 되었습니다.

평창감리교회 우체국장 장로님께서 장모님을 모시고 계셨는데, 장모님 회갑잔치를 위해 모으신 돈으로 종부리에 초가삼간이라도 구입하여 예배당을 세우시길 원하셨습니다.

장로님의 도움을 받아 어머니께서 종부 1 · 2 · 3리 가운데 종부2리 입구 삼거리에 초가집을 매입하면서 예배당이 생기게 되었습니다.

매입한 집의 칸을 헐고 밖으로 창문을 내어 한지를 바르고 멍

석을 깔아 멋진 예배 장소를 마련하였습니다. 그리고 나무를 베어다가 종탑을 세우고, 그 후에는 청년들이 나무를 베어다가 제재소에서 송판을 만들어 교회 바닥에 마루를 까니, 모두에게 기쁨이 충만하였습니다.

그때부터 필자는 새벽종을 치고 남포등을 켜고 새벽기도회를 시작하였습니다. 그리고 주일학교를 담당하여 창호지에 찬송가 괘도를 만들어 부르고, 성경을 아이들에게 가르치기 시작하였습니다. 학생들이 많을 때에는 120명이 넘기도 하였습니다. 그때 제가 가르치던 학생들은 지금 환갑이 다 넘었습니다.

교회가 세워진 첫해에 강사님을 모셔다 부흥회를 개최하였는데, 예배 시간마다 앉을 자리가 없어 문밖 마당에까지 앉아서 예배를 드렸습니다.

회개의 역사와 성령의 역사가 초대교회 오순절같이 일어났습니다. 회개의 눈물과 통회 자복, 기쁨의 찬송과 심령의 희열, 방언기도와 귀신이 떠나가고 병이 치료되는 기적의 역사들이 일어났습니다. 그때의 예배는 초대교회의 모습과 감격 그 자체였습니다.

이 가난한 시골 교회에서 5명의 목회자가 배출되었고, 수많은 장로 · 권사 · 성도들이 세워졌습니다.

지난날을 돌이켜 생각해 보면 저의 가정이 거지되게 하심도, 병들어 아프게 하심도, 멸시와 천대를 당하게 하심도, 생명이 끊어지기 직전까지 가게 하심도, 모두 하나님의 계획 안에 있는 축복임을 깨닫게 됩니다.

이로 인해 저희 가정이 구원을 받게 되고, 120가구가 살고 있는 마을이 구원받게 되었습니다. 이 구원의 사역에 거지 아홉 명과 글씨를 전혀 모르시는 저의 어머니 김부남 권사가 쓰임을 받으셨다니, 이 얼마나 큰 은혜입니까?

어머니는 소학교도 다니지 않았으니 글을 모르는 분입니다. 성경과 찬송가를 읽을 줄도 모르고 페이지를 찾지도 못하셨습니다. 그러나 성령의 은혜를 받고 어머니는 '성경 읽게 해 주세요.', '글을 가르쳐 주세요.'라며 밤낮 눈물로 기도하셨고, 하나님은 초자연적인 방법으로 한글을 깨우쳐 주셔서 평생 신구약성경을 24번 이상 통독하셨습니다. 그리고 성경을 필사도 하시고, 영서도 쓰셨습니다.

어머니는 어느 곳에 있든지 전도의 대장이셨습니다. 수백 명을 전도하셨고, 그 전도의 열매는 하늘의 별과 같이 빛나고 있습니다. 평생을 기도로 사신 기도의 용사였습니다. 기도의 넓이와 깊이와 분량이 한이 없으시며 낙타 무릎이 되도록 기도하셨습니다. 그 기도의 밑거름이 자식들에게 축복의 씨앗이 되었습니다.

3

아버지의 천국 입성

6 · 25사변 때 저의 부모님께서 경북 봉화에서 강원도 평창까지 아들 5형제를 업고 안고 걸리어서 문전걸식하며 피난길로 배고픔의 여정을 겪으셨습니다.

성장하여 돌이켜 생각하니 부모님의 사랑과 은혜를 말로 표현할 수가 없습니다. 그 당시에는 모두가 겨우 연명하는 터라 "밥 한술만 주세요." 하고 밥 바가지 내밀면 먹던 수저로 한두 번 떠 주면서 우리도 못 살겠으니 다시는 오지 말라며 문전박대를 받으셨습니다. 아마 더 심한 소리도 들으셨을 것입니다.

그래도 한술의 밥을 보니 굶어 죽어 가는 목숨보다 귀한 5형제 생각에 수모의 소리는 귀에 들리지도 않으셨답니다. 부모님의 고달픈 삶 밥 한술에도 그저 감사하기만 하시던 어머니의 사랑을 어떻게 보답하여 드릴 수 있을까요?

부모님만 생각하면 두 볼에 뜨거운 눈물이 주르르 흐릅니다. 아버지는 가난과 싸우며 먹지 못하여 몸이 쇠약하셨고 천식이라는 지병을 앓고 계셨습니다.

지금으로부터 47년 전, 그날은 수요일이었습니다. 모든 예배에 빠지지 않는 저였지만 그때에는 왠지 아버지 곁을 떠나고 싶지 않아 주무시는 아버지 곁을 지키며 찬송을 부르고 있었는데, 그것이 아버지가 주님의 품에 안기는 천국 입성이었습니다.

저의 아들(오성)이 태어난 지 두 달 되었을 때, 안수 집사님이신 아버지께서 소천하셨습니다.

장례식이 정월 초이튿날이라 믿지 않는 사람은 부정 탄다고 장례식 자체를 보지 않으려는 풍습이 있었습니다. 그러나 교회 성도들이 모여 와 아버지의 장례를 치를 수 있었습니다.

어쩌다 참새 한 마리를 잡았는데 그 참새로 쌀 한 움큼 넣어 조그마한 냄비에 죽을 끓여 드린 것이 아버지의 마지막 식사였습니다.

아버지는 쇠고기 삼양라면을 좋아하셨습니다. 그때가 삼양라면이 처음 나올 때였는데, 너무 가난하여 그 라면 한 봉지 살 돈 없어 못 사 드린 것이 가슴에 한이 되셔서 그 후 어머니께서는 오랫동안 삼양라면을 드시지 않으셨습니다.

저는 아버지께 자반고등어 못 사 드린 것이 맘에 걸려 자반고등어를 수년간 먹지 않았습니다. 지금도 그때를 생각하면 가슴이 미어집니다.

지금 나의 자녀들이 이 글을 읽으면 어떤 생각을 할까 궁금해집니다.

4

군 생활 중 받은 기도 응답

필자는 교회와 가르치던 주일학생들을 두고 군에 입대하게 되었습니다. 논산 훈련소에서 신병 교육과 병참학교 교육을 마치고 자대로 배치되었습니다.

1970년 육군 25사단 포병부대에서 근무했는데, 새벽기도를 할 수 있게 하셨습니다. 그것도 영외의 민간인 교회에 가서 새벽기도를 했다면 남자들은 모두 거짓말이라고 할 것입니다. 저 역시 장본인임에도 100% 거짓말이라고 생각할 수밖에 없는 사건이지만 하나님 편에서는 불가능이 없음을 알았습니다.

엄마의 젖을 먹는 아기가 터무니없는 요구를 하며 떼를 쓰는 것같이 저도 하나님께 기도할 때마다 자유롭게 성경 읽고, 기도하고, 찬송하게 해 달라고 입만 열면 기도를 하였습니다. 정신병

자 같은 짓이었습니다. 심지어는 식사 기도할 때도, 심지어 이불 속에서도 입만 열면 그런 기도가 나오니 내가 어찌할 수 없었습니다.

그러다 부대에서 멀리 떨어진 탄약고가 있는데, 그곳에서 말년 병장과 이등병인 제가 파견근무를 하게 되었습니다. 땅을 파고 낙엽을 깔고 그곳에서 둘이 탄약고를 지키게 된 것입니다.

새벽에 일어나 민간인 교회로 뛰어가면 20분 걸리는데 어두운 논두렁길 좁은 오솔길이지만 기도할 수 있었고, 고참 병장이 허락해 줘서 감사했습니다. 낮에는 양지에 앉아 성경 보고 찬송하면서 보내니, 기도 응답에 감사했습니다. 잠자리는 최악의 조건이었지만 그래도 자유롭게 하나님을 섬길 수 있다는 것에 감사하였습니다.

그 후로는 월남으로 보내 달라고 기도했습니다. 그 이유는 교회 청년들과 흙벽돌을 찍고 나무를 베어 교회를 짓고 여름 성경학교를 마치고 군대에 입대하였는데, 교회에 비품이 아무것도 없어서 교회 비품을 사려는 마음이 들었기 때문입니다.

이 기도 제목도 응답이 되어 일등병 때 월남으로 파병되어 병참 주특기인 십자성 부대로 가서 나트랑 2군수사령부로 파견되었고, 그곳에서도 자유로운 신앙생활을 하게 되었습니다. 성탄절 새벽 송까지 할 수 있었습니다.

저는 월남 복무를 마치고 귀국하여 모아 둔 군복무 월급으로 교회 강대상, 앰프, 차임벨, 풍금, 선풍기, 시계, 방석을 사고 아버지께 달걀 30개를 사 드리니 10원 한 장 남지 않았습니다.

그래도 저의 기도를 모두 다 들어주신 하나님께 감사합니다. 그때의 교회학교 아이들이 환갑이 넘은 어른이 되어 믿음의 거장으로 성장하여 만나게 되니 놀랍고 또 놀랍습니다.

5
시련의 연단 중에도

사탄이 우리 가정을 시샘하였는지 큰형님께서 갑자기 사고를 당해 돌아가시게 되었습니다. 아버지는 약한 체질에다 영양가 있는 식사를 제대로 못 드셨고, 천식이라는 지병을 앓고 계셨습니다.

집안 형편은 어려웠으며 둘째 형님께서 온 식구를 보살펴야 할 중한 짐을 지고 고생을 많이 하셨습니다. 둘째 형님도 2남 2녀를 둔 가장인데, 26세에 남편을 사별한 큰형수님과 어린 조카 둘까지 책임져야 하니 그 고생은 말로 다 할 수 없었습니다. 이때가 제가 군 복무를 마치고 제대할 무렵입니다.

그때 저는 부모님과 큰형수님 세 식구와 둘째 형님 댁 식구와 함께 농사를 지었습니다. 그러나 저는 제대로 된 농사꾼이 아니어서 쟁기질도 할 줄 몰라 보조 역할밖에 하지 못하였습니다.

이런 형편이니 둘째 형님은 이래서는 안 되겠다는 판단을 하시고, 강원도 태백으로 가서 광부가 되기로 하셨습니다. 그 당시에는 광부가 되면 자녀들 학자금이 나왔기 때문입니다. 아버지께서 둘째 형님에게 논 500평을 주셨는데, 그것을 팔아서 태백에 집을 매입해 이사를 하셨습니다.

나는 결혼하여 1972년에 첫아들 오성이가 태어났는데 아버지께서 그해에 돌아가셨습니다. 집안에 풍파가 연속적으로 일어났습니다. 형님이 태백으로 이사하시니 저도 혼자서는 농사를 지을 줄 몰라 이사할 수밖에 없었습니다.

가을 추수를 마친 후 무작정 이삿짐을 싸서 태백으로 가는데 큰형수님이 쌀 40㎏, 옥수수 쌀 80㎏을 싸 주셔서 그것을 싣고 형님을 따라 태백으로 가서 3년간 막노동을 하였습니다.

그때에는 태백에 석탄산업이 부흥할 때여서 일거리가 많았습니다. 광부는 8시간 3교대 근무여서 주일날 근무를 하게 되면 예배를 못 드리니 막노동을 하면서 엿새 동안 일한 것의 십일조 헌금을 하며 살았는데, 액수가 많아지면 마음이 변할까 봐 일주일에 한 번씩 십일조 헌금을 드렸습니다.

이렇게 3년을 살다 서울 북아현동으로 1978년 9월 28일에 이사를 하였습니다. 서울에 살 때 큰조카가 저의 집에서 고등학교를 다녔고, 철저한 신앙으로 살아간 덕분에 29살에 인천에 본인이 벌어 집을 산 것이 30년 전 일입니다. 현재도 그 조카는 성공한 모습으로 잘 지내고 있습니다.

세상의 기준으로 보면, 저의 큰형수님보다 더 불쌍한 사람은 없을 것입니다. 23살에 시집와 남편 얼굴도 제대로 보지 못한 채 지내시다 26살에 혼자되어 84살까지 사시면서 온갖 고생을 하셨으니 말입니다.

그래서 우리 형제들은 큰형수님께 어린 조카 키우시는 데 보탬이 되라고 집과 5,000평 남짓 되는 농토를 드리고 모두 빈손으로 고향을 떠났지만 모두 잘살고 있습니다.

더구나 제일 큰형님 댁 조카들은 형수님의 파란만장한 삶을 보상이라도 하듯이 주님과 한 몸 되어 심령 천국을 누리며 엄마의 신앙을 본받아 우리 집안의 믿음의 대를 잘 이어 가고 있습니다.

이렇듯 우리 가정은 인생 최악의 조건 중에 있었지만, 지금 우리 형제들이 축복받아 지내는 데는 둘째 형님과 둘째 형수님의 희생이 있었습니다.

2021년 4월 27일 새벽 2시 10분에 제일 큰형수님이 두 아들이 지켜보는 가운데 주님의 품에 안기셨습니다. 천국에 입성하심을 보니 하나님께 감사합니다.

어머니의 임종이 다가오자, 두 아들은 모든 생활을 중단하고 어머니 곁을 지키고 있었습니다.

"엄마, 맺힌 것이 있으면 다 풀고 가세요. 엄마, 예수님 손잡고 가세요. 엄마, 예수님 품에 안겨 가세요."

그래서 형수님은 마치 아기가 엄마 품에 안겨 편히 자는 것처럼 돌아가셨습니다. 두 아들 눈에는 예수님이 어머니의 영혼을 안고 가시는 모습이 보이는 것 같았다고 이야기하였습니다.

하나님을 믿지 않는 두 조카의 친구들이 어머니를 병원에 모셔야지 집에서 어떻게 감당하겠느냐고 걱정할 때, 두 조카는 할아버지 · 할머니께서 주무시는 모습 그대로 평안히 돌아가셨기에

요양원이나 병원에 모실 생각이 추호도 없었다고 합니다.

어머니가 돌아가시고 나서도 두 조카는 어머니의 몸을 바로 펴 드리고 어머니의 손을 잡고 나란히 셋이 누워 어머니의 체온을 마지막으로 느꼈고, 돌아가셨다는 생각이 전혀 들지 않았다고 합니다.

이 말을 듣고 예수님께서 야이로의 딸을 살리러 가실 때 아이가 죽은 것이 아니고 잔다고 말씀하신 것을 기억하였습니다. 구원받은 백성은 죽는 것이 아니고 자는 것이며 그래서 영원히 죽지 않는다는 말씀을 믿는 계기가 되었다고 합니다. 하나님의 영이 있는 자는 주의 영으로 사니 죽음이 없다는 것은 숨겨진 진리입니다.

우리 형제는 큰형수님이 돌아가셨다는 소식을 듣고 호주에 이민 간 조카네와 베트남에 근무하는 조카 가족 4명을 제외하고는 다 모였습니다. 형수님 친정은 유교가 강한 집안이었는데, 형수님 조카 중에는 장로도 권사도 있고 믿음을 가진 가족들도 있었습니다. 완고한 유교 집안에 형수님을 통해 믿음이 들어간 것을 보니 형수님께서 얼마나 큰일을 하셨는지 알 수 있었고, 주의 나라에서 영원히 새벽 별과 같이 빛날 것을 기대합니다.

제일 큰형수님의 죽음을 보고 지금까지 믿어 왔던 저의 신앙에 변화가 생겼습니다. 저는 지금까지 신앙인은 은퇴가 없고 움직일 수 있을 때까지 주의 일을 해야 한다고 생각하며 살아오고 있었는데, 살아 있는 동안 할 사역보다 더 큰 비중을 차지하는 것이 죽을 때의 사역인 것을 알게 되었습니다.

큰형수님의 천국 입성을 보며 죽음을 통해 보여 주시는 복음의 메시지가 대단한 것을 보았습니다. 유복자로 태어난 작은조카는 어릴 때에는 주일학교에 잘 다니다가 성장한 후 교회와 등지고 살았는데, 형수님과 주위의 분들이 어머니의 죽음을 통해 하나님이 계시다는 것을 확실히 보여 주니 천국에서 어머니를 만날 소망을 품게 되는 놀라운 일이 이루어졌습니다.

6
나의 사명을 위해

필자가 10대 때부터 열심히 교회 봉사하고 기도하며 주일학교 교사를 하는 것을 보고, 앞으로 목사가 되면 좋겠다는 주위 분들의 권면이 많았습니다.

심지어 성인이 되어 1978년 서울 북아현동에 있는 감리교회에 10년간 출석하였는데, 당시 연세대학교 교목실장 목사님께서 목회할 생각이 있으면 감신대에 추천해 주시겠다고 말씀하셨습니다. 저는 그때마다 저의 사명을 말씀드렸습니다.

나는 목회자를 돕는 사람이 되겠다는 서원 기도를 하였고, 팔십을 바라보는 오늘까지 목회자를 위한 기도를 저의 사명으로 삼고 평생을 살아왔습니다. 목회자가 바로 서야 그에게 맡겨진 주님의 양들이 바르게 자라날 수 있기에 저의 사명은 목회자에 버

금가는 사역이라고 생각하였습니다.

그러면 목회자의 바른 모습이 무엇인가라는 질문에 저는 서슴없이 예수님을 닮아 가야 한다고 말씀드리고 싶습니다.

예수님께서 그 어떤 것도 스스로 하지 않으시고 하나님 아버지의 말씀에 전적으로 순종하였습니다. 목회자는 예수님께서 맡겨진 주의 자녀들을 어떻게 사랑하셨으며, 이 땅에 보내심을 받은 사명을 어떤 모습으로 순종하셨는지, 우선순위가 무엇인지, 예수님의 모습을 보고 본받아야 합니다.

목회자는 예수님을 닮아서 예수님의 모습이 나타나야 하고, 예수님의 성품이 나타나서 생명력 있는 변화와 성화의 역사가 일어나야 합니다. 목회자들은 예수님을 닮아야 합니다.

목회자는 하나님의 주권 안에 있는 분이며 하나님이 세우신 분입니다. 그래서 목회자를 존귀하게 여깁니다. 그러나 저는 목회자분들이 말씀의 본질에 어긋난 말씀을 전할 때는 기도하면서 지적을 해야 한다고 생각합니다.

북아현동에서 섬기던 교회에서 이대 교목이 되신 목사님께서 대학 강의식으로 말씀을 잘 풀어서 설교하셨는데, 창세기의 천지창조는 우리나라의 단군신화와 같은 것이며 이스라엘의 신화로 가르치시기에 찾아가 하나님의 말씀을 어찌 그렇게 전할 수 있는가라고 지적한 적이 있습니다.

그뿐만 아니라, 지금 다니는 교회에서도 비슷한 일들이 몇 번 있었습니다. 이를 보고 어찌 평신도가 목회자에게 지적하고 따지느냐는 질문도 받았고, 목사보다 성경을 더 잘 아느냐는 항의도 받은 적이 있습니다. 그러나 저는 하나님 말씀의 본질에서 벗어나고 어긋나면 조심스럽지만 찾아가서 지적을 하였습니다.

목회자가 들어주시면 감사하고, 그렇지 않으면 하나님의 종이니 하나님께 모든 것을 맡기고 기도할 뿐이었습니다. 왜냐하면 소경이 소경을 인도하면 둘 다 구덩이에 빠지기 때문에 저는 이 사명으로 평생을 살아온 것입니다.

이 사명을 감당하면서 저는 항상 고난이 대기 중인 상태로 지내 왔고, 때로는 핍박의 강도가 상상을 초월할 정도로 심하게 다가올 때도 있었습니다. 목사를 대적하고 쫓아내려 한다는 모함을 받기도 하고, 그렇게 바른 소리 하려면 교회를 떠나라는 소리도 들었습니다.

그러나 저는 모든 시험을 이기신 예수님이 내 마음의 주인으로 계심을 믿고, 고난의 사명에 소홀함 없이 지내 왔습니다.

이 사명에는 항상 깨어 있는 기도가 정말로 필수적입니다. 그래서 젊어서부터 새벽 2시에 알람을 맞추고 일어나 교회 기도실에서 새벽마다 목회자를 위해 생명 걸고 기도를 드리는 것입니다.

사명을 위해 고난의 길을 걸어왔지만, 오늘 이 큰 은혜와 축복에 무한 감사하며 앞으로 어떻게 인도하실까 기대하며 살아가고 있습니다.

7
기도와 성령 충만

저는 초등학교 입학 전부터 성령의 은혜를 받아 마음의 천국을 누리며 평생 기도하는 삶을 살아오고 있습니다. 어떻게 하면 성령의 은혜를 받을 수 있을까요?

'성경에 구하는 자에게 성령을 주시지 않겠느냐?' 구하고 찾고 두드리면 성령의 은혜를 주십니다. 제가 체험한 두 번의 뜨거운 성령의 은혜를 나누려고 합니다.

첫 번째는 초등학교 입학 전 부흥회를 참석할 때 강사 목사님의 말씀을 듣고 회개의 눈물과 통회 자복하는 성령의 기름 부으심의 은혜를 체험한 것입니다.

두 번째는 IMF 위기 때에 담임 목사님과 당회원들에게 성령의 은혜를 주셔서 내 영혼과 모든 성도들의 영혼이 살게 하여 달라고 매일 새벽 2시 교회 지하 기도실에서 사생결단의 기도를 드린 때입니다.

일용직 건설 노동자이기에 항상 힘든 일이지만 IMF 사태가 일어난 해에는 일하는 작업이 무척 힘들었습니다. 무더운 여름에는 더 힘들었는데, 일을 하면 땀이 나는데 처음에는 짜다가 땀이 더 흐르면 짠기가 없어지다가 나중에는 몸에서 땀이 아니라 뜨거운 물이 줄줄 흘러나옵니다.

일을 마친 후 육교를 건너야 집에 올 수 있었는데, 진이 빠지고 기진맥진하여 육교를 단번에 건너오지를 못하였습니다. 집에 가서 땀에 젖은 옷을 벗고 씻고 싶은 마음이 굴뚝같았지만, 집에 가면 다시 기도하러 나오지 못할까 봐 바로 지하기도실로 가서 땀에 젖은 옷을 입은 채로 엎드려 기도하였습니다.

숨 쉬기도 거북한 냄새가 나는 그 모습으로 생명을 걸고 드리는 간절한 기도는 그야말로 내 영이 살기 위한 절박한 호소 그 자체였습니다.

매일 새벽 이런 기도가 이어졌는데, 거의 반년쯤 지날 무렵 저의 가슴에 주체할 수 없는 기쁨의 샘이 솟아났습니다. 성령의 기름 부으심이 임하였습니다. 하늘의 기쁨이 물밀 듯 임하였습니다.

기도의 참맛과 기도의 본질을 깨닫게 된 것입니다. 그때부터 제 기도는 목회자와 교회와 장로님들을 위한 중보 기도로 바뀌었습니다. 요즘에도 변함없이 새벽 2시에 일어나면 기도실로 달려가 기도를 드립니다.

나를 위한 기도는 거의 하지 않습니다. '기도의 본질을 보여 주세요. 주를 위해 무엇을 드릴까요? 이 몸은 주님의 것이니 이 생명 드립니다. 주님이 가신 골고다의 언덕 가게 하소서.'

가슴으로 기도가 되고 타인을 위한 중보 기도가 곧 나를 위한 기도인 것으로 심비에 새겨져 있기에 남을 위해 모든 삶을 희생의 제물로 드립니다.

자고 일어날 때 저는 찬송을 부르고 있었고, 앉으나 서나 기도와 찬송이 흘러나왔으며, 성령의 새 술에 취하여 구원의 기쁨과 심령의 천국이 이루어졌습니다. 저의 입술로는 표현할 수 없는 기쁨과 희락, 행복이 충만하였습니다.

성령의 은혜를 받아 주님이 내 마음에 들어오셔서 나의 주인이 되셨고, 주님과 하나 되고 성령의 전이 되어 심령 천국 이루어지니 저의 일거수일투족을 이끌어 주시고 아주 미세한 부분까지도 지도해 주시며 간섭해 주셨습니다.

성경은 우리에게 성령 충만을 받으라고 말씀합니다. 성령 충만을 받지 않고는 목회도, 기도도, 전도도, 봉사도 할 수 없습니다. 성령 충만을 받아야 합니다. 그래야 신앙생활이 기쁘고 즐겁습니다.

8
70년을 한결같이 오직 교회

저는 어렸을 때부터 성령을 받고 통행금지 해제 사이렌 소리에 일어나 새벽종을 치며 70년을 한결같이 오직 예수, 오직 교회, 오직 목회자, 오직 기도만 생각하며 살아왔습니다.

요즘 우리 교회의 모습을 돌아보면 안타까운 심정에 가슴이 터질 것 같습니다. 창립 48주년의 역사를 가진 교회인데 새벽기도회는 10여 명 남짓 참석하는 것이 현실입니다.

기도의 불이 꺼지는 것 같은 안타까움에 새벽 2시 기도를 7년, 아니 27년을 작정하고 한결같이 울부짖어 기도하고 있습니다. 목회자를 위해 기도하는 것이 저의 사명이기 때문입니다.

온갖 중상모략을 겪었으나 묵묵히 참으면서 오로지 교회와 주님의 복음 사역을 위해 또 썩어져서 열매 맺기를 바라는 삶을 살기 위해 노력하였는데, 그것은 성령님께서 도우셨기에 가능했습니다.

우리 교회는 관리집사님이 계시지 않아 청소할 사람이 없어서 임 권사님 혼자서 청소를 하고 계셨습니다. 어느 날 주일 오후 예배를 마치고 청소를 함께하자고 하여 거의 6년간 청소를 하였습니다. 건축 현장에서 일하는 근로자로 6일 동안 힘든 일을 하고 난 후 주일 오후마다 하는 청소는 힘들었지만, 사용하여 주시는 하나님께 감사하며 기쁨으로 감당하였습니다.

청소를 한 지 거의 6년이 되어 갈 때, 장 장로님과 신 권사님이 함께해 주셔서 감사했고 그 후로도 한 분 한 분 동참하여 오늘날에 이르렀습니다.

이제 80을 바라보는 나이라 기력이 점점 쇠하여지지만 이 몸 움직일 수 있을 때까지 교회를 쓸고 닦으며 목회자들과 당회원들과 성도들을 위해 최선을 다해 생명 걸고 기도할 것입니다.

9
코로나19의 축복

코로나 팬데믹으로 한국 교회는 여지없이 무너졌습니다. 기독교를 탄압하기 위한 정치 방역에 대형 교회들은 물론 각 교단마다 정권의 눈치만 살피고 비위만 맞추는 무기력함을 노출하였습니다.

어떠한 핍박이 와도 생명 걸고 신앙을 파수하고 예배를 드려야 하는데, 비대면이라는 논리에 신앙과 예배를 외면하였습니다.

예수님은 아버지와 내가 하나 된 것 같이 저들도 하나 되게 해 달라고 기도하였는데, 한국 교회는 좌우와 보수와 진보로 갈라져 하나 되지 못하였습니다. 그러니 좌파 정권에서는 불교나 천주교는 눈감아 주고 사분오열 분열된 기독교만을 탄압하여 예배를 금지시켰습니다.

비대면 예배로 전향한 결과 약 15,000개의 교회가 사라졌다고 하니 얼마나 많은 젊은이들과 교인들이 떠났겠습니까? 통탄할 일이 아닐 수 없습니다.

코로나19는 역사상 유래를 찾아볼 수 없는 전 세계적인 팬데믹으로 말세의 징조 중에 하나입니다. 주님의 강림이 가까이 오고 있음을 알리는 하나님의 징계라고 할 수 있습니다.

말세의 징조라면 영적인 잠에서 깨어나 정신을 차리고 근신하여 기도해야 할 것입니다. 그동안의 나태함과 영적 타락에서 회개하고 통회 자복해야 할 것입니다. 미스바의 회개 운동이 한국 교회에 일어나야 합니다.

그럼에도 불구하고 회개는커녕 회개와 기도는 관심도 없고, 예배를 중단하고, 정부의 방역 지침을 따른다는 이유와 이웃을 생각한다는 명분에 마스크 쓰기만을 강조하고 있습니다.

마스크로 코로나 팬데믹을 막을 수 있다고 생각하십니까? 하나님이 징계의 채찍으로 사용하시는 전염병을 마스크로 막을 수 있습니까? 창조주 하나님을 어떤 분으로 알고 있으며 지금까지 어떤 믿음을 갖고 믿어 오고 있습니까?

회개의 기도 없이는 계속 코로나 오미크론 변이는 춤을 출 것이요, 이보다 더 강한 전염병으로 징조를 보일 것입니다. 피조물인 인간이 하나님을 무슨 수로 이길 수 있겠습니까? 하나님을 이기는 길은 회개의 눈물밖에 없습니다.

많은 사람들이 코로나로 힘들어하고 두려워하지만, 저는 코로나로 인해 넘치는 은혜와 축복 주심을 일생에 처음 경험하고 있습니다.

하나님은 기도하게 하셨고 응답해 주셨습니다. 새벽마다 기도 중에 말씀을 묵상하고 영적인 깊은 진리를 깨닫게 해 주셨습니다. 날마다 내 안에 계신 주님의 음성을 듣고 심령 천국을 누리게 하셨습니다. 날마다 기쁨과 감사가 넘치게 하셨습니다.

하나님의 사랑과 십자가의 사랑이 내 심령 속에 부어지니 마음에 미움이 사라졌습니다. 미움이 사라지니 나를 핍박하던 분들을 용서하게 되었습니다. 코로나는 나에게 은혜요 축복임을 고백합니다.

한국 교회 목회자와 성도들이여! 우리 함께 회개하고 기도운동에 함께하십시다. 두 손 들고 하나님 앞에 무릎 꿇고 엎드립시다. 이것만이 코로나가 은혜와 축복으로 변화되는 길입니다.

맺음말

칠십 평생 하나님을 믿으며 살아오는 중에 예수님은 나를 성령의 전으로 삼으시고 내 안에 주인으로 살아 계셔서 나의 삶을 이끌고 계십니다. 쉼 없이 주님 닮아 가도록 빚으시고 다듬으시며 재창조의 사역을 오늘까지도 계속하고 계십니다.

평생을 새벽에 일어나 기도하며 말씀을 묵상하는 중에 복음이 무엇이며 성경의 핵심이 무엇이며 또 무엇을 전해야 하는가를 깨닫게 하셨습니다.

그리고 코로나 팬데믹 상황에서 한국 교회와 목회자를 위해 생명 걸고 매일 새벽 2시에 일어나 교회 지하 기도실에서 기도하는 중에 목회자를 향한 주님의 심정을 깨우쳐 주셨습니다.

목회자들이 오직 예수님만 전하고 예수님이 전하신 천국 복음만 전하기를 바라는 마음으로, 부족하지만 이 외침을 세상에 내놓게 되었습니다.

이 책을 읽으시는 모든 분들에게도 저에게 허락하신 심령 천국의 기쁨을 함께 공유하면서 예수님이 전하시고 제자들과 사도들이 전한 하나님의 나라 천국 복음을 힘써 전하는 목회자와 성도들이 되시기를 소망합니다.

이 책의 출간을 위해 평생을 변함없이 사랑과 격려를 아낌없이 보내 준 사랑하는 아내 김홍자 권사와 아들 오성이 내외와 딸 혜경이 내외에게 마음 깊이 고마움을 전합니다.

더불어 수년째 일주일에 3편씩 복음 메시지를 보내 주는 동생 목사에게도 감사한 마음을 전하며, 원고를 타이핑하고 다듬어 주신 존경하는 정인희 권사님께 진심으로 감사드립니다.

그리고 첫 작품을 함께 작업하며 출간해 주신 도서출판 책과나무 양옥매 대표님과 임직원분들께도 감사드립니다.

끝으로, 이 책을 출간할 수 있도록 지혜를 주시고 건강을 허락하신 하나님께 모든 영광을 돌립니다.

서울 삼일교회 은퇴 장로

권영균

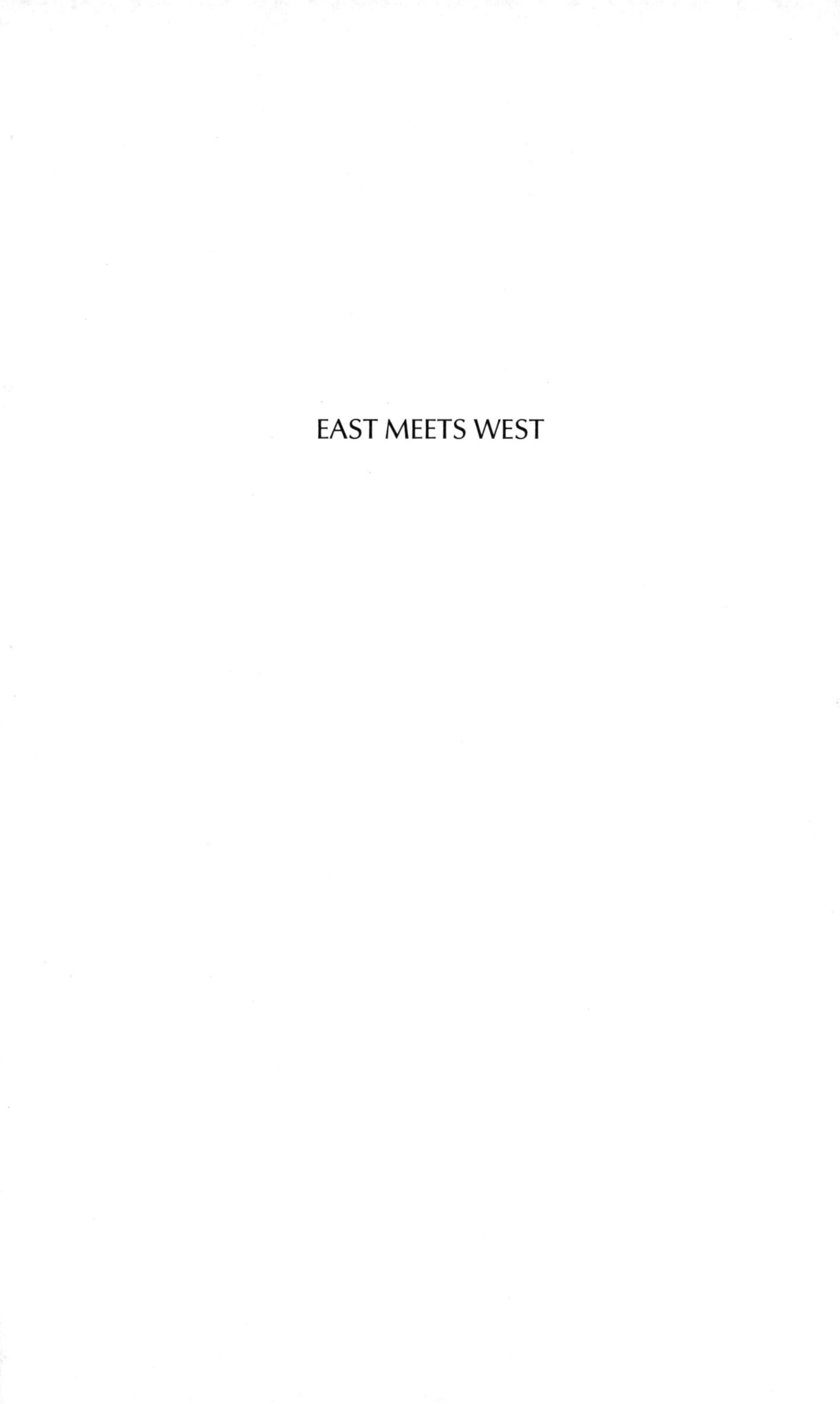

EAST MEETS WEST

KNCU-HOLLYM KOREAN STUDIES SERIES
A DYNAMIC APPROACH TO KOREA

Volume 1

EAST MEETS WEST

Edited by KIM Hyoung-chan

Hollym

KNCU-Hollym Korean Studies Series
A Dynamic Approach to Korea

Volume 1

EAST MEETS WEST

Edited by KIM Hyoung-chan

First published in 2014
by Hollym International Corp., USA
Phone 908 353 1655 **Fax** 908 353 0255
http://www.hollym.com **e-Mail** contact@hollym.com

Published simultaneously in Korea
by Hollym Corp., Publishers, Seoul, Korea
Phone +82 2 734 5087 **Fax** +82 2 730 5149
http://www.hollym.co.kr **e-Mail** info@hollym.co.kr

ISBN: 978-1-56591-412-4
Library of Congress Control Number: 2014935621

Printed in Korea

Foreword

I am excited to see the publication of this important series on Korean Studies, which is designed to provide general readers with a representative selection of articles addressing the hottest topics in Korean Studies and is being published in conjunction with the 60th anniversary of the Korean National Commission for UNESCO (KNCU). The series consists of three volumes: Volume 1: *East Meets West*; Volume 2: *Seoul, Seoul, Seoul*; and Volume 3: *Inter-Korean Relations: Family or Enemy?*, which contain the most compelling and insightful articles, most of which were carefully selected by leading scholars in the field from the issues of the *Korea Journal* published for the last 20 years. This has enabled me to proudly say that this series attracts a wide readership of people interested in Korean Studies as well as the history and culture of Korea.

Korea Journal has played a leading role in the global promotion of the field for more than 50 years since its foundation in 1961. Initially, the journal focused exclusively on introducing traditional Korean culture to the world, but over the years, its focus has expanded to encompass intellectual discourse and exchange among international and domestic scholars in diverse areas related to Korean Studies and to publish quality research covering a broader range of pertinent topics. The journal has been indexed by Thomson Reuters' Arts and Humanities Citation Index (A&HCI) and Current Contents/Arts & Humanities under the category of Asian Studies since 2001, having now been widely recognized as a significant resource in the field of Korean Studies. I hope and believe that the *Korea Journal* and this series based on the journal will make an ongoing contribution to the development of Korean Studies long into the future.

This publication would not have been possible without the devoted cooperation of the authors and the editors. I would particularly like to extend my deep gratitude to the editors-in-chief of the three volumes: Prof. KIM Hyoung-chan, Prof. HAN Kyung-Koo, and Prof. PARK Kun Young. I would also like to recognize the authors, who have revised their original texts, as well as the editors and proofreaders for their diligent efforts. Finally, I must give special thanks to the Hollym Corp., Publishers, which has made it possible for our commission to publish this series. I sincerely hope that this Korean Studies series will help readers all over the world to cultivate a profound appreciation and understanding of Korean society and culture.

MIN Dong-seok
Secretary-General
Korean National Commission for UNESCO

Contents

Preface

KIM Hyoung-chan

Since the nineteenth century, the process of contact between Eastern and Western cultures has mostly involved the West's unilateral advance into Asian lands in order to carry out its colonial imperative and continue expanding its territory. Contemporary Korean response at the time ranged from voluntary reception to hostile resistance, concisely called, *seose dongjeom* 西勢東漸 (literally, "penetration of the East by Western powers"). At the time, although the Jesuit priests engaged in the Asian region took little interest in the Korean peninsula, a group of Joseon intellectuals in search of a new direction for their ruling orthodoxy, Joseon Neo-Confucianism, turned their eyes toward Seohak 西學 (Western Learning), or Catholicism, and began to study and practice it. Some of the scholars even sent their students from Joseon to Beijing for baptisms, in addition to appealing for the dispatch of missionaries. The initiative of Joseon intellectuals, in voluntarily seeking out Seohak, is considered the most proactive adoption of Christianity in world history. They were often persecuted under the pretext of *saok* 邪獄 (persecution of Christians), but their open attitude towards Western culture greatly encouraged the development of Silhak 實學 (Practical Learning) and *gaehwa sasang* 開化思想 (Enlightenment thought) in the late Joseon period.

On the other hand, as the encroachment of Western culture increasingly intensified in the nineteenth century, an opposing camp

---

KIM Hyoung-chan is Professor of Korean Philosophy at Korea University. His publications include *Joseon yuhak-ui jayeon cheolhak* (Philosophy of Nature in Korean Confucianism) (1998) and *Doseol-ro boneun hanguk yuhak* (A Look at Korean Confucianism through Illustrated Accounts) (2000).

of intellectuals who denounced the phenomenon as the rampancy of barbarians and attempted to resist it with the ideological reinforcement of Neo-Confucianism also appeared. Their stance, which is epitomized by the phrase *wijeong cheoksa* 衛正斥邪 ("defending orthodoxy and rejecting heterodoxy"), was very solemn and decisive. These intellectuals adopted the notion of *cheobyeon samsa* 處變三事 (the three actions that a scholar must take during national calamity) as a guideline for their actions, in the context of discussing the military uprising against foreign powers that began when the Ordinance Prohibiting Topknots was promulgated in 1895. The first code of action dubbed *geoui socheong* 擧義掃淸 called for raising a righteous army to expel foreign influences out of the national territory. The second code of action, *geoji sugu* 去之守舊, referred to departing from one's country to continue one's moral life and pass down "the Way" (*dao* 道) to future generations. The third code of action, *jajeong suji* 自靖遂志, called upon one to end one's life to save one's honor. Only the last code of action actually required the sacrifice of a scholar's life, but the other two were as grave as the last in that they led to a life-risking determination to keep and honor one's traditional values against foreign intrusion.

For about a century afterwards, the East and West gradually expanded their exchange while also repeatedly clashing with each other. The East, keenly aware of their material inferiority, was envious of the West and aspired to imitate as well as eventually surpass them. At the same time, the East also felt a sense of cultural superiority over the West, derived from its longer history and traditions. Meanwhile, the West dismissed their eastern counterparts as savage societies, invading them under the pretense of implementing their superior mode of civilization, while simultaneously marveling at the entirely different Eastern civilization that had been unknown to them.

When first approached by the West in the modern period, East Asians were not ready to accept the existence of another advanced civilization, which would challenge their pride as creators of the most sophisticated culture. Nevertheless, the inflow of Western culture into the East caused changes to the latter's life and ideas. In part one of this volume, "West Comes East," among others, Christianity, Western philosophy, and democracy are discussed as the most influential factors.

The East's perspective on the West was highly complex. In principle, Joseon intellectuals, who abided by Neo-Confucianism to accomplish a morally ideal nation, defined the West as barbarians. But economic reality did not allow them to rely on their centuries-long orthodoxy to protect their country against foreign powers. For example, Yu In-seok, one of the representative scholars who advocated the idea of *wijeong cheoksa* and the head of the righteous army, perfectly illustrates the Joseon intellectuals' awareness of such a complex reality. Yu initially belittled the yellow-haired, blue-eyed strangers, referring to them as "well-skilled monkeys," deeming them no more than beasts. But as his country was being plundered by imperialist Japan backed by Western support, Yu turned to international law and sent out an entreaty to inform other countries of the injustice of Japan's annexation of Joseon. Ironically, the document was marked with his alphabetized signature; Yu had written his name in the very characters of the West he despised.

As represented by the case of Yu In-seok, Joseon intellectuals were given the fundamental and dualistic task of maintaining their Eastern identity while learning from the West in the turbulent era of "penetration of the East by Western powers." This paradox eventually led to the challenge of how to regenerate the long-held Eastern philosophies of thought into modern Korean academia, which had developed under the dominance of Western scholarship.

Part two of this volume, "East Sees West," examines the various responses of Korean intellectuals to the impact of Western culture. Additionally, Korean political scientists are considered as an example of Korean scholars in general, who critically stepped back from Western culture despite having been considerably influenced by it.

Part three, "West Sees East" reflects on the East from the Western perspective. While Western imperialists, sailing on a battleship towards the continent of Asia, often disregarded the East as uncivilized, some Westerners took a more humane or unbiased stance, respecting the East as a land with traditions that merely differed from theirs. The publication of *The Good Earth* by Pearl Buck, the first Western novel on China, serves as one such testimony, supplemented by the Chinese and Korean responses to it. Part three also examines how Westerners regarded Korean society and culture.

Studying perspectives from outside of the East will contribute to the redefining of an Eastern identity in the emerging years. The East, which has received "the other world," primarily through the lens of China, now needs to understand the way the West beholds it and learn how to proactively cope with the West. Having distanced themselves far from the unilateral acceptance of Western culture, even having made some efforts to recover their own values, Asians are now endeavoring to spread their culture into the world. This process is already altering and redefining an Eastern identity in relation to the West, which bolsters the significance of this part.

For some time now, the East and the West have begun to be compared on equal footing, with Eastern societies regarded as potential alternatives to the problems of modern society, which is largely founded on Western civilization. This perspective was first read as an attempt to overcome the East's sense of inferiority by asserting that the East had intellectual traditions comparable to the West. This new comparative framework, however, should be considered with more significance as it taps the potential of cooperation between the East and the West in solving challenges confronted by humanity. Part four, "East and West," then, is devoted to such an exploration, as illustrated by the discussions on the differences in Eastern and Western approaches to despotism. Although the discussion on "Asian values" lost much of its appeal after the late 1990s, a new discussion of a similar sort is beginning to unfold in regards to China, with its commanding economy on the international stage, stressing its Confucian values.

When the East encountered the West in the previous century, the East's pride was hurt by the West's dismissal despite its long-held cultural traditions. In an attempt to survive, each country in the East produced ideologies to integrate and manage their changing societies, such as Korea's *dongdo seogi* 東道西器 ("Eastern way and Western means"), China's *zhongti xiyong* 中體西用 ("Chinese substance and Western function"), and Japan's *wakon yosai* 和魂洋才 ("Japanese spirit and Western technology"). But the East later fell into a frantic imitation of the West, going as far as neglecting and internalizing the belief of its own cultural traditions as inferior. Korea, in particular, came to stake its fate on whether it could secure international competitiveness based on successful economic development. Situated between China and the United States in terms of economy and politics, Korea is now experimenting with becoming the most open country among those between the East and the West. Korea is now attempting to reinterpret Western civilization on the basis of Korea's own traditions and to contemplate today's challenges to seek a new direction for development in collaboration with other countries. Therefore, it is more meaningful to analyze how the East and the West understand each other, as well as how they make themselves understood, through looking back on the century-long road which Korea has walked.

The publication of this volume was only possible through the significant contributions of the authors, to each of whom I express my sincerest appreciation. I also would like to acknowledge the utmost and meticulous efforts made by the staff members of the Korean National Commission for UNESCO, who, as the editors of the *Korea Journal*, were essential at all stages of this project from planning to publishing. Lastly, I hope this publication will contribute to enhancing Korea's visibility in the world.

PART I.

WEST COMES EAST

The Transmission of Christianity and the Reception of Western Philosophy in Korea*

KANG Donku

Introduction

In this chapter, I examine the contents of Western philosophy transmitted to Korea by way of Christianity, covering the period in which Christianity first reached Korea to the early twentieth century. I divide Christianity into two broad categories: Catholicism and Protestantism. Because Catholicism was transmitted through writings on "Western Learning" brought from China during the Joseon dynasty, it first appeared as a branch of learning (Cheonjuhak 天主學; literally, the study of the Lord of Heaven), rather than as a religion. As Catholicism developed around a group of scholars into a religious faith in the Joseon dynasty, it was severely suppressed by the government (which owed its legitimacy to the Confucian tradition) and was forced to eke out an existence underground. Protestantism arrived in Korea following the opening of the Korean ports in the late nineteenth century. It was also at this time that the freedom to pursue one's religious convictions was guaranteed, enabling Catholicism to develop openly into a religious faith under the auspices of missionaries who could now freely engage in their activities.

---

* Originally published in the *Korea Journal*, vol. 39, no. 1 (spring 1999).

KANG Donku is Professor of Religious Studies at the Academy of Korean Studies. He has written many books and articles on various aspects of religion and nationalism, including *Hanguk geundae jonggyo-wa minjokjuui* (Korean Modern Religions and Nationalism) and *Jonggyo iron-gwa hanguk jonggyo* (Theory of Religion and Korean Religions).

While Catholicism, then, found its reception in Korea as a branch of learning and subsequently transformed itself into a religious faith, Protestantism, on the other hand, was from its very beginnings a religious movement in Korea. The Protestantism of this period, moreover, was characterized by a puritanical, revivalist nature, finding little use for theological or philosophical speculation until the 1920s. As my purpose here is to cast light on the reception afforded the Western philosophy which reached Korea during the process of the transmission of Christianity, I shall focus more on the history of the transmission of Catholicism than on that of Protestantism.

The treatises on Western Learning, which provided the vehicle for Catholicism to reach Korea, were written by Jesuit priests and were filled with medieval scientific knowledge and the scholastic philosophy and theology of Thomas Aquinas (Thomism). Given that the focus of this chapter is on the nature of the actual reception of Western philosophy in Korea, rather than offering an analysis of these missionary tracts produced in China, I shall concentrate on the writings of both the Confucian scholars critical of Western Learning during the Joseon dynasty and the early Korean Catholics who accepted Western Learning as a religion. An examination of Joseon dynasty texts written by scholars critical of Western Learning will shed light on aspects of Western philosophy which were provided no more than an "introduction," the writings of the early Korean Catholics, on the other hand, will allow us to take stock of elements of Western philosophy which were accepted and given a "reception."

This analysis divides the Western philosophy which appears in these documents into the following categories: philosophy of religion, philosophy of mind, ethics, and philosophy of nature. Finally, I shall take a look at the content of the Western philosophy adopted in Korea following the development of Catholicism and the transmission of Protestantism as religious movements.

Writings on Catholicism in the Joseon Dynasty

Western Learning Tracts in China

The transmission to Korea of Western Learning tracts written in China began when Yi Gwang-jeong, who had gone to Beijing in 1603 on a tribute mission, returned with a map of the world drawn by Matteo Ricci.[1] In the years that followed, more and more Jesuit publications were brought back to Korea by emissaries returning from tribute missions. Approximately sixty-four different tracts on the subject of Catholicism were transmitted to Korea up to 1786 (the tenth year of King Jeongjo's reign), when the import of such texts from China was banned, and fourteen of these were translated into the Korean vernacular (Pae 1981, 43). Between the reign of King Seonjo (1567–1608) and 1910, a total of 199 different tracts on Catholicism were either written in Korea by Westerners or written in China by Westerners and brought to Korea.[2]

These writings exerted a considerable influence on Korean scholars at the time. The writings most often referred to by Korean scholars during the Joseon dynasty were those contained in the *Tianxue chuhan* 天學初函 (Essentials of the Heavenly Learning) of Li Zhizao 李之藻 (1565–1629).[3] Other texts which wielded significant influence were the *Zhendao zizheng* 眞道自證 (Evidence of the True Way), *Shengshi chuyao* 盛世芻蕘 (Catechism of Catholicism), and *Wanwu zhenyuan* 萬物眞原 (The True Origin of All Things). Korean scholars' understanding of Catholic doctrine was derived, for the most part, from the above texts; in turn, both the critique leveled against Catholic doctrine and the development of Catholic religious movement was grounded on these texts. Moreover, it was through the process of evaluating these texts that Western philosophy was both introduced and afforded a reception in Korea.

Writings on "Defending Orthodoxy and Rejecting Heterodoxy"

I first briefly examine representative writings of those who offered a critique of these tracts on Western Learning and insisted that Catholic doctrine be rejected as heterodox. The systematic elaboration of the discourse of "repelling the false and protecting the right" began in the eighteenth century with Yi Ik's "Cheonju sirui bal 天主實義跋" (A Response to the *True Meaning of the Lord of Heaven*). In this text, Yi denounces Catholicism for the way it "seduces and deceives the ignorant by speaking of the miraculous and mysterious." Other writings which center their attention on providing a theoretical critique of Catholic doctrine include An Jeong-bok's "Cheonhak mundap 天學問答" (A Conversation on Catholicism), Shin Hu-dam's "Seohak byeon 西學辨" (A Critique of Western Learning), Yi Heon-gyeong's "Cheonhak mundap," and Hong Jeong-ha's "Jeungui yoji 證疑要旨" (The Essentials of Evidence and Doubt).

Nineteenth-century texts, however, tend to display more of a growing sense of xenophobic rage than a rational, theoretical critique of Catholic doctrine. Included among these are Yi Hang-no's "Byeoksarok byeon 闢邪錄辨" (Notes on Rejecting Heterodoxy), Yi Jeong-gwan's "Byeoksa byeonjeong 闢邪辨正" (A Revised Opinion on Rejecting Heterodoxy), Kim Chi-jin's "Cheoksaron 斥邪論" (Treatise on Rejecting Heterodoxy), Kim Pyeong-muk's "Byeoksarok 闢邪錄" (Memorandum on Rejecting Heterodoxy), and Hwang Pil-su's "Cheoksaseol 斥邪說" (A View on Rejecting Heterodoxy).

The period spanning the late nineteenth century (following the opening of the ports) to the early twentieth century witnessed the development of a new form of discourse on "rejecting heresy." On the one hand, the denunciation of Catholicism continued as part and parcel of the position taken by the anti-Qing Confucianists who insisted on maintaining loyalty to the memory of the Ming; on the other hand, the need was felt to clarify and reexamine Confucian tenets in order to prevent the tradition from faltering. Song Byeong-jik's *Jonhwarok* 尊華錄 (Writings on Respecting for Chinese Culture), Yi Man-chae's compilation of previous writings in *Byeogwipyeon* 闢衛編 (Writings on Rejecting Heterodoxy), and *Daedong jeongno* 大東正路 (The Correct Path of the Great East) compiled by Heo Chik are the representative works from this period on the "rejecting heterodoxy" thesis. In the 1930s, Confucianism dispensed with its exclusionary stance as part of an effort to engage in reforms which would bring it more in accord with contemporary developments: the discourse on "rejecting heterodoxy" quickly faded from the scene at this time.

We will pay particular attention here to Shin Hu-dam's "Seohak byeon" (included in volume one of Yi Man-chae's *Byeogwipyeon*) and five writings of Hong Jeong-ha which appear in the *Daedong jeongno*. Shin Hu-dam's text offers a paragraph by paragraph critique of Bi Fangji's 畢方濟 *Lingyan lishao* 靈言蠡勺, Matteo Ricci's *Tianzhu shiyi* 天主實義, and Giulio Aleni's *Zhifang waiji* 職方外記. Among Hong Jeong-ha's texts, "Sirui jeungui 實義證疑," "Manmul jinwon jeungui 萬物眞原證疑," "Jindo jajeung jeungui 眞道自證證疑," and "Seongse chuyo jeungui 盛世芻蕘證疑" offer a critical examination, respectively, of *Tianzhu shiyi*, *Wanwu zhenyuan*, *Zhendao zizheng*, and *Shengshi chuyao*.

While the above writings on "rejecting heterodoxy and defending orthodoxy" engage in a critical analysis of Catholic tracts, the texts I discuss below offer a positive, receptive assessment of these writings. As aforementioned, elements of Western philosophy were given nothing more than an "introduction" in the texts critical of Catholicism. Texts offering a positive appraisal of Catholic doctrine, however, allow us insight into aspects of Western philosophy which were actually assimilated and provided a "reception."

Writings of Korean Catholics

Representative among the works produced by Korean Catholics, Yi Byeok's *Seonggyo yoji* 聖教要旨 (Essentials of the Sacred Teaching), Jeong Yak-jong's *Jugyo yoji* 主教要旨 (Essentials of the Lord's Teaching), and Jeong Ha-sang's "Sang jaesang seo 上宰相書" (A Letter to the Prime Minister) provide concrete examples of the reception of Western philosophy. There are, of course, numerous writings in which we find the reception and acceptance of certain elements of Western philosophy. We shall focus our attention here, however, on these three texts.

Yi Byeok (1754–1786) accepted the Catholic faith through writings on Western Learning transmitted from China, such as *Tianxue chuhan*. Yi was the first Korean scholar to author a book on Catholicism, the *Seonggyo yoji* (Kim 1979). This text was included in the *Mancheon yugo* 蔓川遺稿, which was widely believed to have been compiled by Jeong Yak-yong (Kim 1973, 227). Sections one through three of the text center on the Old Testament, treating such topics as the creation of Heaven and Earth, the creation of humans, the existence of spirit, and original sin; sections four through fifteen focus on the New Testament, detailing the life of Christ; sections sixteen through forty-nine cover Saint Paul's writings in Romans, presenting both the Catholic conception of morality and the method for putting this morality into practice.

In his *Jugyo yoji*, Jeong Yak-jong (1760–1801) discusses such topics as the proof of the existence of the Lord of Heaven, the attributes of the Lord of Heaven, and the rewards and punishments meted out by the Lord of Heaven. This text differs only slightly in content and in order of presentation from Matteo Ricci's *Tianzhu shiyi* (The True Meaning of the Lord of Heaven). Because it was written in the Korean vernacular, *Jugyo yoji* wielded tremendous influence among women and the common people, both in its own day and in later generations.

The "Sang jaesang seo," written by Jeong Ha-sang (1794–1839), was the first text in Korea to offer an extended, detailed argument in defense of Catholicism. The text is divided broadly into five sections: of particular interest for our discussion of the reception of Western philosophy are those sections which deal with the existence of the Lord of Heaven and the creation of all living things, the attributes of the Lord of Heaven and the explanation of His purpose in the Ten Commandments, and the trinity and heaven and hell.

The Transmission of Catholicism and the Reception of Western Philosophy

Western philosophy which arrived in Korea by way of Catholicism can be characterized as a medieval philosophy largely informed by the thought of Thomas Aquinas. This medieval philosophy was an amalgamation of Christian theology and Greek philosophy. It is a fact, however, that this philosophy was not introduced to Korea through Catholicism in its entirety. Even if the Western missionaries in China kept the whole of Western philosophy under consideration, they placed particular emphasis on certain aspects of this philosophy for purposes of proselytization.

Based as it was on Thomistic thought, Western medieval philosophy addressed the following fundamental concerns: bearing witness to the existence of God, the substance of God, God's creation, the immortal human soul, epistemology, ethics, and political theory. Selected elements of this philosophy were introduced through Catholicism to China and Korea.

Previous studies on the transmission of Western thought to Korea via Catholicism have focused on the Western conceptualization of spirit and nature. While keeping in mind Western medieval thought in its entirety, I shall offer an analysis of the following branches of Western philosophy which reached Korea: philosophy of religion, philosophy of mind, ethics, and philosophy of nature.

Philosophy of Religion

The transmission of Catholicism to Korea engendered lively scholarly discussion of Jesuit texts on Western Learning, such as *Tianzhu shiyi*, *Qike* 七克, and *Lingyan lishao*. Because these Jesuit writings proffered arguments that Christianity was either "one with Confucianism" or represented a "further development of Confucianism," some scholars found the presentation of Catholic doctrine in these texts quite convincing. These same scholars considered the Catholic Lord of Heaven (Cheonju 天主) and the Confucian Sovereign on High (Sangje 上帝) as equivalent.

Yi Ik was one of the scholars who thought that the Catholic Lord of Heaven and the Confucian Lord on High were one and the same.[4] Shin Hu-dam also perceived a commonality between the Lord of Heaven and the Lord on High insofar as the Lord of Heaven exercised authority over heaven and earth and sustained them.[5]

The conflation between terms was such that the early Christian Yi Byeok used both designations "Sovereign on High" (Sangje) and "Lord Above" (Sangju 上主) rather than "Lord of Heaven" (Cheonju), in his *Seonggyo yoji*.

As a community of believers in Catholicism began to form in the late eighteenth century, however, Korean Catholic church began to use only the term "Lord of Heaven" in accordance with a directive from the Catholic Church in Beijing. It was at this time that Catholicism in Korea began to show signs that it would eventually collide with Confucian ethical norms.

Although Jeong Yak-jong's *Jugyo yoji* borrowed its use of terminology from the *Tianzhu shiyi*, it makes sole use of the term "Lord of Heaven." In "Sang jaesang seo," even as Jeong Ha-sang cites Confucian classics such as the *Yijing* 易經 (Book of Changes), *Shijing* 詩經 (Book of Odes), *Shujing* 書經 (Book of Documents), and the *Lunyu* 論語 (Analects) as bearing witness to the existence of the Supreme Being (Jujaeja 主宰者), he used the term "Lord of Heaven," instead of the terms "Heaven" or "Sovereign on High." An Jeong-bok offered a critique of Ricci's equation of the Lord of Heaven (Cheonju) with the Sovereign on High (Sangje), declaring it impossible that the Lord of Heaven could be the Sovereign on High, who was none other than the Supreme Being. An's assertion regarding the appellation of this entity was representative of the Confucian world view.[6]

It was by means of this debate on the naming of the God (the Supreme Being) that the Western concept of God was introduced and accepted by some. In addition, it was through this process that Western religious philosophy—based as it was on the Western view of God—was afforded a reception.

Jeong Ha-sang asserted that just as a house or a work of art comes into being at the hands of someone who makes it, all of the things existing in heaven and earth did not appear naturally in and of themselves, but as the result of the efforts of a maker. Jeong's position was that the existence of the four causes—material, formal, efficient, final—in all things, proved the necessary existence of a maker, a creator.[7]

In contrast, Shin Hu-dam, while admitting that the Lord of Heaven exercised authority over Heaven and Earth and sustained them, insisted that the theory of the creation of Heaven and Earth by the Lord of Heaven was groundless.[8] Shin leveled his critique at the repeated appropriation in Catholic tracts, following the *Tianzhu shiyi*, of the analogy that just as a house or room does not appear by itself but is produced by a craftsman, Heaven and Earth were created by a craftsman named the Lord of Heaven. In Shin's view, this analogy provided an inappropriate explanation of the creation of Heaven and Earth.

Hong Jeong-ha offered a paragraph by paragraph critique of the account of the creation appearing in Giulio Aleni's *Wanwu zhenyuan*. Hong argued against the claim that "the Creator transformed all things into being from nothingness, without making use of any material." Hong declared that this statement was a contradiction in terms insofar as the concept of "transformation" requires the previous existence of material which is then transformed.[9] Hong also critiqued the assertion that when the Lord of Heaven created Heaven and Earth "that which He intended to create was created." For Hong, this indicated that the intention to create resided inside the consciousness of the Lord of Heaven. Insofar as consciousness cannot give birth to material, and Heaven and Earth were created in and of themselves, Hong viewed this assertion as irrational. Finally, Hong pointed to the contradiction between Aleni's claim that "Heaven and Earth came into being instantaneously and not through a temporal process" and his assertion that "because the myriad things were so numerous there was a sequential order in their appearance."

If the Catholic conception of the Creation emphasizes the transcendence of God, Confucianism seeks the Supreme Being within the actuality of nature. In other words, while in Catholicism human beings stand before God, as part of nature, in Confucianism human beings discover the Supreme Being in nature. While Catholicism and Confucianism, then, are able to come to an easy agreement regarding the existence of the Supreme Being, they offer conflicting accounts of the nature of this Supreme Being.

Yi Ik rejected the Advent of the Lord of Heaven, revelation, and the conception of the Holy Spirit as irrational. Yi criticized the explanation of the existence of the Lord of Heaven on the basis of extraordinary or coincidental events—designated as miracles—as running counter to the essence of the absolute necessity of Heaven.[10] Citing a passage from the *Zhendao zizheng*, An Jeong-bok argued that the assertion that the Sovereign on High descended to earth in His own person and then died nailed to a cross was a profanation of the sacred.[11]

In his critique of the *Zhifang waiji*, Shin Hu-dam stated that the miracles spoken of in Catholicism inhered in a moral contradiction. Shin also questioned the logic of the story of the Lord of Heaven giving the Ten Commandments to Moses: If Moses was already a holy man, what need would there be for the Lord of Heaven to give him the Ten Commandments in the first place? If Moses was not a holy man, why did the Lord of Heaven give the Ten Commandments to him and not to someone else?[12]

The introduction through Catholicism of the Western notion of God gave rise, then, to a debate about one of the fundamental elements of Western philosophy of religion: the concept and nature of that God.

Philosophy of Mind

Matteo Ricci's presentation in the *Tianzhu shiyi* of the soul (*yeonghon* 靈魂) as a fundamental tenet of Catholicism and Bi Fangji's elaboration in the *Lingyan lishao* of the doctrine of the immortal soul in Western Learning sparked considerable interest in the soul among Confucian scholars, who began to debate the concept in earnest. In the Confucian tradition, however, it was the concept of *hon* 魂 which was widely recognized, not that of *yeonghon* (soul). *Hon* was generally discussed in relation to *baek* 魄 and to *gwisin* 鬼神. That is because *baek* referred to the physical aspect of the individual human and *hon* indicated the spiritual element, the two manifested themselves as inextricably conjoined. In other words, humans, while alive, were composed of *hon* and *baek*, while after death, they became *gwi* (ghost) and *sin* (spirit).

Shin Hu-dam criticized the position taken in Western Learning that in terms of sanctity the soul bore a likeness to the Lord of Heaven. Sin asserted that the soul spoken of in Western Learning as possessing a divine quality was a concept which could not accord with the Confucian *hon*, derived from the *gi* 氣 (material force) of *yin* 陰 and *yang* 陽.[13] From the Confucian point of view, both *hon* and *baek* partook of *gi*; in addition, *hon* and *gwi* both inhered in the spirit (*sin*). The *gwisin* of humans, moreover, differed from the *gwisin* of nature in form only, not in essence.

Whereas the soul in Western Learning is in essence a non-material, homogeneous, self-continuous individual entity, Confucianism speaks of the *hon* as a particular condition and function of *gi*. In Confucianism, a human being as an individual entity, is necessarily contained within a body; at the same time, a human being is also constituted of non-corporeal essences, *sim* 心 (mind) and *seong* 性 (nature), which possess a universal character. Shin Hu-dam declared that for humans it was not *hon* which should be likened to the Sovereign on High, but *sim*. Insofar as *sim* and the Sovereign on High preside over both the individual entity and heaven respectively, they are of equal status.

The Western Learning critique of the Confucian theory of *hon* and *gi* was based on the claim that the soul was non-material, a divine essence; more than anything else, this critique set its sights on the theory of the disintegration of the *hon*. In Confucianism, *hon* was a form of *gi*, and life and death were determined, respectively, by the integration and dispersion of *gi*. In other words, the *hon* dispersed and returned to a different form of *gi* following death. Western Learning, on the other hand, advocated the immortality of the soul, insisting that "because *gi* was *gi* and *hon* was *hon*, the two were two distinct entities."[14]

According to Matteo Ricci, because mutually antagonistic relations arose out of the four elements (air, fire, water, and earth) composing all things, there was nothing which did not perish. The intelligent soul, however, was spirit and had no connection with the four elements. There was no reason, therefore, for it to be destroyed (Ricci 1603, ch. 3). We see here that Confucianism and Western Learning were in accord concerning the impermanence and dissolution of material existence. The fundamental difference between the two lay in the fact that Confucianism equated the element of the individual human entity which presided over emotions and will with *hon*, as linked to *gi*, which, in turn, was continuous with the body. For Western Learning, however, this element was none other than the soul, a divine existence in no way whatsoever related to the body.

The Confucian critique of the Western Learning view of the soul was first and foremost leveled against the claim of the soul's immortality. In addition, the assertion that following death the soul went either to heaven or to hell also came under fire. This Confucian critique was no mere coincidence: these issues were similar to those which had formed the basis of the Confucian argument against Buddhism since the Song dynasty. They were, then, the issues which Confucianism, in terms of its critical theory, was best prepared to address.

While acknowledging that Matteo Ricci's elaboration of the three kinds of souls—vegetative, sentient, intellectual—corresponded with Sunzi's 荀子 theory of life, wisdom, and righteousness, An Jeong-bok argued that the assertion of the soul's immortality was no different from Buddhist doctrine.[15] An, moreover, claimed that the doctrine of the immortality of the soul possessed an inherent contradiction since there would be no space in heaven and hell to accommodate all the human souls if this was where they went following death.[16]

Among the Confucian scholars, it was Shin Hu-dam who engaged in the most systematic, probing critique of the doctrine of the soul in Western Learning. Shin's critique centered on the *Lingyan lishao*, the text elaborating the Western Learning view of the soul. In response to the definition in the *Lingyan lishao* of the soul as an "independent entity," Shin argued that the existence of the *hon* was dependent on form. Without form the *hon* would dissipate and return to nothingness. The *hon*, therefore, could not exist as an independent entity. Shin asserted that form already exists at birth: the *yang* element of material force attaches itself to this form and becomes the *hon*. The latter, therefore, is not an independent entity, distinct from the material force of forms. Instead, it is merely a *yang* element of material force.

Shin also argued against the assertion in the *Lingyan lishao* that while the vegetable aspect of the vegetative soul (*saenghon* 生魂) and the animal aspect of the sentient soul (*gakhon* 覺魂) disintegrate following death, the human intellectual soul (*yeonghon* 靈魂) itself is immortal. In Shin's view, if the *saenghon* and *gakhon* have disintegrated and cannot function, the *yeonghon* would be of no use even if it were immortal. It would be the same, therefore, as if the latter had also disintegrated. Even if there were pleasure in heaven or pain in hell, in both cases one would not be able to feel it. The assertion, then, that it was only the human soul which inhered in immortality was meaningless.[17] For Shin, the most critical functions of the *hon* were perception and will; because these functions ceased to operate at death, the *hon* necessarily disintegrated.

We see, then, that the Catholic notion of the soul and its immortality was transmitted to Korea via Western Learning missionary tracts. Simultaneously, the theories posited by the Western philosophy of mind regarding the essence of consciousness and the relations between the human mind and body were afforded an early reception in Korea.

Ethics

The fundamental structure of Confucian society was grounded on the maintenance of proper order in the family, and it was succession based on the father-son relationship which enabled the continuing existence of this Confucian family. Among the Three Fundamental Ethical Principles (*samgang* 三綱: father-son, sovereign-subject, husband-wife), therefore, it was the father-son relationship—with its accompanying concept of filial piety—which was most highly valorized; even the sovereign-subject relationship was understood as an extension of the father-son relationship. The father-son relationship, moreover, could also be expanded to inform the relationship between self and cosmos. Filial piety, in other words, was the fundamental norm underlying loyalty to the sovereign and respect for all things, providing the basis for the moral principles of human relationships.

Western Learning, in contrast, privileged God, the Father and Lord of Heaven, over one's earthly parents and sovereign. The Lord of Heaven possessed a transcendence and absoluteness which one's parents and ruler lacked. This was clearly expressed in the First Commandment: "Thou shalt have no other gods before me." Matteo Ricci argued against the Confucian teaching that the judgment on one's good and evil deeds carried over to succeeding generations. Ricci insisted that the self was the self and a descendant was a descendant: sentence passed upon parents bore no relation to their offspring (Ricci 1603, ch. 3). Contrasting with the Confucian emphasis on the fundamental importance of blood ties in the father-son relationship, Ricci's position was based on the Catholic view of humans as individual entities standing in relation to the Lord of Heaven. Whereas Confucianism underscored the importance of physical and spiritual ties between father and son, Western Learning stressed the separation between their souls, placing each in an individual relationship with the Lord of Heaven.

As far as the actual everyday workings of human society were concerned, however, the question of male-female relations took precedence over the father-son relationship. Confucianism emphasized the strict separation between husband and wife; the distinction between the sexes must be maintained in order for the proper affection and intimacy to be achieved between father and son. The Confucian view was that without this separation and a sense of moral duty, humans would sink to the level of beasts.

The Catholic doctrine and Western mores transmitted by way of Western Learning, however, evinced a marked difference from the traditional Confucian view of proper male-female relations. We see this clearly both in the Catholic emphasis on respect for the virtue of chastity and affirmation of the positive nature of celibacy, and in the fact that Western mores permitted males and females to sit together in the same room. From the Confucian perspective, celibacy allowed for the possibility of bringing an end to the human race; whereas undue contact between men and women would disturb social norms and reduce humans to animals. Countering the Western Learning view of celibacy as virtuous, Confucianism emphasized that sexual desire cannot be eliminated: it arises from a physical need and is a natural part of the universal order, the basis for the propagation of human life. For Confucianism, it was a contradiction to assert that the Lord of Heaven created male and female only to bestow favor upon those who abstained from sexual activity.[18]

Western Learning dismissed as groundless the Confucian claim that allowing males and females to share the same room amounted to the sanctioning of promiscuity. Invoking both the Sixth Commandment ("Thou shalt not commit adultery") and the Ninth Commandment ("Thou shalt not covet thy neighbor's wife"), Western Learning claimed that it strictly forbid lascivious behavior. Western Learning, moreover, asserted that the keeping of concubines prevalent in Confucian society—justified as necessary in order to avoid the charges of unfilial behavior which would arise if one failed to produce a direct descendant—was nothing more than a misappropriation of Confucian doctrine, a means to fulfill private lust. Not only did this practice fail to accord with the will of the Lord of Heaven, it ran counter to natural human morality. It was, therefore, an instance of heterodoxy.[19]

The Confucian conceptualization of the male-female and husband-wife relationships was grounded on the acceptance of the natural principle of the sexes, while emphasizing separation between the sexes as a necessary moral restraint. Consciousness of original sin underlying the male-female relationship led Catholicism, on the contrary, to valorize the conception of a family structure based on adherence to monogamous relations between husband and wife.

Traditional Confucian society viewed relations between sovereign and subject, together with the father-son relationship, as fundamental to the realization of the moral order; loyalty and filial piety were necessarily moral norms of the first order. If the father-son relationship was informed by intimacy and affection, relations between sovereign and subject were defined by the even more rigorous standard of sense of moral duty.

While Western Learning did not intentionally reject the authority of the sovereign, its emphasis on the ultimate authority of the Lord of Heaven effected a relative lowering of the sovereign's power and prestige. At the same time as Jeong Ha-sang, for example, affirmed loyalty to the sovereign, he asserted that God, as ruler of Heaven and Earth, occupied a position of more importance than any king.[20]

Western Learning, then, revered the Lord of Heaven as possessing absolute authority. Confucianism, too, did not consider the authority of the sovereign to exceed that of the cosmos or the Sovereign on High. Just as the Western prince legitimized his rule by means of his veneration of the Lord of Heaven, the Confucian ruler justified his position as the carrying out of the mandate of Heaven. Depending upon one's point of view, however, the Lord of Heaven in Western Learning and Heaven in Confucianism could be interpreted in mutually exclusive, antagonistic terms. An invocation of the Lord of Heaven in Western Learning would fail to legitimize the Confucian ruler, while appeal to the Confucian Heaven would prove inadequate to justify the position of the Western monarch. Due to the fact that the social structures in both East Asia and the West were inextricably linked to corresponding systems of religious belief, alteration of the latter was easily interpreted as threatening not only the fabric of society, but also the legitimacy of the governing apparatus.

In the latter half of the Joseon dynasty, social discord was rampant, with social contradictions emerging more clearly as fissures between social strata widened. During this period, Western

Learning, which paid little heed to the traditional social hierarchy of Confucian society, spread rapidly and extensively, particularly among the lower orders and women. The result was that Western Learning was perceived as a threat, a challenge to the social order. The fact was that despite the Confucian stress on the universal aspects of human nature, in actuality the lower classes had been oppressed by the social hierarchy. Therefore, the emphasis in Western Learning on faith in brotherly love as transcending social class came to be accepted by the lower classes as gospel. In this manner, Western moral philosophy—dealing as it did with the Western notion of value and right and wrong—was transmitted to Korea through Catholicism, giving Korean scholars the opportunity to engage in scholarly debate on Western ethics.

Philosophy of Nature

The *Book of Changes* takes as a given the functioning of the two principles of *yin* and *yang* in the generation and transformation of all phenomena; the *Shujing* introduces the five elements (*ohaeng* 五行) in the opening paragraph of the "Hongfan jiuchou 洪範九疇." The establishment of the concepts of *yin* and *yang* and the five elements as the underlying principles of Confucian philosophy of nature occurred first at the hands of scholars of the "New Text" School (Jinwen Jingxue 今文經學), who revered the teachings of Dong Zhongshu 董仲舒 of the Han dynasty. In the Song dynasty, Zhou Lianxi 周濂溪 set forth the Great Ultimate (*taiji* 太極), *yin* and *yang*, and the five elements as the principles underlying generation in his *Taiji tushuo* 太極圖說 (An Explanation of the Diagram of the Great Ultimate). Zhuzi 朱子 inherited these strands of thought, and the Neo-Confucian philosophy of nature was born.

Yin and *yang*, the two primal forms of material force, were understood as the principles governing the dualistic, complementary relations and circular processes underlying all phenomena. The five elements constituting material force provided the basis for the diversity of all things and their transformation. Motion and stasis, Heaven and Earth, and male and female were conceived as phenomena of *yin* and *yang*. Phenomena related to humans and nature—such as the four directions and the center, the four seasons and midsummer, the five musical notes, the five senses, the five viscera, the five flavors, the five colors, and the five basic virtues—were explained in terms of the structure of the five elements.

The logic of natural science employed by Western Learning, however, was grounded in a tradition utterly different from that which had produced the concepts of *yin* and *yang* and the five elements. Western Learning viewed *yin* and *yang* not as the basic form of all phenomena, but only as particular elements making up the internal constitution of things. Of the four causes—efficient, formal, material, final—underlying all things, only the material and formal causes were associated with *yin* and *yang* (Ricci 1603, ch. 4).

Western Learning, moreover, did not separate all of existence into principle and material force (Ricci 1603, ch. 3), but into principle and material objects. The substance of principle was rejected: principle was viewed as dependent (attribute), while material objects were considered independent entities. The theory proffered in Western Learning of the four basic elements (fire, air, water, earth) as constituting material objects differed fundamentally from the system of the five elements, wherein fire, water, metal, wood, and earth made up material force. For Western Learning, then, *yin* and *yang* and the four elements were merely particular elements in the internal constitution of material things; they did not function as universal principles underlying all of natural phenomena.

For those Confucian scholars who accepted Western natural science, the Confucian theory of *yin* and *yang* and the five elements came to be seen not as resulting from empirical observation, but as a theory developed through a deductive process. Hong Dae-yong, Jeong Yak-yong, and Choe Han-gi were scholars who engaged in such reflections. We see, then, the process whereby the Greek philosophy of nature of the West arrived in Korea through the transmission of Catholicism.

The Reception of Christianity and Western Philosophy in the Late Joseon Dynasty

In the previous section, I examined the different elements of Western philosophy—philosophy of religion, philosophy of mind, ethics, and philosophy of nature—which reached Korea via the conduit of Catholicism. It was due to the fact that Catholicism at the time was informed by medieval philosophy, which placed equal importance on both reason and revelation (faith) that Western philosophy could be introduced and accepted in Korea. Had Catholicism dismissed reason and laid emphasis solely on revelation (faith) at the time of its transmission, Western philosophy would in all likelihood not have been introduced to Korea.

At the time of its transmission, moreover, Catholicism could not rely on the power of imperialism. Catholic missionaries had no choice, therefore, but to explain their beliefs in terms of reason rather than to rely exclusively on faith. They appropriated philosophical methodology in order to elucidate their religion in rational, logical terms. It was by means of this process that Western philosophy was transmitted to Korea.

In the waning years of the Joseon dynasty following the opening of the ports, however, the character of Catholicism slowly began to change. With freedom of religion guaranteed after the treaty with France (1886), Catholic missionaries were able to openly pursue their proselytizing activities. These missionaries no longer felt the need to convey their faith in a passive or conservative manner now that the power of French imperialism stood behind them. Potential Korean Catholics, therefore, now approached the Catholic religion in emotional terms rather than through rational explanations.

Given these new circumstances, Catholicism no longer considered it necessary to make recourse to apologetics. Most of the Catholic tracts which were now published contained no philosophical content; instead, they focused on Church doctrine, practice, ritual, and ethics. Moreover, Paris Foreign Mission Society (Société des Missions Etrangères de Paris), in charge of most of the missionary activity in Korea at the time, was an organization which adhered to the fundamentalist tradition of Jansenism (Shin 1994, 289). As the Joseon dynasty came to a close, then, Catholicism ceased to function as a conduit for the reception of Western philosophy.

At the same time, Protestantism, transmitted to Korea in the last years of the Joseon dynasty, was able to pursue its missionary activities in a more favorable environment than had been the case for Catholicism (suppressed for more than 100 years). The American missionaries in charge of Protestant proselytization in Korea, moreover, were evangelists who assumed a puritanical, revivalist stance toward their religion, placing little importance upon theological speculation (Choo 1986, 59).

From the very beginning, Protestantism did not serve as a means of transmitting Western philosophy to Korea. We should note, however, that lectures were given on some elements of Western philosophy in the schools established at the time by Catholic and Protestant missionaries. At the same time, rather than offering a general introduction to Western philosophy, in the Catholic schools these lectures focused for the most part on medieval philosophy. As for the Protestant schools, philosophy lectures did not advance beyond the level required for general education and were given by non-specialists.

The situation did not change in Korea until the 1920s when widespread interest in philosophy began to manifest itself. A department of philosophy was established at Keijo Imperial University in 1926, and in the 1930s the ground was prepared for scholarly research on Western philosophy by Korean philosophers who had studied mainly in Japan and Germany. It was from this period that both Catholicism and Protestantism ceased altogether to function as a means of transmitting Western philosophy to Korea.

Conclusion

Western philosophy came to Korea through Western Learning

tracts written in China. In the process of elucidating Catholic doctrine, these writings indirectly transmitted Western philosophy. Representative among these works were the *Tianzhu shiyi*, *Xixuefan* 西學凡, *Lingyan lishao*, and the *Zhifang waiji*.

According to the position they took toward the Catholic doctrine and Western thought discussed in these texts, Korean scholars during the Joseon dynasty were divided, broadly, into two camps. Yi Ik, An Jeong-bok, and Shin Hu-dam were representative of a group of scholars who relied on a Neo-Confucian point of view to reject the teachings they found in these documents. I examined the logic these scholars deployed in their writings to counter Catholicism and Western thought, and also delineated through the aspects of Western philosophy introduced to Korea. Other scholars, such as Yi Byeok, Jeong Yak-jong, and Jeong Ha-sang, adopted the Catholic religion as their faith. These scholars completely accepted the Catholic tenets and Western thought which the first group had subjected to critical examination.

I examined the specific elements of Western philosophy which were both introduced and accepted in Korea. I centered my analysis on the following: Western Learning tracts published in China, the writings of scholars associated with the school of Practical Learning (Silhak), known as "attackers of Western Learning," and the texts of scholars of Western Learning, known as "believers in Western Learning."

The Western philosophy introduced to Korea by way of Western Learning tracts was part and parcel of Catholic theology grounded in medieval scholasticism. In essence, medieval scholastic philosophy—of which the thought of Thomas Aquinas was representative—understood reason and faith, nature and the grace of God, determinism and free will not as mutually exclusive entities, but as partaking in harmonious relations with each other. The scholastic philosophy of the time, grounded in its rediscovery of Aristotelian thought, possessed a broader philosophic base than Christian patristic theology, which traced its lineage from Plato, Plotinus, and Saint Augustine.

Following the ban on the import of Catholic publications in the late eighteenth century, Catholicism in the Joseon dynasty began to assume less and less of a scholarly stance, instead finding acceptance and developing on the basis of an appeal to faith. The reception of Western philosophy through Catholicism came to a halt, therefore, until the latter half of the nineteenth century when freedom of religion was guaranteed. From the time of the ban to the late nineteenth century, then, both the critique of Catholicism by Confucian scholars and the demonstration of the veracity of Catholic tenets underwent little development. With the guarantee of freedom of religion, Catholic missionaries established seminaries in order to educate and nurture Korean clergy. Philosophy courses focusing on medieval scholastic thought were included in the curricula of these seminaries, furthering the process of the reception of Western philosophy in Korea.

Catholicism played a role in the early stages of the transmission of Western philosophy to Korea by means of the Western Learning tracts written by Jesuit missionaries. However, with the ban on Jesuit activities in China and the later assumption of responsibility for proselytizing the Catholic religion in Korea by the Jansenist, faith-oriented Paris Foreign Mission Society, Catholicism was no longer able to serve as a vehicle for the transmission of Western philosophy.

Protestantism, for the most part, was transmitted to Korea by American missionaries. These missionaries were puritanical, and advocated a rigorous morality; faith was everything to them. There was, therefore, necessarily less room for Western philosophy to be conveyed to Korea through their activities than had been the case during the early stages of the influx of Catholicism.

Due to the fact that the Protestant missionaries in Korea stressed proselytizing and faith, it was not until the 1920s that serious discussion of Protestant theology could take place (Jin 1987, 389-390). As the discussion of Protestant theology matured somewhat, it naturally came to be accompanied by the introduction of elements of Western philosophy.

We find these elements in contemporaneous academic journals published by seminaries and in the writings of early Korean theologians. At the same time, we cannot attach much significance to Protestantism as a vehicle for the introduction of Western philosophy because the latter was already being introduced to Korea by other means. If Protestantism did make a contribution at the time to the reception of Western philosophy, it was because it introduced the ancient Western philosophy and medieval philosophy which had played an important role in the formation of Christian theology.

In the final analysis, the outcome of the process of scholarly discussion detailed above was that Western medieval philosophy, represented by the thought of Thomas Aquinas, was channeled through Christianity and afforded a reception in Korea. At the same time, the way was paved for the introduction of Greek philosophy, which had exerted considerable influence on the formation of Christian theology. Attention should be paid to the different roles played by Catholicism and Protestantism in facilitating the introduction and reception of Western philosophy in Korea. Whereas the former served as a vehicle for the transmission of the Western philosophical tradition which worked its way from Aristotle to Thomas Aquinas, the latter presented a lineage which stretched back to Plato, Plotinus, and Saint Augustine.

NOTES

1. "Jegukbu—Oeguk 諸國部-外國," in *Jibong yuseol*, vol. 2.

2. Including texts written by unidentified authors, approximately 267 texts were written during this period. See Pae (1984, 29).

3. Included in the *Tianxue chuhan* were such texts as the *Xixuefan*, *Jiren shipian* 畸人十篇, *Qike*, *Tianzhu shiyi*, *Lingyan lishao*, and *Zhifang waiji*.

4. "Cheonju sirui bal," in *Seongho jeonjip*, vol. 55.

5. Shin Hu-dam, "Seohak byeon: Cheonju sirui," in *Byeogwipyeon*, vol. 1.

6. "Cheonhak mundap," in *Sunamjip*, vol. 17.

7. Jeong Ha-sang, "Sang jaesang seo," in *Byeogwipyeon*, vol. 7.

8. Shin Hu-dam, "Seohak byeon: Cheonju sirui," in *Byeogwipyeon*, vol. 1.

9. Hong Jeong-ha, "Manmul jinwon jeungui," in *Daedong jeongno*, vol. 5.

10. "Cheonju sirui bal," in *Seongho jeonjip*, vol. 55.

11. "Cheonhak mundap," in *Sunamjip*, vol. 17.

12. Shin Hu-dam, "Seohak byeon: Jikbang oegi," in *Byeogwipyeon*, vol. 1.

13. Shin Hu-dam, "Seohak byeon: Yeongeon yeojak," in *Byeogwipyeon*, vol. 1.

14. "Linghunbian 靈魂編," in *Shengshi chuyao*, vol. 3.

15. "Cheonhak mundap," in *Sunamjip*, vol. 17.

16. "Sang seongho seonsaeng byeolji 上星湖先生別紙," in *Sunamjip*, vol. 2.

17. Shin Hu-dam, "Seohak byeon: Yeongeon yeojak," in *Byeogwipyeon*, vol. 1.

18. Hong Jeong-ha, "Sirui jeungui," in *Daedong jeongno*, vol. 5.

19. "Yiduanbian 異端編," in *Shengshi chuyao*, vol. 5.

20. Jeong Ha-sang, "Sang jaesang seo," in *Byeogwipyeon*, vol. 7.

REFERENCES

Primary Sources

An, Jeong-bok. n.d. *Sunamjip* 順菴集 (Collected Writings of Sunam An Jeong-bok).

Feng, Bingzheng 馮秉正 (Mailla). 1733. *Shengshi chuyao* 盛世芻蕘 (Catechism of Catholicism).

Heo, Chik, ed. 1903. *Daedong jeongno* 大東正路 (The Correct Path of the Great East).

Ricci, Matteo. 1603. *Tianzhu shiyi* 天主實義 (The True Meaning of the Lord of Heaven).

Yi, Ik. n.d. *Seongho jeonjip* 星湖全集 (Complete Works of Seongho Yi Ik).

Yi, Man-chae, ed. 1931. *Byeogwipyeon* 闢衛編 (Documents on Rejecting Heterodoxy).

Yi, Su-gwang. 1614. *Jibong yuseol* 芝峰類說 (Topical Discourses of Jibong Yi Su-gwang).

Secondary Sources

Choo, Chai-Yong. 1986. "Hanguk gidokgyo sinhak undongsa" (The History of the Theological Movement in Korean Christianity). In *Hanguk gidokgyo seongjang 100 nyeon* (Korean Christianity: One Hundred Years of Development), edited by Christian Literature Press. Seoul: Christian Literature Press.

Jin, Kyo-Hoon. 1987. "Seoyang cheolhak-ui suyong-gwa jeongae" (The Reception of Western Philosophy and its Development). In vol. 2 of *Hanguk cheolhaksa* (The History of Korean Philosophy), edited by Korean Philosophical Association. Seoul: Dongmyeongsa.

Kim, Ok-Hy. 1973. "Seohak-ui suyong-gwa geu uisik gujo: Yi Byeok-ui seonggyo yoji-reul jungsim-euro" (The Structure of Consciousness in Western Learning and its Reception: Focusing on Yi Byeok's *Seonggyo yoji*). *Hanguksaron* (Essays on Korean History) 1: 173-246.

__________. 1979. *Gwangam Yi Byeok-ui seohak sasang* (The Catholic Thought of Gwangam Yi Byeok). Seoul: Catholic Publishing House.

Pae, Hyun-Suk. 1981. "17-18 segi-e jeollaedoen cheonjugyo seojeok" (Catholic Texts Transmitted in the Seventeenth and Eighteenth Centuries). *Gyohoesa yeongu* (Research Journal of Korean Church History) 3: 3-45.

__________. 1984. "Joseon-e jeollaedoen cheonjugyo seojeok" (Catholic Texts Transmitted to Joseon). In vol. 1 of *Hanguk gyohoesa nonmunjip* (Collections of Papers on Korean Church History), edited by Research Institute for Korean Church History. Seoul: Research Institute for Korean Church History.

Shin, Kwang-Cheol. 1994. "Hanmal hanguk cheonjugyo-wa gaesingyo-ui sangho insik" (Reciprocal Understanding of Korean Catholicism and Protestantism in the Late Joseon Dynasty). In *Jonggyo dawonjuui-wa jonggyo yulli* (Religious Pluralism and Religious Ethics), edited by Center for Religions Studies, Seoul National University. Seoul: Jipmoondang.

The Reception of Western Philosophy and the Establishment of "Korean" Philosophy*

PAEK Chong-Hyon

The Influx of Western Philosophy and Accompanying Problems

In general, words are a means through which to express our speculation about and experience of events. Accordingly, a newly-coined word or phrase implies that we have encountered something new that was unknown to us before.

It is about a century since the word "philosophy" (*cheolhak* 哲學) was introduced into Korea. It is generally accepted that the first import of Western philosophy can be traced back to the early seventeenth century when Western ideas, centered on Christian dogma, spread to Korea by way of China under the label "Western Learning" (Seohak). The word *philosophia,* transliterated into Chinese as 費祿蘇非亞, 斐錄所費亞, 飛龍少飛阿, is often found in various documents written at that time. But philosophy as a science was first introduced around 1910 when Yi Jeong-jik (1841–1910) wrote his 128-page book *Gangssi cheolhakseol daeryak* (A Comprehensive Study of the Philosophy of Kant) and Yi In-jae (1870–1929) published his book *Huirap godae cheolhak gobyeon* (A Guide to Ancient Greek Philosophy). These works used as references such books as

---

* Originally published in the *Korea Journal*, vol. 39, no. 1 (spring 1999).

PAEK Chong-Hyon is Professor of Philosophy at Seoul National University. in 1985. He has published many books, including *Cheolhak-ui gaenyeom-gwa juyo munje* (Concept and Main Problems of Philosophy, 2007) and *Kant-wa hegel-ui cheolhak* (Philosophy of Kant and Hegel, 2010).

Zhexue yaoling 哲學要領 (Essentials of Philosophy) written by a Japanese, Inoue Enryo 井上圓了, and translated by Bai Ya 伯雅, *Zhexue lungang* 哲學論綱 (A Lecture on Philosophy) written by a Frenchman named Li Jire 李奇若 and translated by Chen Peng 陳鵬, and *Yinbingshi wenji* 飲氷室文集 (The Collected Works of Liang Qichao) written by Liang Qichao 梁啓超. With the two 1910 publications the word "philosophy" seems to have arrived in Korea.[1] In his book, Yi In-jae explains that philosophy is made up of three areas—logic, metaphysics, and ethics—and added that, unlike science where a specific area is studied for practical use, philosophy is concerned with the principles of the whole universe. According to one report, "logic" was included in the curriculum of Boseong College in 1907 (K. Lee 1995, 70). "An Introduction to Philosophy," including sections on logic and ethics, was also offered at Yeonhui College in 1921 (Park 1972, 110). These course offerings indicate that with the inflow of Western scholarship, the term "philosophy" and the content to which this referred were already fairly well known in Korea in the early twentieth century.

In the past century, then, Koreans have used the new term, "philosophy," and undergone the new experience implied by that term. For the influx of Western philosophy not only added the term to the lexicon of the Korean people, but also led them to new experiences and speculation that the word inspired. It brought new challenges, new paradigms, and fresh ways of thinking, and it prompted Koreans to conceive and form new concepts and ideas. In so far as our thought affects our behavior, this new "Western" thought has brought great change to our general way of living. In turn, people's ways of thinking have been affected in this encounter with a new lifestyle. Today's Koreans eat, drink, and dress differently from their ancestors a hundred years ago. It is also safe to say that the newly formed philosophical ideas have contributed to these sweeping changes.

We call this philosophical thought created after the influx of Western ideas "new," as it is quite different from traditional thought both in its themes and content, as well as in the way it treats problems. If this philosophy is different in its content and methodology and its results are expressed with new words, then is this still "Korean" philosophy? If so, then how? At this point, we need to consider what "philosophy" is and, in particular, what "Korean philosophy" is. We should pause to think about what influence the imported Western philosophy has had on the formation of Korean philosophy and what role it has played in the sociocultural development of Korea as a whole.

Imported Ideas and "Korean" Philosophy

If Korean culture has a history of more than 2,500 years and philosophical thought is a necessary adjunct to life, then there must have been a tradition of philosophical thought in Korea. Why was a foreign philosophy imported, not as an item of mere curiosity, but to the extent that many people competed with each other to learn it and try to make it their own? Why have Koreans imported Western philosophy for the past one hundred years, and made it their own philosophy?

Philosophy is a science, and, in some way, refers to a universal system of knowledge. Then, what do we mean when we talk of "Western," "Eastern," "Korean," "Joseon dynasty," or "Yi Yulgok's" philosophy? Is it possible to take someone else's philosophy and make it one's own? And if it is possible, what does this mean?

If we define philosophy as a science that seeks the supreme principles governing every aspect of human culture, we can define Korean philosophy literally as the intellectual activity by Korean people using the language spoken in Korea in reflective pursuit of the supreme principles integrating all aspects of Korean culture or the results of that activity. If this definition is valid, we can define other philosophies by replacing the modifier "Korean" with words such as "Western," "Eastern," "German," or "Chinese," or with the "Giho" or "Yeongnam region," or even with "world" or "human." The definition can be narrow or broad depending on how we understand the three criteria—"the Korean people," "the language spoken in Korea," and "the supreme principles"—and their relative importance. In extreme cases when standards are too loosely applied, terms such as "Western philosophy" or "Korean philosophy" can become meaningless.

Does philosophy have a nationality? If so, what characterizes the nationality of a philosophy? When we say "Korean" philosophy, what does "Korean" mean?

It has been argued that, "what determines the nationality of a philosophy is not the birthplace of the philosopher, or the intellectual group in which the philosopher is active, or the language he or she speaks" (Kim 1991, 119), but rather that "the nature of a philosophy is not so much national as individual" (Kim 1991, 120). On what level should we understand such statements? Is it meaningless when we try to discriminate between Greek and Chinese thought, or between German and Anglo/American philosophy?

Because the borders of cultural regions appear vaguer the closer we look at them, it is hard to draw clear lines as if we were drawing national boundaries on a map. However, it is possible to delineate past cultures in terms of time and place in a sufficiently meaningful way, and to list general characteristics. The same is also true of philosophy, which is one aspect of culture. No matter when or where people have lived or will live, it is natural that as human beings they share some universal characteristics, but between individuals or groups, and even within certain individuals or groups, depending on their age, various differences arise. Every philosophy has to be universal to a certain degree as "a fundamental system of knowledge," but it can also be distinguished according to when, where, why, how, and by whom it was created and developed. We can distinguish the philosophy of Plato from that of Aristotle, early Kant from late Kant, and, likewise, Yi Hwang (pen name: Toegye) from Yi I (pen name: Yulgok). We can at least as significantly make a distinction between Korean and German philosophy, and mid-Joseon period and contemporary Korean philosophy.

Plato and Aristotle can be said to be the architects of ancient

Greek philosophy, and Kant and Hegel the core of modern German philosophy, whereas Toegye and Yulgok's Neo-Confucianism is representative of early modern Korean philosophy. More recently, Bak Jong-hong (pen name: Yeoram) represents a certain aspect of Korean philosophy of the 1950s and 1960s. However, if Kim Jaegwon, an ethnic Korean, thinks and writes in English about the academic questions which have arisen in the sociocultural context of the United States, and his articles attract attention there, then his philosophical research must be viewed as "American." If we compare the German philosophy to a field of grass, then suppose a certain Paek discusses some problems raised by Kantian philosophy in German and in Germany. Then he is a single blade of grass growing in that field and his philosophical pursuits are rightly called "German." But, if in Germany he attempts to analyze "the essence or existence of something that exists" from the Korean point of view of "임-있음 [*im-isseum*]" (noun forms of the verbs "*ida* and *itda*"), then his research should be regarded as "Korean." Furthermore, if he returns to Korea and furthers his academic pursuits in the cultural context of Korea and in the Korean language, then his work will form a part of Korean philosophy.

Let us continue with this definition of "Korean philosophy" in mind. What, then, is Korean philosophy? Why have Koreans, who have been acquainted with Western philosophy for 100 years, spent the past half century trying to absorb foreign ideas and join in the trends of Western thought? As things stand now, what do people mean when they say Korean philosophy?

To find answers to these questions, we have to look at the history of Korea as it has been incorporated into world events over the past century.

So-called philosophers believe that philosophy can and must lead all other aspects of culture, but more often than not, it follows them. The introduction of Western philosophy in the early 1900s was made possible not by philosophical awareness and searching by the Korean people, but by the general tendency of the times which brought philosophy to Korea as one aspect of the Western civilization being forced on Korea. It is the academic nature and role of philosophy to provide the fundamental principles of all sciences, even though it comes after them. Thus, when Korea's academic world, that is, the world of physics, medicine, astronomy, geography, biology, law and politics had already joined with (or been swept up by the current of) Western ideas, Korean philosophy had to depart from its traditional schools of thought, such as Neo-Confucianism, Silhak (Practical Learning) or Donghak (Eastern Learning). Otherwise, the role of philosophy in Korea would only have become more divorced from reality. The constitutional system, which has served as a cornerstone of social order and justice in modern Korea, is based on the spirit of the American and German Constitutions and France's Declaration of Human Rights, rather than the Confucian principles embedded in the *Gyeongguk daejeon* 經國大典 (National Code). Therefore, how can we explain principles of our contemporary legal and political system through traditional legal and political philosophy? When people already see cogent patterns of rationality in mathematical reason and scientific positivism, can we draw any alternative from Korean traditional thought?

It is almost certain that the reception of Western philosophy in Korea was not voluntary in the beginning. Philosophy, and philosophers, cannot divorce themselves from real life. As society underwent Westernization, if they did not want to study only the history of Korean traditional thought, Korean philosophers had no other alternative but to search for the foundations of the rapidly-changing cultural forms. In order to understand the principles of freedom and equality underlying Korean society today, Koreans need to understand the ideas of Locke, Rousseau, Kant, or Mill, rather than those of Toegye, Yulgok, or Dasan.

At the same time, culture consists of many layers and therefore, even if there are new waves on the surface, the same old waters may be flowing underneath. Because of this, even though we say that Koreans practice Western philosophy in Korea, it is a Korean-style Western philosophy. Although its topics originated in the West, it is still the philosophy of Koreans dealing with their own problems—

a Korean philosophy. Just because Koreans have used, and still do use, Western philosophy does not mean that their philosophical questions are simply Western. The same applies to our ancestors' reception of Buddhism during the Three Kingdoms period and the introduction of Neo-Confucianism in the late Goryeo and early Joseon period.

Some people say that the history of Korean thought is the history of the importation of alien ideas, as the philosophical mainstream has always been of foreign origin. They go so far as to question whether there is such a thing as Korean thought or philosophy. Do we have to deny all particularity just because of contact with some foreign ideas? Historically, German Idealism has its roots in ancient Greek philosophy and Christianity, but does this mean we cannot talk of German philosophy? A problem may originate with others, but once that problem has become one's own, then a major portion of the methods and results of trying to solve that problem must be one's own too.

What does Western philosophy mean for contemporary Koreans? It has already become a part of Korean philosophy. It was not simply imported out of curiosity as a novelty. "Western" philosophy has been received and modified by Korean people with critical minds seeking to solve their own problems, and, as such, this is also "Korean" philosophy.

The sudden shift of attention from Chinese philosophical thought, which Koreans had studied for a long time, to Western philosophy must be seen in the same vein as the rapid Westernization of other aspects of "Korean" culture. Western philosophy, which Koreans have imported over the past century without a chance to evaluate it or be selective, plays a central role in Korean philosophy today. This is because of the Westernization of Korean culture, at least on the surface, and not because of a lack of subjectivity of Korean philosophers. Some criticize Korean philosophers for lacking subjectivity, for being swept up subserviently by Chinese philosophy yesterday and Western philosophy today—and successively switching to philosophies of powerful countries such as Germany, France, and Anglo-America. But perhaps it would be more appropriate to say that philosophers acting "subjectively" in Korea today have no choice but to practice Western philosophy. That Koreans absorbed Chinese and Western philosophy, rather than that of African nations, such as Tanzania, Nigeria, or the Arabic nations, is a result of the unavoidable influence the former exerted on all aspects of Korean culture—whether as a result of Koreans passively following the stream of world affairs, or as part of an active effort to improve their culture. It was also because they were able, at least in part, to find principles there on which to forge their lives. Just as the Koreans in the past absorbed Chinese philosophy and made it their own, Western philosophy, which Koreans are currently absorbing, has now become one part of their own philosophy.

Of course, Koreans cannot accept this fact with pleasure. Rather, we might resent it. This is because it is hard not to see the philosophical problems, which have arisen as objects of investigation, as having been suddenly imposed on Koreans by foreign political powers with the introduction of Western philosophical thought, rather than as a continuation of previous research. From the viewpoint of the mainstream of world philosophical history, one might say that with the introduction of Western philosophical thought to the Korean peninsula at the end of the nineteenth century, the Korean people were freed from their isolated, peripheral life and brought into the mainstream of world history. However, from the viewpoint of the history of Korean philosophy as a whole, it is more appropriate to say that at the turn of the century the history of Korean philosophical thought was interrupted and changed its course. One day, this interruption might be viewed as a significant opportunity in the development of Korean philosophy, but Korean "philosophers" have lost the strength of freedom and autonomous development and have imported philosophy supported by the Western powers, which has overwhelmed them in the name of the "world mainstream." They have had to devote themselves for the past century to work on the periphery of thinking—annotation and interpretation. As a result, even though Korea has formally shaken off its political status as a colony, philosophically, or intellectually and culturally in general, it has long remained in a colonial condition.

Wherever and whenever they live, people share a certain degree of universality as "human beings," and thus, to that degree philosophical problems and their proposed solutions are also universal. It might then be unnecessary to distinguish between foreign and self-generated thought. However, there are some aspects of culture and accompanying philosophical problems which naturally have specific national or historical characteristics. And if Korean people's thought cannot claim such characteristics, it cannot fundamentally be called the thought of Koreans. In that case it would be hard to expect it to contribute in some way to Korean or world culture. A certain region's thought cannot be considered particularly good just because it is "different" from the thought of other regions. It is even harder to maintain that it is "our" thought, if our activities support universality by importing foreign philosophy simply because it is popular in the top-ranked countries in the world, or because certain philosophical problems are receiving a lot of attention, and so, we too must research these problems.

In order for us to be able to speak of "Korean" philosophy in the true sense of the word, the work of philosophers in Korea must possess a universality which raises it to the level of world culture, while also reflecting the particularity of Korean situations and problems. For example, instead of translating and annotating works of Western ontology, we could perform a structural analysis of "이다-있다 [*ida-itda*]" (essentia-existentia, *ti esti-hoti esti*), explain the phenomenon of the omission of the copula in the Korean language, establish a new concept of "reason" or "rationality" arising from contact between Asian and Western cultures, seek principles for the management of society and world peace amid ideological confrontation, and attempt the difficult project of reconciling Confucian and Christian ethics. Just as there are many German and American philosophical problems, which are not restricted to one particular region, so there are many Korean philosophical problems which are fundamentally universal human issues, but which have not yet been recognized as such in other countries. Koreans' philosophical insights into these issues not only make a Korean philosophy possible, but, at the same time, enrich human culture and bring variety to world culture. In this sense, the establishment of Korean philosophy does not depend so much on whether its main content originates in the Goryeo Buddhism of eight hundred years ago, the Joseon Confucian thought of four hundred years ago, the German philosophy of two hundred years ago, or the contemporary American philosophy, but rather on whether its paradigms, research methodology, and results can maintain a universality pertaining to human culture, while also embracing Korean particularity.

The Reception of Western Philosophy and the Formation of the Concept "Philosophy"

Though our encounter with Western philosophy was initially brought about by the currents of world history rather than by our actively seeking it out, this was a great event in the five hundred years of early modern culture in Korea. Just as in all other areas of culture in modern Korea, this changed our concepts of scholarship and rationality, and, more than anything, provoked the creation and circulation of many words which had not previously existed in our language.

First of all, the general term for "philosophy" (*cheolhak* 哲學) was created, and then a countless number of other words appeared in relation to it, including not only the words for metaphysics, logic, and ethics, but also terms such as subject/object, reason/intellect/understanding/sensibility, spirit, god, concept/idea/ideal, substance, and reality/phenomenon. It is regrettable, but we must note that almost all of these new terms and concepts were expressed in Chinese characters, and Japanese-style Chinese characters at that time, reflecting the fact that they followed the usage in contemporary Japanese culture (Kang 1995, 31-44). This is because when Western philosophy was first introduced to Koreans, it was almost always through the mediation of the Japanese. This was due to Japan having been the first country that imported and translated Western philosophy, and also arose from the fact that at that time Korea had already been subject to political, economic, and cultural rule by Japan for more than one generation.

Now as we look at the process of the influx of Western philosophical thought into Korea, its content, and its influence on the formation of new thought in Korea, we have to pay attention to the role of Japanese-style concepts, and to the effect of the colonial situation on the attitude and behavior of contemporary thinkers. Furthermore, it is the general rule that once concepts have been expressed through set words, those words exert great influence on people, bringing about prejudices and fixed ideas, and the formation of paradigms and certain issues. Therefore, we need to examine whether those philosophical terms created anew (sometimes without due consideration), with the influx of Western thought, were always appropriate.

First of all, let us look at the primary term of this discussion: the history of the formation and the adequacy in meaning of the term for "philosophy" (*cheolhak*).

It is a generally known fact that, just like almost all the so-called modern disciplines studied at university level today, philosophy entered our culture as one form of Western scholarship at the end of nineteenth century. Philosophy spread through our society on the back of Japanese imperialism, and the translation of the Western term *philosophia* is associated with the Japanese philosopher, Nishi Amane 西周 (1829–1897) (Cho 1994, 160, 166).

What was the original meaning of the word *philosophia*, which originated from ancient Greek thought, the foundation of Western philosophy and hence of philosophy today around the world? And what relation to philosophy and implications does the translation *cheolhak* have? One scholar argues that Nishi Amane "believed *philosophia* was similar to the *kiken* 希賢 (the pursuit of wisdom) which appears in the phrase '聖希天 賢希聖 士希賢' from Zhou Lianxi's 周

濂溪 *Tongshu* 通書 (Penetrating the *Book of Changes*) and so translated *philosophia* as *kikengaku* 希賢學. Nishi then thought that this sounded too Confucian and so changed it to *cheolhak*" (Jo 1982, 330). Another scholar says that the term *cheolhak* first appeared in its current meaning in Nishi Amane's work *Hyaku isshin ron* 百一新論 (1866) (Cho 1994, 160, 166). If these statements are correct, then we can surmise that *kikengaku*, the first translation of philosophy, was changed to *kitetsugaku* 希哲學 and then later abbreviated to *tetsugaku* 哲學. According to an article written by a Japanese scholar introducing the history of Western philosophy in Japan, "philosophy" was introduced to Japan after the Meiji Restoration along with other Western literature; *philosophia* was first translated literally as *kitetsugaku*, and then abbreviated to *tetsugaku* during the 1870s. He writes, "[T]his was probably because *kitetsugaku* was hard to pronounce" (Ogawa 1992, 184). For Japanese, *ki* means "to desire" or "to search," as well as "to wish," "to hope," "to be rare," and "to be sparse." *Tetsu* here goes beyond the usual meaning of "bright" to mean "knowledge" or, literally, "a bright wisdom." *Kitetsu* then means "searching (loving) for wisdom (or true knowledge)" and so is a direct translation of *philosophia*. The character *gaku* 學, meaning "scholarship" or "learning" and used in the word *gakko* 學校 (school) for a place where scholarship is taught and learnt, was then added to give *kitetsugaku*.

According to this Japanese scholar's explanation, *kitetsu* is sufficient as a translation of *philosophia*, and *gaku* is superfluous. Whether *gaku* was affixed because the pursuit of wisdom and its results constitute the discipline of scholarship, or whether it seemed natural to add *gaku* to a distinct discipline, as in the cases of mathematics (*sugaku* 數學) or physics (*butsurigaku* 物理學), the term *kitetsugaku* emerged as the translation. It was then abbreviated to *tetsugaku*—possibly because of its difficult pronunciation or possibly for other reasons. It is enough for us to remember that the basic meaning of *tetsugaku* is *kitetsu*—the pursuit of wisdom. However, this means that Koreans continued the use of the term *cheolhak* 哲學 in its Japanese meaning (*tetsugaku*). Therefore, when Koreans continued with the project of *cheolhak* they were working within a Japanese framework of understanding.

However, we do not necessarily have to accept *cheolhak* as an abbreviated form of *huicheolhak* 希哲學 (*kitetsugaku*). We can search our own cultural traditions to find an appropriate meaning for *cheolhak*, which coincides with the background of the Greek *philosophia* (Paek 1991, 127).

Several scholars' research on the formation of the abstract noun *philosophia* in ancient Greece has concluded that the word *philosophos*, meaning "(one) who pursues wisdom," and the word *philosophein*, meaning "to pursue wisdom," were formed first. The term *philosophia*, meaning "pursuit of wisdom," was a later invention (Ritter and Grunder 1989, 573ff). This is a good example of the formation of a word corresponding to a changing situation, as the results of the knowledge-pursuing activities of those pursuing knowledge constitute knowledge itself or a system of knowledge. Thus *philosophia* is the activity or the results of the activity of *philosophein* pursued by *philosophos*.[2] Who were the *philosophos*? In one of the records where we find the early use of this word there are some revealing passages, such as the following:

> Phaidros, it seems to me that it is too much to call him "a man of wisdom" [sophos]. You can apply such a word only to God. It would be better to call him "a man who pursues/loves wisdom" [philosophos] or something like.[3]

According to this opinion of Socrates, passed down to us by Plato, a *philosophos* is not so much a person who already possesses wisdom (true knowledge), as a person who loves or pursues wisdom and expends great effort in trying to attain wisdom, in other words, a "seeker of the truth."

If this is the original meaning of *philosophos*, it corresponds to what we know as *cheorin* 哲人 and seems very natural in our long standing Confucian tradition. "A man who does as he pleases yet does nothing wrong" (從心所欲 不踰矩) is surely a god-like person

(神人) or a sage (聖人). The top ten disciples of the sage Confucius were called *cheorin*, and the next best seventy-two disciples were called *hyeonin* 賢人 (wise man). Therefore, a *cheorin* had not yet become a sage who had perfected the Way, but was one step closer than a *hyeonin*, and so was someone trying hard to reach the Way.

A *cheorin* is someone seeking the Way, towards which humans must endlessly strive, and trying to understand the principles of all things in the universe. From early times such a person's activities of cultivating the mind, inquiring into the order of things, and pursuing the truth were called the "Study of the Way" (*dohak* 道學) or the "Study of Principles" (*ihak* 理學). It does not change the meaning if we compare the "scholarship of the *cheorin*" (*cheorin-ui hak* 哲人의 學) to the *philosophia* of Western culture and call it *cheolhak* or philosophy. This is not different from the way in which people have abbreviated "*daein-ui hak* 大人의 學" to *daehak* 大學 (Great Learning). However, compared to the range of the objects of research in the "study of wisdom" of the past, today's concept refers to all disciplines, including the sciences. What we have called philosophy for the past century must be understood not as a system of knowledge based on empirical data, but as a system of fundamental knowledge because it is a comprehensive and foundational discipline; and as such, it must be distinguished from the sciences in terms of both its objects of research and its methodology. Just as *philosophia* has changed in meaning during the development of the Western disciplines, our concept of philosophy can be used in both the broad and the narrow sense. In so doing, the two concepts of *philosophia* and *cheolhak* can be reconciled.

If we understand *cheolhak* as an abbreviation of *cheorin-ui hak* and not of *huicheolhak*, we can regard its content as including not only the traditional *dohak* and *ihak*, but also reflective research on the principles of nature and human life, research which gradually became more clearly understood in Korea with the introduction of Western thought. This would include metaphysics (theology, philosophy of nature, and ethics), logic and epistemology, and the fundamentals of all the sciences such as social philosophy, legal philosophy, political philosophy, philosophy of science, and the philosophy of language.

With this concept of philosophy in mind, we should now discuss and evaluate the effects that several main currents of Western philosophical thought have had on three generations of philosophical culture in Korea over the past century. This examination of the development of Korean culture through the influx of foreign thought should show us how Korean philosophical thought could contribute to world culture.

NOTES

1. Korean Philosophical Association (1987, 351ff.); Bak (1980, 443ff.); Jo (1982, 328); Huh (1994, 178). From page 247 in the journal *Cheolhak sasang* (H. Lee 1994, 241-264), the major points in *Huirap godae cheolhak gobyeon*, by Yi In-jae are described.

2. Xenophon (bk. IV, ch. 2, sec. 23); Aristoteles (bk. I, sec. 983b).

3. Platon (278d).

REFERENCES

Primary Sources

Aristoteles. *Metaphysica*. 14 vols.

Platon. *Phaidros*.

Xenophone. *Memorabilia*. 4 vols.

Secondary Sources

Bak, Jong-hong. 1980. "Yi In-jae ron" (A Study on Yi In-jae). In vol. 5 of *Bak Jong-hong jeonjip: Hanguk sasangsa 2* (Complete Works of Bak Jong-hong: History of Korean Thought 2). Seoul: Hyung Seul Publishing Co.

Cho, Keong Ran. 1994. "Jungguk-gwa ilbon-ui seoyang cheolhak suyong" (The Acceptance of Western Thought in China and Japan). *Cheolhak sasang* (Philosophical Thought) 4: 151-176.

Huh, Nam Jin. 1994. "Seogu sasang-ui jeollae-wa silhak" (The Introduction of Western Thought and Silhak). *Cheolhak sasang* (Philosophical Thought) 4: 177-195.

Jo, Yo-han. 1982. "Uri-ui sam, uri-ui hyeonsil, hanguk cheolhak eoneo-roui mosaek" (Our Life, Our Reality: A Search for Korean Philosophical Language). *Wolgan joseon* (Monthly Chosun) (February): 328-351.

Kang, Yeoung Ahn. 1995. "Hyeonjae hanguk-eseo sayongdoeneun cheolhak yongeo-ui hyeongseong baegyeong" (The Formation and Background of Philosophical Terms Used in Korea at Present). *Cheolhak sasang* (Philosophical Thought) 5: 15-50.

Kim, Heisook. 1991. "Hangugeo, hanguk cheolhak" (The Korean Language and Korean Philosophy). In vol. 2 of *Hanminjok cheolhakja daehoe 1991: hyeondae hanguk-eseoui cheolhak-ui je munje* (Proceedings of the Congress of Korean Philosophers 1991: Current Issues of Philosophy in Korea). Collection of papers presented at the 4th United Conference of Korean Philosophers, Seoul, August 21-24.

Korean Philosophical Association, ed. 1987. *Hanguk cheolhaksa* (The History of Korean Philosophy). Vol. 2. Seoul: Dongmyeongsa.

Lee, Hyun Gu. 1994. "Gaehwagi yuhakja-wa gyemong undonggadeul-ui seoyang cheolhak suyong" (The Acceptance of Western Philosophy by Confucianists and Proponents of the Enlightenment Movement in the Enlightenment Period). *Cheolhak sasang* (Philosophical Thought) 4: 241-264.

Lee, Ki-Sang. 1995. "Cheolhak gaeronseo-wa gyogwa gwajeong-eul tonghaeseo bon seoyang cheolhak-ui suyong, 1900–1960" (The Acceptance of Western Philosophy Viewed through Introductions to Philosophy and Curricula, 1900–1960). *Cheolhak sasang* (Philosophical Thought) 5: 51-106.

Ogawa, Tadashi 小川侃. 1992. "Heideggers bersetzbarkeit in Ostasiatische Sprache—Das Gerpräch mit einem Japaner." In *Zur Philosophischen Aktualität Heideggers*, edited by D. Papenfuss and O. Pöggeler. Bd. 3. Frankfurt/M.: Vittorio Klostermann.

Paek, Chong-Hyon. 1991. "Kant-ui cheolhak gaenyeom, bangbeop geurigo juje" (The Concept, Methods, and Themes of Philosophy by Kant), *Cheolhak-gwa hyeonsil* (Philosophy and Reality) 10 (autumn): 126-146.

__________. 1998. *Dogil cheolhak-gwa isip segi hanguk-ui cheolhak* (German Philosophy and the Philosophy in Korea in the 20th Century). Seoul: Cheolhak-gwa Hyeonsilsa.

Park, Young Sik. 1972. "Inmun gwahak-euroseo cheolhak-ui suyong mit geu jeon-gae gwajeong" (The Acceptance of Philosophy as a Human Science and Its Developmental Process). *Inmun gwahak* (Human Sciences) 26: 105-132.

Ritter, J., and K. Grunder. 1989. *Historisches Wörterbuch der Philosophie*. Bd. 7. Darmstadt: Schwabe.

A Review of the Intellectual Thrust to Adopt Democracy in the Late 19th Century: *The Integration of Eastern and Western Thought**

AHN Wae-soon

Introduction

This chapter reviews the character of the movement to adopt democracy during the enlightenment period, which was Korea's first intellectual attempt to fuse Confucianism and democracy. The existing research on the adoption of democracy in the enlightenment period, a process that occurred amid conflicts and rearrangement of world order, can be roughly divided into two. The first focuses on how actively the enlightenment intellectuals adopted modern thought. The other approaches the adoption of democracy from the standpoint of the clash and fusion of the two heterogeneous civilizations of Confucian and Western. Since the diffusion and transmission of a certain ideology from one civilization to another is not single-tracked or unidirectional, it tends to conflict with the existing dominant ideology, and in this process both ideologies may experience some degree of readjustment. Thus, it is inevitable to reinterpret Confucianism from the perspective of democracy and vice versa.

---

* Originally published in the *Korea Journal*, vol. 43, no. 4 (winter 2003).

AHN Wae-soon is Professor of International Relations at Hanseo University. Her publications include *1870-80 nyeondae Yu Gil-jun-ui geundae insik* (Yu Gil-jun's Perceptions of the Tradition and Modern in the Period of the 1870s and 1880s) (2010) and *Dasan Jeong Yak-yong-ui gwanyong gwanyeom: seo gaenyeom-eul jungsim-euro* (Dasan Jeong Yak-yong's Thoughts on Tolerance: Focusing on the Concept of "Seo 恕") (2010).

This chapter focuses on the context within which the enlightenment intellectuals adopted the ideas of liberty and "rule by the people" (*minchi* 民治), core concepts of democracy. I investigate how enlightenment intellectuals adopted the democratic concept of rule by the people on Confucian soil, where explicitly defined concepts as "rule of the people" (*minbon* 民本) and "for the people" (*wimin* 爲民) were not extant. Then I examine how they adopted the value of liberty, a concept focusing on the rights of both parties engaged in a bilateral contract, based on the Confucian tradition that emphasized morality in the establishment of ethical order centering on exchange of duty for mutual benefit.

The second section examines the concepts of political participation and resistance intrinsic in Confucianism and how enlightenment thinkers used Confucian teachings to expand these modern concepts into the notion of rights. The third section explores the implications that the adoption of the concepts of liberty and the rule of law had for Confucianism, and traces the philosophy of enlightenment intellectuals related to these concepts. The final section summarizes the main points of discussion and presents the implications of enlightenment thought for present-day Korea.

Main sources for this paper are the *Hanseong sunbo* 漢城旬報 (Hanseong Ten-Daily)—published from October 1883 to October 1884—"Geonbaekseo 建白書" (Policy Proposal Paper) (1888) by Bak Yeong-hyo (1861–1939), and the *Seoyu gyeonmun* 西遊見聞 (Observations on a Journey to the West) (1895) by Yu Gil-jun (1856–1914). These sources provide excellent understanding of the early adoption of democracy in Korea.

In order to understand the general nature of the early adoption of democracy in Korea, it is essential to review works by Choe Hangi (1803–1877) in the 1850s and the Dongnip Hyeophoe 獨立協會 (Independence Club, 1896–1898). But they are not included here because the purpose of this chapter is to reexamine the merging of Confucianism and democracy, and not to review the general character of the adoption of democracy. Choe Han-gi regarded Confucian monarchism as an alternative political system for the Joseon dynasty, although he held a favorable view of Western democracy. The Dongnip Hyeophoe flatly rejected the traditional ideology of Confucianism and held an absolute preference for democracy.[1]

The Confucian Adoption of the Principle of "Rule by the People"

Implications of the Concepts of "Political Participation" and "Resistance" for Confucianism

The core value that forms the basis of the modern democratic system is the concept of individual rights. In politics, this manifested itself as the political rights or sovereignty of the people. The term sovereignty did not exist in Confucian society prior to the nineteenth century and was in itself a product of Western influence. But the absence of a term does not necessarily mean an absence of the concept implied by the term. This is because "even if right is not explicitly used as a word, one can have the notion of right and use it. Instead of the word right, a long combined phrase can imply the concept" (Gewirth 1978, 99). Moreover, the idea of right can be implicated in an explanation of a situation.

Confucianism regarded people as the ultimate goal and beneficiaries of politics, but it never explicitly ensured them their political rights or viewed them as political actors.[2] Yet this does not imply the absence of a concept of political participation per se, something that would guarantee political expression of their opinions. In a sense, Confucianism was born in the attempt to establish people's political views as the Heavenly Mandate, i.e., the origin of political authority, and this attests to its emphasis on the guarantee and pursuit of the expression of popular views. Indeed, traditional Confucianism had the potential to become manifested as political rights and the rights of resistance.

The *Shujing* 書經 (Book of Documents), the oldest among classical Confucian scriptures, notes: "Heaven creates the ruler to help people."[3] In order to realize this, "Heaven must listen to what people want"[4] and the ruler must obey what people say because "Heaven sees what people see."[5] The *Mengzi* 孟子 (Mencius) faithfully follows the teachings of the *Shujing*. He says, "Even if all officials say that he is benevolent, do not make him a ruler yet. . . . If all people say that he is benevolent, check if it is true before making him a ruler" and "One can be a ruler only after one obtains the heart of people."[6] These are firm principles of Confucianism. This was true even in the Han dynasty, in which a shift was made from the theory of "subject first, monarch later" advocated by Mencius to the tendency to see a monarch as a source of authority. Jia Yi 賈誼 (200–168 BC), a major Confucian scholar of the Han dynasty, puts the teachings of Mencius in even more concrete terms:

> People may appear foolish but they are actually wise. Make sure they are involved in the selection of government officials. If officials and people adore someone in particular, the king must examine if it is true and hire him if it proves to be so. If officials and people do not like someone, the king must examine if he did any wrong and banish him if he did. A good king does not hire officials arbitrarily; he lets people speak their mind and then acts accordingly. Thus, people have the right to say who can become an official.[7]

The concept of resistance is not new to Confucianism, which is clearly a non-Western, premodern mode of thinking. Early Confucian thought has sensitive and clear expression of will with regard to resistance, which is developed more than political participation. From its beginning, Confucianism justified popular revolution against unjust regimes. This is demonstrated in the following episode: King Tang 湯, who founded the Yin dynasty through China's first coup, anguished over whether other coups might follow to topple him. His subject Zhong Hui 仲虺 assured him that his coup was justified, mentioning King Jie's 桀 tyrant acts and people's absolute support of King Tang's acts.[8] This spirit of argument runs throughout all volumes of the *Shujing*. In the book, the honor or banishment of a regime or king is justified depending on whether the regime or king obtained or lost political legitimacy (morality). Among the three Chinese classics, the logic for providing legitimacy for popular resistance is most evident in the *Shujing*, and it reaches its peak in Mencius' ideas of tyrant and revolution.[9] Jia Yi inherits Mencius' idea of revolution, conceiving that "In all ages and times, he/she who became an enemy of the people was deserted. It was just a matter of time. . . . Therefore, one's fortune and misfortune lies not with Heaven but with the officials/people."[10] In Confucianism, then, the idea of resistance existed as a warning to unjust regimes. Therefore, it can be said that the Confucian idea of political participation and resistance of the people had the potential to develop into the idea of rights of political participation and rights of resistance, given the right impetus.

Enlightenment Scholars' Perceptions of the Rights of Political Participation and Resistance

Believing that the enrichment of Western countries came thanks to the political system guaranteeing political rights and the rights of resistance, enlightenment scholars turned their attention to similar concepts inherent in the Confucian tradition and tried to manifest them as rights.

First, the ultimate goal of Confucianism was to caution against the possibility of a monarch's monopolization of power for personal gain, and to establish a moral society based on an ideal of the common good. Pointedly, the enlightenment school found it very useful to ensure the Western system of "rule by the people" in order to attain the ultimate goal of Confucianism. Bak Yeong-hyo and Yu Giljun stressed that division of power and provision of political rights to the populace, as practiced in the West, were the best ways to prevent the abuse of power for personal gain and to hire wise men:

> They may seek personal gain but cannot realize it, so this is the first benefit of power-sharing among the three branches. Because the constitutional political system listens to the voice of the public through popular votes, wise men will be hired and petty men will

> be blocked [from public office]. This is the foremost benefit of the constitutional system.[11]

> In a democracy in which the ruler is elected by voters, its greatest strength is that sovereignty lies with the people and all laws are made by the people, so the ruler cannot do as he pleases.[12]

> The democratic system upholds fairness and disallows personal feelings from interfering, so the ruler likes what people like and dislikes what people dislike. Politics and institutions are administered by public opinion of the common people (Yu [1895] 1971, 149).

These statements show how the enlightenment scholars understood the modern concept of political rights as an extension of the Confucian principles of "sharing joy with people"[13] and "public opinion."[14]

Second, enlightenment scholars adopted the notion of political rights of the people within the framework of traditional Confucian notions of harmony-based community and Great Unity. Supposing harmonious rather than conflicting or confrontational relations between individuals and between individuals and the state, they developed logic of political participation based on a Confucian foundation. The enlightenment scholars reasoned:

> Why is it that China cannot keep up with the economic and military power of Western nations? In the latter, the king and people are of one mind and every matter of state, trivial or important, is discussed in the parliament. . . . The ruler does not cruelly exercise power domestically, attends to national protection and defense internationally, and focuses energy on running economic affairs at normal times and on defense of sovereignty in emergency. . . . Thus, the king and the people are of one body and the superior and the inferior are harmonious. That is why these nations are prosperous.[15]

Enlightenment scholars understood the Western principle of political rights of the people, which was built on the premise of differences in interest and opinion between individuals, as a system of Great Unity based on the common interests of the king and the people. In other words, Western modern democracy was born together with liberalism and grounded on the view that relations between individuals and the state arose from the principle of distrust and the mutual checking of different interests. Meanwhile, enlightenment intellectuals of Joseon understood this principle from the Confucian perspective, which presupposed an overlap between the interests of individuals and the state. That is, they saw the ruler and ruled as sharing the same interests.

Third, enlightenment intellectuals also called for the adoption of a provision for political rights, regarding this as an extension of the Confucian notion of duty. Yu Gil-jun asserted that the rights of the people formed the basis of the rights of the nation, and that the expansion of individual rights made people feel a sense of duty to the nation, making them want to defend its rights. If they did not appreciate the importance of the nation, they would not defend it even if invaded by another country, and they would not want to recover it even if they lost it. Therefore, a nation's independence and enrichment depended on individual independence and enrichment (Yu [1895] 1971, 98-99). On democracy, he noted that men of virtue and ability were selected from a set number of people to assist the king with politics. He also observed that people had the right to monitor the job performance of officials in the administrative and legal branches, and that the establishment of institutions and enactment of laws were conducted through discussion. This "allowed each and every individual to see that he or she was important to the nation, and motivated the individual to cooperate with the government in one mind with a progressive and independent spirit, in order to enrich the nation and find proper ways to attain a higher civilization." Korea's early enlightenment scholars saw that one could pursue individual interests by working for national ones (Yu [1895] 1971, 148-149) and that the provision of political rights would impress a sense of duty, thus further promoting national interests. They adopted the notion of rule by the people based on the concept of moral obligation which Yi Yin 伊尹 asserted,[16] not because guarantee of the individual's personal interests is so important and is ensured by democracy, but rather because democracy gives opportunities to individuals who understand the importance of the nation to serve it.

Fourth, believing that the parliament and party system of Western democracy was historically realized in the Confucian tradition, enlightenment intellectuals groped for historical legitimacy for the provision of political rights to the people and the adoption of political rights in Joseon dynasty. Bak Yeong-hyo argued that "People create a government; the government creates the principles of politics; the principles of politics create open discourse; open discourse creates agreement and disagreement; agreement and disagreement create perpendiculars and horizontals; and perpendiculars and horizontals create factions to conduct discourses of their own. Factions are what they called cliques in the past and political parties in the present." Bak Yeong-hyo viewed Joseon as already possessing an ideology of co-governance between ruler and subjects, and then pointed to the process of creating public opinion led by political faction or Confucian rural literati in Joseon, a Confucian political system equivalent to the Parliament and local councils of the West (Bak 1888, article 7). Yet he was also aware of the main differences between the two, admitting that it was time to change and develop the traditional faction system into a modern Western one, which would ensure co-governance between ruler and subjects.[17]

Finally, the enlightenment intellectuals' adoption of the rights of resistance was an extension of the Confucian notion of the right of dethronement to remove a tyrant. According to Bak Yeong-hyo, "A nation exists not for the king but for the people. The king is only entrusted with the responsibility to govern the nation" (Bak 1888, preface). Having a traditional Confucian view of political community, he maintains that "the fundamental purpose of erecting a government is to strengthen the universal principle, not for the king"

(Bak 1888, article 8). Thus, it would be inevitable that people resist a government that did not live up to its *raison d'être*. Citing the *Daxue* 大學 (Great Learning), Bak reminded his fellow Confucians that "If the king fails to control himself and abandons himself to the pursuit of pleasure, he will be brought to death by the people." He seemed to understand the restraint of kingly power and the restriction of his power in the same context. Bak continued to emphasize that it was necessary to guarantee the people's freedom and restrain the power of the king, and unless this was done, the rights of resistance would be activated inevitably (Bak 1888, article 7). It is justifiable to banish a ruler who is unable to protect the people or defend the nation "just as King Tang drove out King Jie and as King Wu 武 expelled King Zhou 周" (Bak 1888, preface). He emphasized this as a universal truth, citing the case of the American War of Independence (Bak 1888, article 8). Such an example shows that the enlightenment scholars were able to adopt the modern Western idea of people's rights without much difficulty, since this was already based on the Confucian notion of "sharing joy with people" (Bak 1888, article 8). As they were already familiar with the Confucian concepts of government by the people or for the people, enlightenment scholars were no strangers to these modern Western ideas of political rights and the rights of resistance of the people.

The Confucian Adoption of the Concepts of Freedom and Rule of Law

Implications of Freedom and Rule of Law for Confucianism

Confucianism, which focuses on benevolence as its core value, also implicitly includes concepts of freedom and equality based on respect for the existence of individuals. "Benevolence is to love all men."[18] Thus, benevolence is based on respect for individual existence and all other things that accompany it. Yet freedom in Confucianism is the freedom to choose goodness and act accordingly, or the freedom to make an ethical choice.[19] More specifically, the Confucian concept of freedom ethically includes or justifies certain concepts of freedom, such as the freedom of the individual to choose a benevolent king in political relations, to choose good friends in social relations, to choose a good place to live (right to move), and to speak out, guided by goodness and benevolence (freedom of speech), and so on. Moreover, Confucianism does not reject the equality of humanity, by which all of the above freedoms are made possible. Still, the Confucian concept of equality presupposes the equality of human nature—equality *a priori*. All human beings are equal because they possess a human nature endowed by Heaven.[20] As a result, all people are equal in the sense that they have the potential to be good kings, such as King Yao 堯 and King Shun 舜.[21] Indeed, in Confucianism, equality is fundamental. Although Confucianism does not explicitly address equality in any other way, it is significant that it includes the idea of equality, though universal and abstract. Confucian notions of freedom and equality are, however, different from Western notions of the term in the sense that from the perspective of Confucianism, the individual is free to be a sage but must perform specific duties before demanding that right. In other words, Confucian equality and freedom cannot be achieved unless one carries out one's duty according to moral principles (Hsieh 1967, 307-314).

Confucianism is oriented towards a moral politics. It relies on a moral politics as a way to realize a moral world. The goals and means of Confucian politics must be oriented towards morality and thereby depend on it (S. Lee 2000, 23-24). Yet this does not mean that Confucianism rejects the rule of law. In Confucianism, the rule of virtue accompanies the rule of law based on moral principles, that is, the rule of propriety. And yet, many people misunderstand, thinking that the rule of virtue excludes rule of law and that the two cannot go hand in hand. This is mainly due to interpretations such as those by Han Feizi 韓非子 and Liang Qichao 梁啓超.[22] The rule of propriety is an external expression of Confucian rule of virtue. It is based on natural law and moral principles rather than positive law. Confucius does not negate the rule of law; what he negates is a prohibitive law-oriented politics emphasizing terror and punishment via penalty. Instead, he stressed moral politics emphasizing virtue and propriety through edification and leniency (S. Lee 1998, 178-189). Here we need to pay attention to the fact that the enlightenment intellectuals' aspirations to adopt democracy were heir to the Confucian morality-based conception of law.

The Mutual Integration of Liberty and Morality as well as the Rule of Law and the Rule of Virtue

Next, let us examine the enlightenment intellectuals' belief that the attempt to adopt the core values of modern democracy, such as freedom and the rule of law, had to be complemented by the Confucian tradition of morality and rule of virtue. The enlightenment intellectuals did not seem to have difficulty adopting modern Western concepts of freedom and rights, since they were already building on a Confucian tradition that implicated those concepts within it, though they were never explicitly stated. For example, the traditional concept of *tongui* 通義, or a meaning "universal principle" was interpreted by Bak Yeong-hyo and Yu Gil-Jun as the "universal right" and "universal duty," respectively.

Bak Yeong-hyo cited passages from the Declaration of Independence of the United States for the first time in Korea (Bak 1888, article 8), stating that "When Heaven creates men, it endows them with the 'universal principle' (*tongui*, or the universal right) and nothing under the sun can change this. The 'universal principle' here meant 'certain unalienable rights that among these are life, liberty, and the pursuit of happiness.' "[23]

Bak's interpretation from a Confucian point of view calls for special attention. While Bak defined freedom as "acting according to what one thinks is right," he also conceives of freedom as something that allows one to "follow the principle of heaven and earth." Furthermore, he did not miss the significance of humans as societal and relational beings. He talked about three kinds of liberty: (1) natural or "barbarian liberty"; (2) civil liberty as social beings; and (3) innate liberty, which is a combination of the first two. According to him, forsaking barbarian liberty did not result in reducing innate liberty but increased civil liberty, another kind of innate liberty, and this ultimately increased the public interest (Bak 1888, article 8). According to this Confucian interpretation of liberty, when social freedom increases, the freedom of individuals as social beings inevitably increase; furthermore, individuals' interest increased with the increase of the public interest of "heaven and earth" because they are members of that realm. Bak considered all individuals to be entitled to basic innate rights, but yet not to be isolated beings.[24] Thus, his interpretation of liberty can be characterized as an attempt to make a well-matched fusion between the modern Western notion of liberty and the traditional Confucian concept of morality.

The effort to combine the Western individualistic notion of liberty with the Confucian principle of relational morality becomes more systematic and more explicit in the thinking of Yu Gil-jun. Unlike Bak Yeong-hyo, Yu believed that the universal principle was a universal duty to keep one's place in accordance with the Heavenly Principle and universal ethics (Yu [1895] 1971, 109).[25] He divided the people's rights into the right of liberty and the right of universal duty. According to him, everyone was entitled to both rights from birth. He also believed the two rights to be a free, independent spirit that should not be subject to excessive restriction or unjust interference (Yu [1895] 1971, 109-110). Furthermore, he differentiated between natural and artificial universal principles, as well as between unrelational and relational universal ones (Yu [1895] 1971, 110-113). Although the terms "liberty" and "right" were not often used in the culture zone that utilized Chinese characters, he noted that people were inevitably destined to live in a community, thereby obligating them to establish order by law and set boundaries (lot and proper place) according to this universal principle. He also pointed out that unequal human relations needed to be improved by preventing unbridled liberty from violating the order of society. In this manner, he claimed, based on Confucian philosophy, that the Way (*dao* 道) should not leave us even for a moment and that we needed to uphold the Heavenly Principle and prevent human desires from sabotaging it (Yu [1895] 1971, 116).

Concerned that adopting only the individual right of liberty may cause an absence of social responsibility, Yu presented a solution to match liberty with this universal duty, which seemed ill-suited to it (Yu [1895] 1971, 113). When he spoke about the right to enjoy freedom of life, wealth, business, assembly, and religion, he also mentioned the need to perform universal duty with reference to life, wealth, business, assembly, and religion. In other words, because humans are social beings by destiny, their liberty must inevitably be restricted in relation to others. He explained liberty in the Confucian way, saying that it was "good liberty" to constrain human desires, to uphold the Heavenly Principle and to follow the right Way, which were the main tenets of Zhu Xi's philosophy, while it was "bad liberty" to follow bad desires. He also argued that it was the "liberty of beasts" or the "liberty of barbarians" for people to only claim their own liberty stemming from unfettered bad desires and not yield to others, and make the strength of power the dominant criterion (Yu [1895] 1971, 115-116). These examples illustrate that enlightenment scholars tried to match liberty with morality.

The enlightenment intellectuals' attempts to match liberty with morality continued with attempts to match the rule of law with the rule of virtue. While accepting the rule of law, Bak Yeong-hyo claimed that "It is barbarian politics if it severely harms humanity, destroys justice by forcing punishment, loses trust via arbitrary enforcement of law, or stirs people by making them feeble-minded, cruel or suspicious. It is enlightened politics if it conducts penalty with humanity, exercises punishment with justice, enforces law with trust, and comforts people by making them feel wholesome, peaceful and trustful." This implied his demand to make the rule of law suit the rule of virtue, rather than advocate a separate morality from law in accordance with the modern idea of rule of law.

Yu Gil-jun also believes that rule of law requires moral discipline and responsibility. He notes that "The government is established to teach people moral principles and educate the people about the rights through law, thereby making possible for anyone—

strong or weak, wise or foolish—to uphold moral principles, life and wealth" (Yu [1895] 1971, 136-137). He also states that "The most important task of the government is to unify people's minds and hearts and maintain the moral principles by utilizing its authority" (Yu [1895] 1971, 140-141). From this, we can see that he took the state's role of moral intervention for granted and viewed the state as the agent responsible for educating people. In this manner, his idea of rights and rule of law was built on the foundation of the traditional Confucian notion of moral principle and edification through the rule of virtue.[26]

Enlightenment intellectuals also projected a Confucian image of the sage in establishing the political actors of a new Korean democracy. According to the *Mengzi*, the foremost qualification of a politician is the ability to cultivate and educate people.[27] Meanwhile, in the theory of modern Western democracy, citizens refer to the bourgeoisie, a newly emerging class. They gained political rights as political "citizens" and actors within a nation by succeeding in presenting "culture" and "wealth" (tax payment) as their qualifications, as opposed to the status and reputation of the dominant class, the king and the nobility.[28] This means that even in a democratic society, the actors of rule by the people needed to be equipped with at least the minimum qualifications to participate in the public sphere. For this reason, laborers and the have-nots could be included in popular elections as voters when the entire populace became liable to education and taxation. It was not that the modern nature of the political entity or the state bred the nation-state, but that the existence of the "citizenry" and "nation" gave birth to the nation-state. Enlightenment theorists adopted the idea of political rights of the people in principle, but they did not allow the immediate participation of all people. As mentioned earlier, Yu Giljun required their reeducation before providing political rights as follows: "First, educate people to acquire the knowledge required to participate in the affairs of state, and then discuss the democratic political system. That is the right order" (Yu [1895] 1971, 141-142, 152). Bak Yeong-hyo revealed the same attitude by saying that people could not exercise their political rights immediately due to their lack of education, but ultimately they had to be the bearers of political rights. For that goal, he suggested various concrete methods through which to educate and enlighten people.[29]

Conclusion

I examined, in section two, how enlightenment intellectuals who wanted to introduce democracy to Korea adopted the idea of rule by the people in a manner that was efficient for the realization of an ideology of "rule for the people" and "rule of the people" in preexisting Confucian thought. They conceived the notions of rule for the people and rule of the people as the essence and thought rule by the people to be the means to realize such notions. They found the logic for adopting rule by the people—as was to be actualized by the guarantee of political rights and the rights of resistance—in traditional Confucian notions of "repressing personal interests," "achieving Great Unity," "joy with others," and "the ability to dethrone tyrants." In their view, the Confucian notions of rule for the people and rule of the people did not contradict the new (democratic) concept of rule by the people.

Section three explored how, in adopting the notions of liberty and rule of law, enlightenment intellectuals believed that those notions needed to be combined with the ideas of morality/ethics and the rule of virtue. They cautioned against the negative effects of rightism and individualism in which liberty and rule of law were given excessive emphasis, while still believing in the importance of relations and moral values necessary for the maintenance of community. They also considered the "Confucian virtuous gentlemen-citizens" to be political actors inheriting the Confucian tradition, equipped with the morality and political authority needed for politics, regardless of class and wealth.

In this context, we need to note two characteristics in the adoption of democracy by enlightenment intellectuals. First, in adopting the Western principle of rule by the people, which was represented by the provision of political rights and the rights of resistance, they focused on making the Confucian latent counterpart principles manifest. Second, they clung to Confucian tradition by matching the Western notions of liberty (rights) and rule of law with the Confucian ideas of duty and rule of virtue. For rule by the people, they admitted the weakness of Confucianism and actively attempt reinterpretations. For liberty (rights) and the rule of law, they strongly defended the superiority of the Confucian notions of mutual benefit and moral politics. This is what enlightenment intellectuals considered to be an alternative way to integrate tradition and modernity.

Confucian moralism stresses mutual benefit instead of bilateral contract. It does not approve of a party's desertion of duty triggered by the other party's negligence of duty. It holds the view that a bilateral contract cannot prevent conflict and struggle in human society. As Confucius pointed out, a society in which an individual can play a proper role within the order of humanity is one in which justice and righteousness are realized. In such a society, there would be a continual demand for an effort to realize a society in which each role is reciprocally respected, with justice and righteousness ensured. Indeed, the order of humanity represented by moral rules governing the five human relations is even more necessary in the contemporary era of democracy. In this sense, the mutual benefit in Confucian moralism is universal, which can and must contain "intimacy" with democracy emphasizing political equality as a fundamental principle (Ahn 2001, 81).

From the enlightenment intellectuals' point of view, emphasis on morality and ethics should never be rejected, no matter what change may occur in a civilization. According to them, humans cannot live outside the network of relations called society under any circumstances and thus, liberty and the natural rights of humans should be realized in a context of humaneness (*illyun* 人倫). Because of this, the "liberty of conducting oneself" (social liberty) and the "trajectory of the universal principle" must not be forsaken.

These intellectuals had no doubt that Confucian moralism and normativism needed to be preserved, despite the realities of power-based international politics (Jang 1999, 97). Therefore, they were intent on combining democratic principles with Confucian core values that "did not discard morality." Confronted with Western democracy for the first time, Korean enlightenment intellectuals recognized not only that democracy should not abandon its aspirations for ideal democratic politics, but that Confucianism needed to be wary of its potential to degrade politics into its worst possible condition. This approach did not end in the late nineteenth century, and still remains as a salient issue in the contemporary agenda.

At a time for reconciliation between East and West, to achieve fusion between individual-based ethics and community-based ethics, and to strike harmony between tradition and modernity, it would behoove us to take some lessons from Korean's intellectual history and the experience from a century ago.

NOTES

1. Refer to Ahn (2000, 2001) regarding the general character of the early adoption of democracy in Korea and its characteristic trends, along with views on Choe Han-gi and the Dongnip Hyeophoe in that regard.

2. Contrary to this view, Xiao Gongquan 蕭公權, a Sinologist in the United States, claims that Mencius viewed sovereignty as belonging with the people (1998, 158).

3. *Shujing* (Book of Documents), 4-1-2. Section division of the *Shujing* in this chapter follows that of the *Shisanjing zhushu* 十三經注疏 (Annotations on the Thirteen Scriptures) by Li Guangdi 李光地.

4. *Shujing*, 4-1-2.

5. *Shujing*, 4-2-3.

6. *Mengzi* (Mencius), 2-7-4 and 14-14-4. Section division of the *Mengzi* in this chapter follows that of the *Mengzi jizhu* 孟子集注 (Annotations on Mencius) by Zhu Xi 朱熹.

7. "Dazheng 大政" (Great Governance), in *Xinshu*, pt. 2.

8. "Zhong Hui zhi gao 仲虺之誥" (Notice of Zhong Hui), in *Shujing*, pt. 2.

9 *Mengzi*, 2-8-1. Because it justified revolution based on this logic, the *Mengzi* had been banned for a long time.

10. "Dazheng," in *Xinshu*, pt. 2.

11. *Hanseong sunbo*, January 3, 1884.

12. *Hanseong sunbo*, February 7, 1884.

13. *Mengzi*, 2-1-8.

14. *Mengzi*, 2-7-4.

15. *Hanseong sunbo*, January 30, 1884.

16. In the process of founding the Yin dynasty through a military coup, King Tang repeatedly offered Yi Yin a chance to join the effort to create the new dynasty, only to be rejected each time. In the end, Yi accepted his offer, saying that "I should exert my efforts to make him a benevolent king like King Yao and King Shun and enrich people as those in the era of King Yao and King Shun, rather than just admire the goodness of them by myself" (*Mengzi*, 09-07-02).

17. An ([1923] 1983), a Korean nationalist active under Japanese colonial rule, and de Bary ([1983] 1998, 58-59), who has written many books on Neo-

Confucianism, hold the view that Confucianism-based factions *hyangyak* 鄕約 (village code) and *hyanghoe* 鄕會 (village council) are similar to modern political parties and local government.

18. *Lunyu*, 12-22-1. Section division of the *Lunyu* in this paper follows that of the *Lunyu jizhu* 論語集注 (Annotations on the *Analects of Confucius*) by Zhu Xi.

19. *Lunyu*, 09-04-1.

20. *Zhongyong*, 01-01. Section division of the *Zhongyong* in this paper follows that of the *Zhongyong zhangju* 中庸章句 (Phrases of the *Doctrine of the Mean*) by Zhu Xi.

21. *Mengzi*, 05-01-04.

22. For more details, see S. Lee (1998, 170).

23. Refer to Aoki (1970, 78-87); Kim (2000, 262).

24. Professor Lee Kwang Sae criticizes that it is an unreasonable, imaginary, fictitious idea that the "freedom of autonomous individuals" in Western liberal democracy asserted by John Locke means, in extreme terms, that individuals can and have the right to choose their course of action completely autonomously without the interference of tradition, culture, and any other things, and they are conscious actors in "tabula rasa." See K. Lee (1998, 46, 73).

25. As mentioned earlier, Bak Yeong-hyo uses the term "universal principle" in the sense of "universal right" whereas Yu Gil-jun does it in the sense of "universal duty." Actually, it can be used both ways because it originally means that "it is right to obtain universality" (*Mengzi*, 05-04- 06).

26. See Chung (2000, 75) for Yu Gil-jun's notion of liberty and morality.

27. *Mengzi*, 04-02-06.

28. See Jin (1993, 54-97, esp. 79).

29. For example, as for measures to foster political consciousness of people, he argues to make books available by vitalizing the printing and publication industry, to establish museums, to allow freedom of speech and assembly, and to approve printing of newspapers. See Bak (1888, article 6).

REFERENCES

Primary Sources

Bak, Yeong-hyo. 1888. "Chosenkoku naisei ni kansuru Bak Yeong-hyo kenhakusho 朝鮮國內政ニ關スル朴泳孝建白書 (Bak Yeong-hyo's Proposals on the Reform of Joseon's Internal Affairs). In *Nihon gaiko bunsho* 日本外交文書 (Diplomatic Documents of Japan), edited by the Ministry of Foreign Affairs of Japan. Vol. 21.

Lunyu 論語 (Analects of Confucius).

Mengzi 孟子 (Mencius).

Shujing 書經 (Book of Documents).

Xinshu 新書 (New Writings).

Yu, Gil-jun. [1895] 1971. *Seoyu gyeonmun* (Observations on a Journey to the West). In *Yu Gil-jun jeonseo* (Complete Works of Yu Gil-jun). Vol. 1. Seoul: Ilchokak.

Zhongyong 中庸 (Doctrine of the Mean).

Secondary Sources

Ahn, Wae-soon. 2000. "Joseon-eseoui minjujuui suyongnon-ui chui: Choe Han-gi-eseo dongnip hyeophoe-kkaji" (Development of Adoption of Democracy in Joseon: From Choe Han-gi to the Independence Club). *Sahoe gwahak yeongu* (Social Science Studies) 9: 38-65.

__________. 2001. "Yugajeok gunjujeong-gwa seogu minjujeong-e daehan joseon silhakja-ui insik: Hyegang Choe Han-gi-reul jungsim-euro" (Perception of the Practical Learning School on Confucian Monarchy and Western Democracy: The Case of Choe Han-gi). *Hanguk jeongchihak hoebo* (Bulletin of the Korean Political Science Association) 35.4: 67-85.

An, Hwak. [1923] 1983. *Joseon munmyeongsa* (The History of the Civilization of the Joseon Dynasty). Seoul: JoongAng Ilbosa.

Aoki, Koichi 青木功一. 1970. "Chosen kaika shiso to Fukuzawa Yukichi no chosaku 朝鮮開化思想と福澤諭吉の著作" (Fukuzawa Yukichi's Writings on Enlightenment Thought of the Joseon Dynasty). *Chosen gakuho* 朝鮮學報 (Bulletin of Korean Studies) 52.

Chung, Yong-Hwa. 2000. "Yugyo-wa jayujuui: Yu Gil-jun-ui jayujuui gaenyeom-gwa suyong" (Confucianism and Liberalism: Yu Gil-jun's Adoption of the Concept of Liberalism). *Jeongchi sasang yeongu* (Study of Political Thought) 2: 61-86.

de Bary, W. Theodore. [1983] 1998. *Jungguk-ui jayu jeontong* (The Liberal Tradition in China). Translated by Pyo Jeong-hun. Seoul: Yeesan.

Gewirth, Alan. 1978. *Reason and Morality*. Chicago: University of Chicago Press.

Held, D. [1989] 1996. *Jeongchi iron-gwa hyeondae gukga* (Political Theory and the Modern State). Translated by Ahn Wae-soon. Seoul: Hangmungwa Sasangsa.

Hsieh, Yuwei. 1967. "The Status of the Individual in Chinese Ethics." In *The Chinese Mind: Essentials of Chinese Philosophy and Culture*, edited by Charles A. Moore, 307-322. Honolulu: East-West Center, University of Hawaii Press.

Jang, In Sung. 1999. "Yu Gil-jun-e natanan dodeok-gwa jeongchi" (Morality and Politics in Yu Gil-jun). *Gukje munje yeongu* (Study of International Affairs) 23.

Jin, Duk-Kyu. 1993. *Hyeondae jeongchihak* (Modern Political Science). Seoul: Hangmungwa Sasangsa.

Kim, Hyun-Chul. 2000. "Bak Yeong-hyo-ui bomin-gwa mingwon sinjang gusang" (Bak Yeong-hyo's Idea of Protecting People and Expanding People's Rights). *Jeongchi sasang yeongu* (Study of Political Thought) 2: 249-272.

Kwanhun Club Shinyoung Research Fund. 1983. *Hanseong sunbo · Hanseong jubo* (Hanseong Ten-Daily, Hanseong Weekly). Seoul: Kwanhun Club Shinyoung Research Fund.

Lee, Kwang Sae. 1998. *Dongyang-gwa seoyang, du jipyeongseon-ui yunghap* (East and West: Fusion of Two Horizons). Seoul: Gil.

Lee, Sang-Ik. 2000. "Yugyo-wa jayu minjujuui" (Confucianism and Liberal Democracy). *Jeongchi sasang yeongu* (Study of Political Thought) 3: 21-46.

Lee, Seung-Hwan. 1998. *Yuga sasang-ui sahoe cheolhakjeok jaejomyeong* (Rethinking Confucianism from a Social Philosophical Perspective). Seoul: Korea University Press.

Xiao, Gongquan 蕭公權. 1998. *Jungguk jeongchi sasangsa* (The History of Chinese Political Thought). Translated by Choe Myeong and Son Mun-ho. Seoul: Seoul National University Press.

PART II.

EAST SEES WEST

Confucian Response to the Shock of Western Culture: *From Orthodox Resistance to Confucian Reformative Visions*[*]

SONG Young-bae

Introduction

In the last hundred years, Korean society has gone through unprecedented change, passing from a premodern agrarian society to a modern industrial society. Politically and socially, Koreans endured the following ordeals: the forced Japanese annexation (1910), the March First Independence Movement (1919), the division between the North and the South concurrent with Korea's liberation in 1945, and the tragic Korean War (1950–1953). As the country passed through this long, painful period, with its discontinuity of traditional culture, the China-centered world view that for centuries dominated Korean society lost its vital meaning.

The introduction of Western civilization, beginning at the end of the nineteenth century, shook Korea's traditional world view to its roots.[1] Korea was then an undeveloped and premodern agricultural society. Traditional Confucian values dominated the customs of daily life. Education in the *seodang* 書堂 (private elementary school) was pivotal for the transmission of traditional Confucian

---

* Originally published in the *Korea Journal*, vol. 40, no. 2 (summer 2000).

SONG Young-bae is Emeritus Professor of Philosophy at Seoul National University. He is the author of many articles and books including *Jungguk sahoe sasangsa* (History of Chinese Social Thoughts) (1998) and *Dongseo cheolhak-ui gyoseop-gwa dongseoyang sayu bangsik-ui chai* (Encounter of Eastern and Western Philosophies and the Difference of the Eastern and Western Ways of Thinking) (2004).

thought, and through them the development of different schools of Confucianism and an awareness of national identity can be traced (Nam 1987). The question then arises, how did Korean Confucian intellectuals in the late nineteenth and early twentieth centuries, still clearly influenced by a Confucian world view, counter the shock of Western civilization, and what form did their intellectual confrontation take to overcome such shock?

The invasion of traditional Korean society by Japan and great Western powers, furnished with the latest and most powerful arms and firepower, aroused fears among Confucian scholars of Joseon. From their autonomous cultural perspective, or the China-centered view, adopting the institutions and cultural spirit of the West was equivalent to renouncing a moral idealism that prioritized the public profit. However, conservative Confucian intellectuals considered Western civilization to be barbaric rather than civilized and took an extreme negative attitude towards its introduction into Joseon.

If we consider the attitude of Confucian intellectuals who defended the fundamental Confucian world view, we can roughly distinguish two main trends. One was to adhere to the China-centered world view, according to which Chinese traditional culture represented the "flower" (*hwa* 華) of civilization, and all others were dubbed "barbarian" (*i* 夷). The second trend took the position of Confucian reformation, according to which the investigative research of a positive transformation of Confucianism was deemed necessary in order to respond effectively to the gradual expansion of Western powers into the East.

In accordance with this distinction, in the second section of this chapter I will illuminate the doctrine of "defending orthodoxy and rejecting heterodoxy" (*wijeong cheoksa* 衛正斥邪), focusing on the Hwaseo 華西 and Ganjae 艮齋 sects from the period of the Great Korean Empire to the March First Independence Movement of 1919. I will then consider the movement of Confucian reform, which nevertheless also recognized the traditional system of Confucian values. In the third section I will introduce the movement to reform Confucianism as a religion, which, influenced by Chinese thinkers like Kang Youwei, emphasized practical Confucian reforms. In the fourth section I will discuss criticism of the Zhu Xi school of Neo-Confucianism and the Confucian reform thought of the proponents of moderate reform. In the final section, I will reflect upon the philosophical meaning of traditional Confucian scholars' various responses to the shock of Western civilization from a contemporary, future-oriented perspective.

The Two Sects of "Defending Orthodoxy and Rejecting Heterodoxy": Hwaseo and Ganjae

Convinced that it was their duty to "revere China and expel the barbarians," conservative Confucian scholars were hostile to all contacts with a new culture or system, perceiving the Cheng-Zhu 程朱 school of Neo-Confucianism as absolute. They were divided according to regions into the Giho School (Gyeonggi-do and Chungcheong-do provinces) and the Yeongnam School (Gyeongsang-do province). Each school was divided into sects according to the distinct characteristics of their leaders. The Giho School was subdivided into the Hwaseo (Yi Hang-no, 1792–1868), Uidang (Bak Se-hwa, 1834–1910), Ganjae (Jeon U, 1841–1922), and Nosa (Gi Jeong-jin, 1798–1879) sects; the Yeongnam School was subdivided into the Hanju (Yi Jin-sang, 1818–1885), Jeongjae (Yu Chi-myeong, 1777–1861), Samiheon (Jang Bok-chu, 1815–1900), and Seongjae (Heo Jeon, 1796–1886) sects (Keum and Ko 1986). First I will briefly describe the main points of the Hwaseo sect's thought, which fully supported the position of "defending orthodoxy and rejecting heterodoxy" (*wijeong cheoksa*) by focusing on Yi Hang-no and Yu In-seok. Then I will introduce Jeon U's theories of "mind-and-heart and nature" and "self-realization through one's own method." He devoted himself to the in-depth theoretical research of Neo-Confucianism and to properly educating the people on Confucian doctrine. While in retirement on islands not yet touched by the Japanese empire, he undertook these activities with a passive yet uncompromising attitude that contrasted sharply with the active anti-Japanese fighting attitude of the Righteous Army.

The "Theory of Righteousness" and the "Theory of Defending Orthodoxy and Rejecting Heterodoxy" of Yi Hang-no and Yu In-seok

Yi Hang-no (known as Hwaseo, 1792–1868), a leader of the Hwaseo sect, inherited Joseon's most conservative Neo-Confucian tradition. Acknowledging the authentic Confucian apostolic lineage to be that of Confucius → Zhu Xi → Song Si-yeol, he asserted that Zhu Xi should be particularly revered in Confucian studies as its supreme patriarch and that Song Si-yeol should be revered concerning righteousness. Thoroughly examining the works of Zhu Xi with his disciples, Yi Hang-no composed the *Juja daejeon chaui jipbo* 朱子大全箚疑輯補 (Annexed Volume of Questions and Notes on the *Great Works of Zhu Xi*) and the *Songwon hwadongsa happyeon gangmok* 宋元華東史合編綱目 (Main Contents of a Complete History of Song, Yuan, and Joseon Dynasties), the latter of which was based on Zhu Xi's *Zizhi tongjian gangmu* 資治通鑑綱目 (Abridged View of *Comprehensive Mirror for Aid in Government*). These works showed that Joseon was really a "Little China." At age forty, he dedicated himself to the study of the Confucian classics and to Neo-Confucian research while teaching numerous disciples. At the end of the Great Korean Empire, there were several remarkable personalities such as Kim Pyeong-muk (1819–1891), Yu Jung-gyo (1832–1893), Choe Ikhyeon (1833–1906), and Yu In-seok (1842–1915), whose roles were centered on the *wijeong cheoksa* movement under the direction of Yi Hang-no.

As a Neo-Confucian, Yi Hang-no is linked to the doctrine which emphasizes the primacy of *i* (principle) in the framework of the *i-gi* 理-氣 (principle-material force) theory. Human beings and other things can develop themselves only through *i-gi*. "*I* is considered to be good in itself and the just or right principle (or pattern), lacking excess or deficiency; *gi*, on the other hand, is the cause of partiality, excess, and insufficiency. Thus, *i* and *gi* cannot be fused."[2] "*I* is one and cannot be two. *I* is the metaphysical principle that acts as the basis for the existence of things in the phenomenal realm and that gives things their definition. *I* is in the position of host, not guest. *Gi*, on the other hand, is divided into two or more, and can never be one. *Gi* is delimited by individual things and cannot define them. *Gi* is the guest; it cannot become the host."[3] Thus, Yi Hang-no defended the theory of "*i* as host and *gi* as guest."

By applying the theory of "*i* as host and *gi* as guest," Yi Hang-no conformed to the attitude of "revering China and expelling the barbarians" as the great truth.[4] He clarified the concept of "righteousness" through the following examples of revering China and rejecting the barbarians: (1) "highly appraising rule by virtue and dismissing rule by force" and "venerating the Zhou dynasty and rejecting the barbarians," as expressed by Confucius in the *Chunqiu* 春秋 (Spring and Autumn Annals); (2) rejecting all negotiations of peace with the Jin dynasty, which had invaded the center of China, thereby clinging to Chinese culture as the defender of the Heavenly Principle, as expressed by Zhu Xi in his *Zizhi tongjian gangmu*; and (3) "rejecting the Qing dynasty and venerating the Ming dynasty," as expressed by Song Si-yeol (Keum 1987, 140-141). From this China-centered perspective, Yi Hang-no believed that despite the critical situation Joseon faced at the time, new civilization introduced by Japan and the West must be defined as a social evil and rejected outright. He defined Chinese culture as the "right" culture for Joseon society to pursue, holding high the banner of *wijeong cheoksa*.

Basically following Yi Hang-no's view of righteousness, Yu In-seok clearly stated the attitude of Confucian scholars coping with the current national turmoil on three points: "First, to raise up the Righteous Army and to strike down the opposition; second, to preserve the traditional order even while in exile; third, to achieve one's will through death."[5] Yu In-seok's activities started with the Eulmi Incident of 1895, during which Queen Min was assassinated by the Japanese, eventually leading to his prominent role in the righteous army movement, where he strongly opposed reform measures such as the Haircut Decree. Although the righteous army movement reaped positive results at first, Yu In-seok could not avoid going into exile in Manchuria in 1896. He returned to Korea in 1900, and after studying intensively in the northwestern region of Korea, he went into exile again in 1907, this time to Vladivostok in order to prepare the overseas bases of the independence movement. Promoted to the position of Supreme Commander of the Righteous Army in exile in 1910, he witnessed the humiliating annexation of Korea by Japan and died in Manchuria at the age of seventy-four.[6]

In his belief of righteousness based on "revering China and expelling the barbarians" can be found the *i*-centered theory. The relation of *i* and *gi* shows that *i*, which is above, rides on *gi*, and that *gi*, being below, conveys *i*. The two may be considered "two while being one and one while being two."[7] According to Yu In-seok, who was following the "*i* as host and *gi* as guest" of Yi Hang-no, *i* is always the root, and *gi* realizes the emerging form. Thus, *i* being the general who guides, and *gi* being the soldier, *i* is above and *gi* is below.[8] "The intent to establish a philosophical basis for *wijeong cheoksa* emerges in distinguishing the relation between *i* and *gi* as one of host and guest, general and soldier, and above and below" (G. Kim 1996, 1951).

In this aspect of Neo-Confucian theory Yu In-seok sought a basis to make Confucian ethics absolute. The Five Human Relationships—the fundamental order established between sovereign and subject, father and son, husband and wife, elder and younger brothers, and finally between friends—are based on the Heavenly Order, and therefore unchangeable truth. Confucian education brings to light the Human Order, which is based on the Heavenly Order. But "since the new Western education focused on the physical aspects of the body and the satisfaction of desires," it was considered immoral. One must reject such an immoral education. Furthermore, given that "women's education and the equality of men and women" can destroy the fundamental moral order of "Heaven is noble and Earth is humble" and also bring about an "upset of order in which the husband is below his wife," he criticized this new education (Keum 1994, 208).

We must point out that Yu In-seok criticized and continually showed concern about Japan's aggressions. He understood the course of Joseon's invasion by Japan in this way: Japan encouraged Joseon to allow itself to be lured by Western civilization, first winning over some of the Joseon people and then using those caught in their net to lead the reformation of Joseon. They guided Joseon toward independence from the Qing dynasty, and then made Joseon a protectorate, thus systematically bringing about the annexation of Korea. Yu In-seok believed the introduction of Western civilization was nothing less than a cunning bait used to seduce the spirit of Joseon. He was sure that "when a country takes over another country, it begins by taking over the spirit of the people, and from there it is not difficult to take that country's land" (Keum and Ko 1986, 67). Thus, a nationalistic, independent consciousness is apparent in Yu In-seok's view of defending orthodoxy and rejecting heterodoxy.

Jeon U's "Theory of Nature[9] as Master, Mind-and-Heart as Disciple" and "Theory of Self-Realization through One's Own Method"

Like Yu In-seok, Jeon U (known as Ganjae, 1841–1922) experienced the violent social turmoil of modern Korean history during his life: the Foreign Disturbances of 1866 and 1871, the opening of ports in 1876, the Coup d'état of 1884, the Gabo Reform of 1894, the Eulmi Incident of 1895, the 1905 Protectorate Treaty, the 1910 Japanese Annexation of Korea, and the March First Independence Movement of 1919 (Keum 1995, 182). He is considered the last great scholar of Korean Neo-Confucianism. Amidst social upheaval, Jeon U was distressed by the insincere attitude of Confucian scholars who followed mind-and-heart (*sim* 心) as a model without basing it on the dictates of true nature and those who considered it important to follow public opinion without seeking the true meaning of the Way. He insisted, before anything, on the correct understanding of Neo-Confucianism. He pointed out the theoretical contradiction found in most schools of that time: while emphasizing the theory of the primacy of *i*, they were in fact developing a theory of "the primacy of *i* within the mind-and-heart." He engaged in an intense debate against this development.[10]

According to Jeon U, the mind-and-heart is not something which is still, without activity, but something that always moves; it must be considered as *gi* and in no way as *i*. Consequently, he was not able to accept the theory of "mind-and-heart as *i*." As *i* is without form and without action, unlike *gi* which acts, Jeon U denied the theory of "mind-and-heart as *i*" and claimed that the only suitable theory was that of "nature as *i*." Based on this argument, he strongly advocated his own point of view, according to which mind-and-heart, which is no more than *gi*, should take nature, which is *i*, as its model. He deplored Confucian scholars of the time who considered mind-and-heart as essential without perceiving nature as essential. "If so, what is called nature cannot become [the standard of] evaluation, or *i*. If nature is not the standard of evaluation, Heaven and Earth are reversed and moral principles become corrupt, crumble and cannot be recovered."[11] Thus, Jeon U insisted on his original theory of "nature as *i* and mind-and-heart as *gi*." According to this theory, the relationship between nature and mind-and-heart is comparable to that of master-disciple, or noble-ignoble.

Jeon U's new interpretation aroused harsh criticism from the Confucian scholars of that time, but Jeon U, in his work *Seongsa simje byeonbyeon* 性師心弟辨辨 (Theory of the Nature as Master and the Mind-and-Heart as Disciple) (1919), and his disciple Choe Byeong-sim (1874–1957), in his works *Seongsa simje byeonbyeon* and *Seongsa simje jaebyeoni* 性師心弟再辨二 (A Reexamination of the Theory of the Nature as Master and the Mind-and-Heart as Disciple) (1919), defended themselves against these criticisms and rejected the concept of "the primacy of *i* within the mind-and-heart" (Keum 1995, 180-181).

In 1918 Jeon U wrote the *Yangga simseong jonbi seol* 兩家心性尊卑說 (Two Schools' Treatises on the Hierarchical Relationship between Mind-and-Heart and Nature). In it he explained the core of the other schools' doctrine of "mind-and-heart based on *i*" as "learning based on mind-and-heart"; in contrast, he defined his own doctrine of "nature based on *i*" as "learning based on Heaven." He defended his theory of "nature as master and mind-and-heart as disciple," according to which the mind-and-heart must root itself in nature. Stating that the superior man reveres and serves Heaven, follows the cycle of nature and is in awe of the Heavenly Mandate, he compared mind-and-heart to superior man and nature to Heaven, the cycle of nature, and the Heavenly Mandate; just as superior man has to serve Heaven taking a lowly position with a humble heart, so mind-and-heart has to revere and follow nature or *i*, taking it as its source.

Jeon U strongly stated that only the ideas and institutions of China were in accordance with nature or *i*, arguing that those whose thoughts and actions followed mind-and-heart or *gi* were barbaric and heretical regardless of race or creed.[12] To wear a topknot or horsehair hat and to establish a shrine to perform sacrificial rites to the ancestors are Chinese institutions, but to cut one's hair, to show one's forehead and to abolish the sacrificial rites to the ancestors are barbaric customs. Furthermore, not marrying within the same lineage is a Chinese institution, while men and women choosing their own spouses, and a man accepting his widowed sister-in-law as a wife are barbaric customs.[13] Jeon U distinguishes between China and barbarians on the basis of the presence or absence of rites as they were stipulated by Confucianism.

Thus, in order to cope with the critical situation of that time, Jeon U suggested these measures: first, internal cultivation based on Neo-Confucianism by appointing "men who strive to attain the Way" for government posts and second, a rejection of barbarians. If people could follow the Way of the sages, there would be no chance for barbaric Westerners or Japanese to pass on their poisonous doctrines.[14] Jeon U was of the opinion that the royal court and Confucian scholars could not reject heresies if they were unable to first apply the Way of the sages. Consequently, in the critical circumstances of this era, he rejected opening up and reforming as heretical, asserting rather the conservative theory of *wijeong cheoksa*, which supported the promotion of Chinese culture.

When Japan's imperialist aggression intensified and the Protectorate Treaty (1905) was signed, some Confucian scholars who insisted upon *wijeong cheoksa* took part in the struggle of the Righteous Army. Jeon U, in contrast, retiring from public life and safeguarding the Chinese tradition, chose the way of "self-realization through one's own method" in order to prepare for the restoration of authentic Chinese culture. He said that the superior man must strike forth to restore national territory and the king's honor when the country and the Way are about to fall apart, but even superior men like the wise Jizi 箕子, Weizi 微子, and Bigan 比干[15] or the humane Confucius and Yan Yuan 顏淵 could not save the country from collapse or the world from disorder.[16] Thus, Jeon U explained that even though he was born into a merchant family of low background, he found a way towards self-realization on his own by teaching Confucianism to the people in his retirement.

With the ravages of the Japanese empire on national sovereignty deepening, Jeon U finally emigrated to Wangdeungdo island in Buan in 1908 where he lived humbly until his death in 1922. He changed the Chinese characters for Gyehwado, where he lived during his last ten years, from 界火島 to 繼華島, to mean "perpetuation of Chinese culture." By this he clearly showed that his fundamental intent in retiring was indeed for the transmission and development of Chinese culture. Jeon U posted his creed on the wall of the Gyehwajae pavilion to declare that he would "forever remain a Korean scholar and faithfully remain a disciple of Confucius" and totally immersed himself in writing and in the education of the younger generation (Keum and Ko 1986, 230). Gwon Sang-ik (1863–1934) spoke in the following way of Jeon U's principled righteousness:

> Sowing the Confucian seed by teaching the younger generation in such times is not any less significant than remaining faithful to principle by taking part in national struggles.[17]

The Confucian Church Movement and the "New Text" School of Neo-Confucianism: Yi Seung-hui and Yi Byeong-heon

While the Hwaseo and Ganjae sects clung to the China-centered view of "revering China and expelling barbarians," certain Confucians distanced themselves from these hostile positions and received the influence of Confucian reform through scholars such as Kang Youwei 康有爲 (1858–1927) and Liang Qichao 梁啓超 (1873–1928) of China; these Confucian scholars engaged in the movement to reform Confucianism as a religion that had recently started in China. As representatives, there are Yi Seung-hui (Han-gye, 1847–1916) who belongs to the Hanju sect, and Yi Byeong-heon (Jinam, 1870–1940) who belongs to the "New Text" school focused on reappraisal of the Confucian classics.

Yi Seung-hui's Confucian Thought and the Confucian Church Movement

Yi Seung-hui followed the theory of "mind-and-heart as *i*" of his father, Yi Jin-sang (Hanju, 1818–1896), leader of the Hanju 寒洲 sect of the Yeongnam School. In his writings, Yi Seung-hui refuted the attacks of different Confucian scholars concerning his father's theory, which opposed Yi Hwang's theory of "nature as *i*" (Keum and Ko 1986, 475-476).[18] Yi Seung-hui took an active part in the resistance movement against Japan after the signing of the Protectorate Treaty of 1905.[19] After this he was forced to go into exile in Vladivostok (Cho 1978). In 1909 he established a Korean community in Manchuria in order to provide a proper ideological basis for exiled Koreans, and he organized the Confucian Church, spreading ideas of Confucianism as a religion.

Yi Seung-hui, on the basis of his own theory of "mind-and-heart as *i*," understood the *taegeuk* 太極 (Great Ultimate), the Sangje 上帝 (Sovereign on High), *i* 理 (principle), and *sim* 心 (mind-and-heart) as equivalent concepts, and accepted Confucianism as a religion that depends on Heavenly Mandate (Keum 1994, 229). Rather than researching Kang Youwei's ideal of Great Harmony, he exerted his efforts on strengthening Confucian morals through the Confucian church. In a thesis published in the *Kongjiahui zazhi* 孔教會雜誌 (Confucian Association Monthly) in Beijing, he proposed that students take basic and advanced courses on classics such as *Liji* 禮記 (Book of Rites), *Shijing* 詩經 (Book of Odes), *Shujing* 書經 (Book of Documents), *Yijing* 易經 (Book of Changes), and *Chunqiu* 春秋 (Spring and Autumn Annals) (Keum 1994, 229).

According to Yi Seung-hui, Confucianism was about "forming a religion by making clear man's basic ethics" and "becoming a national independent religion according to which we must learn and promote the ideal kingship of the previous ages." He composed Confucian religion scriptures and had the exiled Koreans recite them by memory every day, thus propagating the Confucian Church Movement. He also strove to unite the Korean community in exile through Confucian ideas. In Beijing he met Chen Huanzhang 陳換章, the head of the Beijing Confucian Church, and on the request of advice from Chen on the organization of the Confucian Church, he wrote articles such as "Thesis on the Confucian Curriculum," "The Progress of the Confucian Church," and "The Crowns and Garments for Confucian Rituals," which were published in 1914 in the *Kongjiao zazhi*. In establishing the Confucian Church for Koreans in Manchuria, he gained recognition from the Beijing Confucian Church. In 1914 he also wrote the *Yeun jipju* 禮運集註 (Commentaries on "Liyun" Chapter of the *Book of Rites*), in which he developed his own interpretation of Kang Youwei's concept of Great Harmony, and in composing the *Gongja segi* 孔子世紀 (Biography of Confucius) he added a Confucian "religious" angle. Although he dedicated himself enthusiastically to the Confucian Church in Manchuria, it was still in its initial stage of growth and had not developed much by the time of his death.

Yi Byeong-heon's "Treatise on the Restoration of Confucianism" and the "New Text" School of Neo-Confucianism

Yi Byeong-heon (Jinam, 1870–1940), disciple of Gwak Jong-seok (Myeonu, 1846–1919) of the Hanju sect, accumulated a considerable depth of knowledge about Confucianism by systematically visiting representative Confucian scholars such as Yi Seung-hui, Jang Bok-ju, Choe Ik-hyeon, Gi U-man, etc. In the midst of the changes of that epoch he felt an intense need for enlightenment, and becoming interested in the reform thought of Kang Youwei, he left for China in 1914 at forty-five years of age. After having visited the Beijing Confucian Church and the Confucian Society, and after having been taught by Kang Youwei himself in Hong Kong, he concluded that national spirit, which supports a nation, is nothing other than religion, and that in Korea as well as in China, Confucianism was the life of the nation. The only way to save Joseon, then, which had already been destroyed, was through the restoration of Confucianism.[20] Yi Byeong-heon visited China five times to consult with Kang Youwei. He propagated the Confucian Church in Korea by building a Confucian shrine and a sanctuary in Baesan Seodang, in which he placed both a portrait of Confucius and the Confucian classics that were brought back from Confucius' home in Qufu 曲阜. In order to firmly establish the fundamental system of the Confucian Church, in 1919 he wrote the *Yugyo bogwon ron* 儒教復原論 (Treatise on the Restoration of Confucianism). In this book, Yi Byeong-heon explains his theory on the Confucian Church Movement as follows.[21]

Confucius, like Sakyamuni or Jesus, is the unique founder of a religion (Chapter 1). In Christianity and Buddhism, people believe in the concepts of heaven and hell, so when beginning one's studies, one "starts from what is high and exalted and moves toward what is mundane and lowly." While in Confucianism, religion is connected with popular sentiment and everyday real-life occurrences, and so in one's studies, one "starts with what is below and moves toward what is above"[22] (Chapter 2). The doctrine of revering China and expelling barbarians was popular during the Han, Tang, Song, and Ming dynasties, and is nothing other than the tradition of exalting oneself and debasing others. This is not in agreement with the universal principles of human society, and it contradicts the main ideas represented in the *Chunqiu* (Spring and Autumn Annals) by Confucius (Chapter 3). The essence of Confucian ethics is not found in making distinctions, but in achieving social harmony through "sincerity," as seen in the *Zhongyong* 中庸 (Doctrine of the Mean) (Chapter 4). Confucianism is a progressive religion that can be realized throughout the world (Chapter 5). The doctrine of expelling barbarians and rejecting heterodoxy, which is rooted in Neo-Confucianism, comes from ignorance about original Confucian thought, which aims at realizing the ideal society of Great Harmony based on the Theory of the Three Worlds—The World of Trouble, The World of Lesser Peace, and the World of Greater Peace—in the *Chunqiu*. If we compare the concepts behind Western constitutions and the American Republic with the concepts behind Great Harmony in the "Liyun 禮運" chapter of the *Liji* or the Theory of the Three Worlds in the *Chunqiu*, the former are hardly more than footnotes of the latter (Chapter 6). Confucian scholars should make more efforts to discuss positive propagation projects, for example the development of churches, the fostering of religious scholars or the translation of sacred Confucian scriptures (Chapter 7). Confucianism does not reject other religions as heresies (Chapter 8). Confucianism works to transform and nourish all things in harmony with nature and fulfill a duty to save the people by providing for them generously, thus expressing humanity's hope to be guided towards universal well-being (Chapter 9). Confucianism expresses the optimistic conviction that all religions will be united with it at the time of Great Harmony in the World of Greater Peace (Chapter 10).

Yi Byeong-heon, at Kang Youwei's suggestion, studied the New Text version of the Confucian classics and became the only Korean specialist in this field to leave behind systematic commentaries. When he came into contact with the Confucian Church Movement at its early stage, he first wrote the *Gyeongseol* 經說 (Commentary of the Classics) in 1914. Then, after having studied in depth Kang Youwei's *Xinxue weijing kao* 新學僞經考 (Study of the Forged Classics of the Xin Dynasty), he wrote a great number of works based on the New Text school. We find an introductory work on the subject of his research in his *Gonggyeong daeui go* 孔經大義考 (Study of the Grand Principles of Confucian Classics) in 1925, then commentaries as follows: *Sigyeong buju samgaseol go* 詩經附注三家說考 (Study of the Three Schools' Commentaries Based on the Annotations of the *Book of Odes*), *Sigyeong boui* 詩經補義 (Complementary Studies on the *Book of Odes*), *Seogyeong jeonju geummunseol go* 書經傳注今文說考 (Study of the Commentary on the New Text School's Explanation of the *Book of Documents*), *Sangseo boui* 尙書補義 (Complementary Studies on the *Book of Documents*), *Yeokgyeong geummun go* 易經今文考 (Study of the *Book of Changes* in the New Text Version), *Cheongnyang yeokgwa* 淸凉易課 (Explanation on the *Book of Changes* by Qing Liang), *Unbang yeokgwa* 雲房易課 (Explanation on the *Book of Changes* by Yun Fang), *Yeokgyeong sojeon* 易經小箋 (Notes on the *Book of Changes*), *Yegyeong geummunseol go* 禮經今文說考 (Study of the Commentaries on the *Book of Rites* in the New Text Version), *Chunchugyeong pilsak go* 春秋經筆削考 (Study of the Corrections to the *Spring and Autumn Annals*), etc. (Keum and Ko 1989, 295). Except for the *Chunchugyeong pilsak go*, which introduces and summarizes Kang Youwei's work, *Chunqiu bixiao dayi weiyan kao* 春秋筆削大義微言考 (Study of the Corrections to the Subtle Words on the Grand Principles in the *Spring and Autumn Annals*), Yi Byeong-heon shows original and deep interpretation of the New Text classical sources on which Kang Youwei did not comment (Keum 1995, 106).

The Moderate Reform Group's Confucian Reform Thought: Bak Eun-sik and Kim Yun-sik

For traditional Confucian scholars at the end of the Great Korean Empire, the Donghak rebellion, the defeat of China by Japan during the Sino-Japanese War, and the Gabo Reform of 1895 were profoundly shocking events. They felt real fear concerning the new civilization ushered in by great Western powers or the Japanese empire. Social Darwinism of "survival of the fittest" and "the strong devouring the weak," introduced to China by Yan Fu 嚴復, increased the feeling of social crisis. Most Confucian scholars of that time were extremely conservative and hostile to civilization: they remained loyal to China, rejecting the barbarians. Some felt the need for reform and became aware of Confucian reform thought as propounded by Kang Youwei and Liang Qichao. They felt an affinity for Kang Youwei's conception of Great Harmony as expressed in the reform ideal of Confucius and for the movement to reform Confucianism as a religion. Particularly Confucian reform thought such as Liang Qichao's assertion of "making people new" strongly influenced Joseon's Confucian scholars. Patriotic enlightenment thinkers like Jang Ji-yeon (Wiam, 1864–1920), Yu In-sik (Dongsan, 1865–1928), Bak Eun-sik (Baegam, 1859–1925), and Kim Yun-sik (Unyang, 1835–1922) came to the fore. For them, Confucianism was a national religion that embraced the national spirit. They agreed with Kang Youwei's interpretation that the central doctrines of Confucian thought are founded in democratic ideals such as "the people are noble and the king is of less importance," and in the ideal of Great Harmony in the World of Greater Peace. They optimistically expressed their reformist Confucian idea that the social crisis of the time could be overcome by a fundamental reform in which the hostile spirit of Confucian scholars towards Western civilization must be eradicated. These reformists put strenuous effort into enlightenment and practicing their reform thought. Among the aforementioned reformists, I will focus on Bak Eun-sik, who devised Confucian reformation thought by criticizing Zhu Xi School and by introducing the school of Wang Yangming 王陽明. In addition, I will present a modern historical view of Kim Yun-sik, who examined in depth the core of Joseon's reform.

Bak Eun-sik's Confucian Reformation Theory and His Study of Wang Yangming

Bak Eun-sik's life can be divided into three periods, using his thought changes and patriotic activities as criteria (Yoo 1988, 118-129). The first period ranges from his birth in 1859 to 1897. During this period, as a Confucian belonging to the *wijeong cheoksa* movement, he accepted the Zhu Xi School as the only orthodox learning. Amidst the intense struggle between conservatives who opposed Western civilization, and progressives who favored it, Bak Eun-sik personally experienced turbulent events that broke out at the end of the Great Korean Empire such as the Military Mutiny of 1882, the Coup d'état of 1884, the Peasant War of 1894, the Sino-Japanese War, and the Gabo Reform of 1895. He strongly felt the limitations of the *wijeong cheoksa* line of action as a response to the aggression of foreign powers, especially the Japanese empire. This brought him to a complete turnaround in his thought, such that he began to point out the limitations of the Zhu Xi School. During the second period, from the time he joined the Independence Club in 1898 to the nation's downfall in 1910, he worked as a journalist, educator, and Confucian reformer in favor of actively receiving Western culture. While the Japanese empire went about establishing the Daedong Hakhoe 大東學會 as a plot to destroy Korean national spirit, Bak Eun-sik created the Daedonggyo 大同教 (Religion of Great Harmony) in 1909 as a Confucian religious reform in order to confront this situation based on both the Great Harmony theory and the study of Wang Yangming (Yoo 1988, 125). In order to criticize the weaknesses of the Zhu Xi School and to enlighten the people about the Confucian reform movement based on the Wang Yangming School, he wrote the "Yugyo gusin ron 儒教求新論" (Treatise on the Innovation of Confucianism) in 1909 and the "Wang Yang-myeong silgi 王陽明實記" (Wang Yangming's Veritable Record) in 1910, which exerted immense influence among progressive intellectuals of that time. The third part of his life, after the annexation of the nation, corresponds to his last active period (1911–1925). While in exile, he inspired national spirit as a member of the independence movement in China and as a historian.[23] Concentrating on the second part of his life, I will look briefly at his Confucian reform idea based on the Wang Yangming School.

After the 1905 Protectorate Treaty, which reduced Joseon to a protectorate of the Japanese empire, the only way for Confucian scholars to survive in light of the logic of social Darwinism was to become "strong using the knowledge and technology of the West." In line with this logic, Bak Eun-sik asserted that the reform of Confucianism as a popular religion was necessary to bring about "self-strengthening through reform" (Yoo 1994, 138). He summarized in three points the weaknesses of Confucianism of that time, which doggedly followed Zhu Xi School as if it were the only orthodox view. First, fundamental aspects of Confucian thought are the Great Harmony expressed by Confucius and the democratic ideals expressed by Mencius, such as "The people are noble, the king is of less importance," but Confucianism in the early-twentieth century emphasized the role of the monarch (Bak 1975b, 44). Second, Confucians were not enthusiastic about propagating their beliefs, unlike the followers of Buddhism and Christianity. For example, although Confucius said one should take "many journeys in feudal states inspired by a well-thought plan to change the course of the world," Confucian scholars of this day manifested a passive attitude toward evangelization, limiting themselves with an arrogant authoritarian attitude characterized by their subscription to the judgment in the section on the Meng 蒙 hexagram of the *Yijing*: "I do not [go and] seek the youthful and the inexperienced, but they come and seek me" (Bak 1975b, 46). Third, the fact that the main ideas of Neo-Confucianism discussed by scholars were disorganized and tiresome indicated "a continual defect from which the ordinary scholar could not escape" (Bak 1975b, 47). Thus, Bak Eun-sik actively introduced his theory of innovation in Confucianism according to which such defects must absolutely be changed and renewed. That is, all possible steps had to be taken to reform Confucianism. He found the path to innovation in Wang Yangming's school.

Bak Eun-sik claimed that Confucian reform should be begun by studying Wang Yangming because in that era of scientific discovery, the Zhu Xi School was too tedious and complicated to be effectively used, while the Wang Yangming School was simple and straightforward.[24] Even if a person spent a lifetime trying, he would not reach the completion of his studies in the Zhu Xi School, and he would have no time left to earn a living [in society] (Bak 1975b,

47). It was necessary to educate people by means of simple and direct Wang Yangming's thought for Confucius' and Mencius' concept of the Way to continue to develop (Bak 1975b, 48). Thus, the study of Wang Yangming allowed young disciples to overcome the dogmatic and complicated Zhu Xi tenets.

According to Bak Eun-sik, "innate knowledge" (*yangji* 良知) is the core basis of action in Wang Yangming's thought and the "sacred master" of the mind-and-heart, which guides people to become honest. It is also known as the "moral mind spoken of by Emperor Shun," "the true mind-and-heart given by the Sovereign on High spoken of by Emperors Cheng and Tang," "humanity of which Confucius spoke," "the innate knowledge of which Mencius spoke," "the *hwadu* 話頭 (the means by which a person can realize the truth) of which Sakyamuni spoke," and "the soul of which Jesus spoke."[25] Here Bak Eun-sik explains essentially what he means by innate knowledge. Innate knowledge is: (1) "a knowledge that understands clearly by itself"; (2) "a knowledge that is always pure and truthful"; (3) "a knowledge that is valid in any situation"; (4) "a knowledge which has limitless and broad application"; (5) "a knowledge according to which there is no difference between a sage and an ordinary man"; and (6) "a knowledge which brings unity between Heaven (nature) and man" (Bak 1975a, 48). According to Bak Eun-sik, this pure and true knowledge can be attained in practice through tireless self-encouragement and by overcoming all difficulties. Moreover, by not distinguishing between the intelligent and the ignorant, all Koreans are given a clear understanding that they must work together for the good of the nation. This corresponds to the voice of an independent conscience that guides people towards an ideal world in which they are united with nature in one harmonious whole. Consequently, this author thinks that the innate knowledge about which Bak Eun-sik speaks can be understood as conscious sincerity that aspires to the restoration of national sovereignty through the concept of "self-strengthening through reform."

Kim Yun-sik's National Independence Thought Based on Confucian Reform

Kim Yun-sik went to Tianjin in 1881, where he met Li Hongzhang 李鴻章 and joined the enlightenment reformists who were searching for a way to strengthen the nation through the reception of Western technology. However, his position was clearly different from that of the radical reformists, who completely rejected traditional Confucian culture and only commended the introduction of Western culture. Kim Yun-sik criticized the radical view of treating Chinese culture as barbaric, lauding only Western institutions (Lee 1990, 89). For him, the enlightenment process should not imitate foreign civilizations, but should be adapted to Korean circumstances: in other words, it should become the "task of our times." He expressed this concept as follows:

> What is the task of our times? It is a task which must be performed relevant to the times, just as the appropriate medicine must be taken when one is sick. Although a remedy may be efficacious, not everyone will benefit from it... Scholars today call this task the imitating of the Western political system. Following others without taking into account one's own strength is like looking for a quick cure by taking drugs that are good for others without examining the nature and symptoms of the sickness. How perplexing! Just as there is a time for everything, there is a task which each nation must perform. Eliminating self-interest, expanding industrial and commercial opportunities, obtaining food according to one's own ability, doing one's best, defending one's rights, and making the country rich and powerful: that is the task of the West. Establishing laws and institutions, respecting order, selecting men to fulfill functions, training the military and producing weapons, and preventing foreign attack, such is the task of China... Thus, although good laws may exist, that does not mean they can be put into practice throughout the world (Y. Kim 1980, 2:19-20).

Medicine may be the correct prescription for people's health in overcoming illness, but it may not be good for everyone, even if it has extraordinary effects. Thus the task is what is suitable to each particular era, and it must be put into practice opportunely. For this reason the Western and Chinese tasks are different. Kim Yun-sik did not consider unconditionally assimilating Western civilization as the task appropriate to that period. He stated that "the task is to be found in what is suitable or appropriate to that time and should be put into practice according to the strength of the nation" (Y. Kim 1980, 2:20).[26] He was severely critical of the fact that radical reformists at that time imitated "mere branches and petals of Western civilization," considering this their task. In other words, their task was a blind search that mistakenly "received only the periphery of another culture, not its root" (Y. Kim 1980, 2:20).[27] He felt that Li Hongzhang's movement to receive Western technology to find a way of self-strengthening was a suitable project for China, which had the necessary funds to put into such a project, but it was not a suitable task for Korea, which was bereft of resources (Y. Kim 1980, 2:20). He affirmed that "even if one forced oneself to imitate Tianjin in every way, their projects were not urgent for Korea" (Y. Kim 1980, 2:20).[28] That is why the task confronting Korea was not found in Li Hongzhang's movement of receiving Western technology, but in the theory of self-strengthening on a national level.

As a traditional Confucian, Kim Yun-sik's fundamental doctrine of civilization and self-strengthening through reform was based above all on faith as the Confucian political principle. Quoting Confucius, "First part with military equipment, then with food. But if the people part with their faith in their rulers, the State cannot exist," he clearly expressed that "faith is the basis of a government" (Y. Kim 1980, 1:482).[29] In 1883 Kim Yun-sik stated the principle of self-strengthening to Emperor Gojong:

> Faith is a valuable treasure that safeguards the nation. Internally, the faith of the people must not be lost, and externally, our allies' faith in us also must not be lost. The principle of becoming strong

> within oneself is none other than the above. When laws and institutions relax, as we see happening now, the first concern is that faith will disappear. Government decrees are constantly changing and administrators concentrate only on their wording rather than taking sincere action. Thus, not only people, but all countries are losing faith in us. Rewarding good and punishing evil is important in instilling faith. Those who do their best to lend support to national affairs and actively protect people lose their work and are ignored. However, those who are concerned only for their own future and engage in illegal activities to secure it assume high positions. This comes down to none other than punishing good and rewarding evil. In this situation, how can the people have faith in us? (Y. Kim 1960, 2:583)

Thus the heart of the task for Kim Yun-sik is in the Confucian model, which is to strengthen faith in government, whether on a national or international level.

According to Kim Yun-sik, if the term civilization suggests both enlightenment and material development as well as scientific technology, he stressed the importance of enlightenment over material development. The concept of enlightenment is based on the Confucian idea of achieving civilization through study rather than on the Western idea of civil rights. Because his ideas remained fundamentally in the framework of traditional Confucian thought, his reform thought comes down to the Chinese idea of "accepting Western material implements, while holding firmly on to the Eastern spiritual Way, in order to achieve progress." He perceived that the Chinese movement of introducing Western technology was their historical task, while Joseon's historical task centered more on enlightenment. Through this distinction his reform thought shows a sense of national identity.

Conclusion: The Meaning of the Confucian Values in Contemporary Society and for the Future

To this point, it has been made clear that Korean orthodox Confucian scholars specifically defended a China-centered view based on the Zhu Xi School, and that their view could not extend beyond the conservative thought that opposed Western culture. Although they became determined nationalist fighters against Japan, they could not suggest an original culture independent of China. Also, even though they saw the Confucian Church Movement as a way to save the Korean national spirit, it failed in the face of the imposing introduction of Western culture. Recognizing the Confucian spirit as an essential part of Korean culture, Bak Eun-sik felt that he had found the national strength to assimilate the West's superior technology. He found it in the Wang Yangming School, which emphasized concise and exact application, as opposed to the tedious and disorganized tenets of the Zhu Xi School. Kim Yun-sik, in his idea of Confucian reform, stressed the faith of the people by following traditional Confucian political principles. However, due to the forced annexation of Korea by the Japanese imperialists, his theory could no longer be put into practice. The Confucian movements that dominated the Korean mind and heart from the end of the Great Korean Empire to the early-twentieth century were not able in the end to give rise to a new civilization based on Confucianism that would be capable of overcoming colonial exploitation and creating a modern industrial society. But Confucian intellectuals, who took to heart the desire for an ideal harmonious world and the "pure moral fulfillment" of which the Zhu Xi School had spoken for centuries, showed themselves ready to fight and sacrifice rather than compromise when confronted by the barbarity of the utilitarian Western idea of "survival of the fittest." For them, what was important in becoming human was the moral spirit of an intellectual who knows how to fulfill his duty in righteousness, and in this spirit they stressed that one had to be wary of a materialistic civilization with no soul.

However, because this Confucian moral spirit was based on the traditional life-style of the premodern period, it embraced the conservative tenets of Confucianism that defended and attempted to maintain human relations according to class distinctions of the past. One of the typical tenets was patriarchal authoritarianism, which elevated men and discriminated against women. Today, without a new Confucian ideology to liberate the self from past limitations, it will be difficult to conceive of a bright future for Confucianism.

What, then, is the universal message of Confucianism that is relevant to our age? It is to be found in an ideal society where the humanity discovered by Confucius and the Heavenly Principle as investigated by Zhu Xi exist. This ideal society is realized through personal enlightenment and the harmony of individuals who each play a different role. In other words, it is the realization of ideal society through moral cultivation. In order to bring about this ideal society, all emphasis must be placed on personal development through study, or education, and original independent development through introspection. Moreover, Confucian thought particularly stresses the role and the responsibility of the elite, the superior men who guide this study and introspection.

Contrary to modern Western society, which characteristically considers individual private interests first, Confucian ethics insists on study and introspection led by a member of the elite on one hand, and concern for those in one's community on the other, thus establishing harmony and peace for the whole community. This ethic is useful for the development of society today and in the future. For this reason serious research conducted by Confucian scholars about the possibility of Confucian reforms geared toward the future is considered to be very important. The moral conscience of Confucian intellectuals who strongly opposed the introduction of Western civilization at the beginning of the twentieth century must be re-formed in order to establish a Korean cultural identity for the twenty-first century.

NOTES

1. For a number of Joseon intellectuals Western knowledge, or Western Learning (Seohak), transmitted by Jesuit missionaries from China in the seventeenth century gradually took the place of a China-centered world view. This gave birth to Practical Learning (Silhak) in the late eighteenth century.

2. "則理爲至善至中之準則, 而氣爲偏倚過不及之緣由. 此則不可雜之說" ("Aeon 雅言," in *Hwaseojip*, bk. 1).

3. "理者, 一而不二者也, 命物而不命於物者也, 爲主而不爲客者也. 氣者, 二而不一者也, 命於物而不 命物者也, 爲客而不爲主者也." ("Aeon 雅言," in *Hwaseojip*, bk. 1).

4. "尊中華攘夷狄, 窮天地之大徑." ("Gyesangsurok 溪上髓錄," in *Hwaseojip*, bk. 1).

5. "Japjeo 雜著," in *Uiamjip*, bk. 27.

6. "Yeonbo 年譜," in the Appendix to the *Uiamjip*, bk. 55.

7. "理氣一而二, 二而一者也." ("Saneon 散言," in *Uiamjip*, bk. 51).

8. "其所本者理, 所形者氣, 而理氣元是師役上下者." ("Japjeo," in *Uiamjip*, bk. 27).

9. Nature (*seong* 性) here signifies the moral ontological nature of the universe shared by humans and all other beings.

10. Yi Hang-no (Hwaseo sect) asserted the theory of "original mind as *i*," Gi Jeong-jin (Nosa sect) asserted the theory of "*i* as the most noble," or the extreme *i*-ist philosophy and Yi Jin-sang (Yeongnam school) asserted the theory of "mind-and-heart as *i*." Jeon U presented a critical demonstration of these views and elaborated his own theory of "nature as master and mind-and-heart as disciple," and also of "nature as noble and mind-and-heart as ignoble."

11. "其本心者, 直以心爲主, 而不復本於性也. 然則所謂性者, 無足爲輕重也. 性無足爲輕重則, 將見天地顚覆, 綱常斁壞, 而莫之救矣." ("Boneon 本言," in *Ganjae sago*, bk. 13, ch. 1).

12. "Yeoseobyeonggap與徐柄甲," in *Chudam byeoljip*, bk. 2.

13. "Yeoseobyeonggap," in *Chudam byeoljip*, bk. 2.

14. "Yeoseobyeonggap," in *Chudam byeoljip*, bk. 2.

15. Jizi, Weizi, and Bigan are remarkable ministers who, after having given advice to the tyrant Zhou of the Yin dynasty, were condemned either to exile or to death.

16. *Chudam byeoljip*, bk. 3.

17. "Jonsarok存思錄," in *Seongjaejip*.

18. Since the view that the essence of mind-and-heart is *i* and that *i* presides over *gi* is Toegye's view, Yi Seung-hui argued precisely that Hanju's doctrine of "mind-and-heart as *i*" was, in the end, not in contradiction with Toegye's theory of "nature as *i*."

19. Without taking part directly in the righteous army movement, he sent, as a representative of Confucian scholars in exile, a letter reprimanding the Protectorate Treaty. He participated in the movement for redemption of the national debt and sent a petition to the Hague Peace Conference and to each delegation, denouncing the Japanese imperialism.

20. "國家之命脈, 在於民族之精神, 團結民族, 維持精神之方, 則有惟一無二之宗敎也. 中麗兩國之宗敎 儒敎是也. 以儒敎爲自之生命. 救敎爲救國之前提, 則已亡之國, 庶乎其有望也!" ("Jinam ayeok眞庵我歷," in *Jinam jeonseo*).

21. The *Yugyo bogwon ron*, written as a dialogue, is a book of sixty pages published in 1919 by the Dongwen 同文 Publishing Co. in Qingdao 青島, China. The "Cheonhak 天學" (Heavenly Learning) is added as an appendix.

22. "下學而上達." See *Lunyu* (The Analects), 14:37.

23. Concerning the role of Bak Eun-sik as a nationalistic historian, see Han (1994, chap. 4).

24. *Dong-A Ilbo*, April 3, 1925; Bak (1975b, 197-198).

25. "Go a haksaeng jegun 告我學生諸君," in *Bak Eun-sik jeonseo*, vol. 3.

26. "因時制宜, 度力以處之."

27. "不固其本, 而先學他 人之末."

28. "慾事事倣效天津 則已非吾國今日之急務."

29. "信者, 政令之本."

REFERENCES

Primary Sources

Bak, Eun-sik. 1975a. "Wang Yang-myeong silgi 王陽明實記" (Wang Yang-ming's Veritable Record). In vol. 2 of *Bak Eun-sik jeonseo* (Complete Works of Bak Eun-sik). Seoul: Dankook University Press.

__________. 1975b. "Yugyo gusin ron 儒敎舊新論" (Treatise on the Innovation of Confucianism). In vol. 3 of *Bak Eun-sik jeonseo* (Complete Works of Bak Eun-sik). Seoul: Dankook University Press.

Gwon, Sang-ik. n.d. *Seongjaejip* 省齋集 (Collected Works of Seongjae Gwon Sang-ik).

Jeon, U. 1929. *Chudam byeoljip* 秋潭別集. Shanghai: Shanghai Kanban.

__________. 1984. *Ganjae sago* 艮齋私稿 (Manuscript of Ganjae, Jeon U). Seoul: Asea Munhwasa.

Kim, Yun-sik. 1960. *Sok eumcheong sa* 續陰晴史. 2 vols. Seoul: National History Compilation Committee.

__________. 1980. *Kim Yun-sik jeonjip* 金允植全集 (Collected Works of Kim Yun-sik). 3 vols. Seoul: Asea Munhwasa.

Yi, Hang-no. 1899. *Hwaseojip* 華西集 (Collected Works of Hwaseo Yi Hang-no).

Yi, Byeong-heon. 1989. *Jinam jeonseo* 眞庵全書 (Complete Works of Jinam Yi Byeong-heon). Seoul: Asea Munhwasa.

Yu, In-seok. 1973. *Uiamjip* 毅庵集 (Collected Works of Uiam Yu In-seok). Seoul: Kyung In Publishing Co.

Secondary Sources

Cho, Dong Geol. 1978. "Andong yurim-ui doman gyeongwi-wa dongnip undongsang-ui gyeonghyang" (Details about Going to Manchuria of Confucians in Andong and Direction of their Independence Movement). *Daegu sahak* (Daegu Historical Review) 15/16.

Han, Young-Woo. 1994. *Hanguk minjokjuui yeoksahak* (Korean Nationalist Historiography). Seoul: Ilchokak.

Keum, Jang Tae. 1987. *Yugyo sasang-gwa hanguk sahoe* (Confucian Thought and Korean Society). Seoul: Sungkyunkwan University Press.

__________. 1994. *Hanguk yuhaksa-ui ihae* (Understanding the History of Korean Confucianism). Seoul: Minjok Munhwasa.

__________. 1995. *Hanguk geundae sasang-ui dojeon* (Challenges of Modern Korean Thought). Seoul: Society for the Traditional Culture.

Keum, Jang Tae, and Ko Kwang-jik. 1986. *Yuhak geunbaengnyeon* (Confucianism, The Last Hundred Years). Seoul: Pakyoungsa Publishing Co.

__________. 1989. *Sok yuhak geunbaengnyeon sa* (The Last Hundred Years of Confucianism, Volume II). Seoul: Yeogang Chulpansa.

Kim, Gil-Rak. 1996. "Uiam Yu In-seok." In vol. 4 of *Hanguk inmul yuhaksa* (History of Great Korean Confucian Scholars), edited by Compliation Committee of the History of Great Korean Confucian Scholars. Seoul: Hangilsa.

Lee, Sangil. 1990. "Unyang Kim Yun-sik-ui jeongchi sasang yeongu" (Research on the Political Thought of Unyang Kim Yun-sik). *Taedong gojeon yeongu* (Tae-Dong Yearly Review of Classics) 6: 77-109.

Nam, Bu-hui. 1987. "Samil undong-gwa yugyogye-ui seonggyeok" (March First Independence Movement and the Characteristics of the Confucian Milieu in Korea). *Gyeongdaesa ron* (Kyungnam University Historical Review) 3.

Yoo, Chun-Ki. 1988. "Bak Eun-sik-ui saengae-wa hangmun: geu-ui yugyo gaehyeok undong-eul jungsim-euro" (Life and Study of Bak Eun-sik: Focusing on the Confucian Reform Movement). *Sanun sahak* (Sanun Historical Review) 2: 118-129.

__________. 1994. *Hanguk geundae yugyo gaehyeok undongsa* (History of the Modern Confucian Reform Movement in Korea). Seoul: Sam Moon.

Academic Dependency: *Western-Centrism in Korean Political Science*[*]

KANG Jung In

A Brief History of Korean Political Science and Western-centrism

As a professor of political science in Korea, I always ask myself: "What, how, and why do I teach?" or "Does what I teach have any relevance and value to my students?" Like many young scholars in Korea, when I first began teaching an introductory course in political science, I unconsciously selected and used textbooks written by Korean political scientists who came before me and Korean translations of American political science texts, supplementing them with some of my own knowledge. After years of teaching, I now find myself constantly nagged by the question of whether what I have taught is suitable or adequate for my students, as well as what the standard for suitability or adequacy would be. Without a satisfactory answer, the question weighs heavier on my mind every day. The weight is particularly acute when considering the gap between political systems and experience represented in textbooks and actual Korean political reality. Although the gap has narrowed somewhat since democratization in 1987, the Western political systems

---

* Originally published in the *Korea Journal*, vol. 46, no. 4 (winter 2006).

KANG Jung In is Professor of Political Science at Sogang University. He received his PhD from the University of California, Berkeley in 1987 with a dissertation entitled "Political Participation: Its Meaning, Concept, and Forms." He has authored many books including *Minjujuui-ui ihae* (Understanding of Democracy) (1997) and *Segyehwa, Jeongbohwa, geurigo minjujuui* (Globalization, Informatization, and Democracy) (1998).

and theories described in the political science textbooks and the Western cases used to illustrate them have, more of than not, little relevance to the Korean political experience. This lack of relevance has been an issue in Korean political science scholarship ever since the first political science departments were established, and continues to be an issue today. Periodically, the issue is raised in the academic community as an "identity crisis."[1]

American political science has been the key model upon which political science in Korea developed. As is well-known, the basic outline of contemporary Korean political science was shaped by the overwhelming influence of American political science under the US Army Military Government in Korea immediately after the end of World War II. During Japanese colonial rule, the German model of *Staatslehre* (state science), adopted by Meiji Japan during its modernization period, was introduced to Korea by Japanese scholars. Some Koreans who had studied in Japan and returned to Korea after liberation continued to teach the same Japanese model of political science for a while. When the US Military Government occupied Korea in 1945, however, it began reforming the educational system and introducing American-style democratic government and democracy to the curriculum. From 1946, both national and provincial universities had already begun establishing political science departments and recruiting and training political scientists with support from the US military government. In the late 1950s, after the end of the 6/25 War,[2] a substantial number of Korean scholars left the country to study abroad in American universities under the sponsorship of the US government. At the same time, translations of American textbooks began to be used as political science textbooks in Korean universities and knowledge about political theories and systems, primarily borrowed from the West, began to be taught on a full scale. Also, political science faculty members were recruited primarily from those who had been trained in the United States, reinforcing American influence over the development of Korean political science.[3] This is also linked to Korea's political, economical, social, and cultural dependency on the United States.

The “identity crisis” in Korean political science is not unique to Korea, but is prevalent among other non-Western academic communities. Even European and Japanese political science have confronted similar problems to some extent. Yogesh Atal characterizes the current state of political science in Asia as existing in an “adaptive” or “imitative” stage (Atal 1995, 250). He contends that the primary function of teaching and researching political science in Asia is to transmit Western knowledge, namely that of American political science, and Asian scholars diligently perform the role of “conveyor belt” of that knowledge (Atal 1995, 260). Hence, the political and social experiences of Asian countries are interpreted and defined within a Western (American) framework (Atal 1995, 263). Therefore, an analysis of a political phenomenon in a non-Western country by an indigenous scholar is a mere exercise in illustrating American political theory. The identity crisis in political science in Asian countries can be traced back to the end of the Second World War, when these countries were liberated from colonial rule. They adopted the American university system and established political science as a separate and independent discipline under the strong political influence of the United States.

Using political science in Korea as an example, I will explore the negative impact of Western-centrism and the dependency of Korean academia on American political science. The concept of “Western-centrism” is constructed upon three premises: that modern Western civilization, which first centered on Western Europe but has been transplanted by the United States and Canada and so on, has reached the most advanced stage of human history; that the historical development of Western civilization is universally valid in all of human history around the world; and that non-Western societies, which still lag far behind in historical development can only advance by imitating or adapting the Western developmental model through either civilization (colonial/imperial period) or modernization (postcolonial period) (S. Kim 1995, 16-17). In short, Western-centrism can be summarized by Western supremacy, universalism/historicism, and civilization/modernization (=Westernization).[4]

The reason Western-centrism must be overcome is that it legitimizes Western cultural domination by indoctrinating non-Western societies into accepting the superiority and universality of Western civilization. Non-Western people have internalized the belief that the Western worldview, values, institutions, and practices are superior and universal and have assimilated them. This has driven them to self-marginalization, self-abasement, and self-negation. In this state, they have not been able to form independent worldviews, a fact that eventually rendered them as self-alienated.

In this light, the general public or scholars in non-Western societies can be said to be victims of Western-centrism. Given their privileged position in non-Western societies, however, those who receive the benefits of power, wealth, and prestige from Western-centrism are consciously or unconsciously disinclined to resist and fight it, even as they acknowledge the negative impact of Western-centrism officially or publicly. America has been the main source of influence in shaping modern Korea, and its main beneficiaries are often the members of the privileged class. Korean scholars, the conveyors of Western knowledge, are also beneficiaries of a Western-centric political, economical, social, and cultural structure that they have themselves helped institute. In my effort to show why Western-centrism must be overcome academically, I will focus on its impact on scholarship in three ways: the "Westernization of critical thinking in Korean scholarship," the "assimilationist interpretation of the Korean experience according to Western theory," and the "marginalization of the Korean (non-Western) experience by Western-centrism."

The Colonization of Korean Political Science

The Westernization of Critical Thinking in Korean Scholarship

As they digest "advanced" Western theories, non-Western scholars internalize the Western mode of thinking as both universal and preferential while failing to craft the critical tools to theorize their own unique political experience. As a result, they formulate political theory and concepts that have little bearing on their own societies. Research trends in Korean scholarship on John Rawls' political philosophy, particularly his "theory of justice," and on the 6/25 War are two cases that show the negative impact of the Westernization of critical thinking in Korean scholarship.

John Rawls' *A Theory of Justice* was published in the early 1970s, the period in which the United States enjoyed unprecedented prosperity as the world's most powerful nation. This followed soon after the introduction of the "Great Society" reform program by the Johnson administration. Rawls' theory of justice, which sought to justify a welfare state within the framework of liberalism, had both theoretical and practical relevance to American society. Considering that the Korean case differs from the American social and political context, however, one has to wonder what practical implications and significance it had for Korean philosophers or political scientists to elaborate on Rawls' political theory or to criticize it occasionally from a radical or progressive perspective.

Granted, there are aspects to Rawls' theory of justice that would be extremely appealing if they could be applied to Korean society. A significant number of studies on Rawls' theory of justice were produced in Korea from the early 1980s. Oddly enough, Korea—at least until 1987—lacked some of the critical elements that are prerequisite conditions for Rawls' theory, such as democracy, relative affluence, or the existence of international autonomy of the given political community (self-contained wholeness). Prior to 1987, Korea functioned under a military dictatorship and was struggling economically. Furthermore, Korea, which was still engaged in an effort to "catch up" to the advanced economies and politics of the West, was not free enough from the influence of international pressure to reorder the social system and function according to the will of the community as dictated by the principle of justice. Under these circumstances, one is then compelled to ask: how relevant was Rawls' theory of justice, which was based on the "principle of difference" and the "principle of redress," to a society like Korea?

Given the disparities in the political realities, the studies and debates around Rawls' theory of justice seem like an exercise in intellectual vanity or an escapist intellectual pursuit that ignores the pressing issues on the ground in Korea. Even with the economic prosperity required to earn membership in the OECD and having accomplished the task of democratization, Korea flounders within a wave of global neoliberalism, shrieking for "strengthened global competitiveness" and "productive welfare." Thus there is still no room for Rawls' theory of justice that seeks to maximize welfare.

In the era after the 1987 Democratization, the effort to develop a theory of justice that Korean political science scholars could adopt based on democratic consensus is certainly not futile. It would be a great academic contribution if the key elements of Rawls' theory of justice were made compatible with the Korean context. Unfortunately, however, it would be more accurate to say that Korean scholars have indulged in "refined" theory, such as Rawl's theory of justice, by uncritically following it. Thus the theory of justice was very popular among Korean scholars, despite its questionable relevance to Korea.

A similar observation can be found in Kim Dong-Choon's incisive criticism of trends in Korean scholarship on the 6/25 War. On the recent debate over who started the 6/25 War, whether by the Soviet Union and North Korea according to the traditionalists or by the United States according to the revisionists (D. Kim 2000, 34), Kim offers the following insightful and critical observation on the implicit Westernization (or, in this case, Americanization) of framing the issue regarding the 6/25 War:

> It is important to remember that the traditionalist/revisionist oppositional structure in interpreting the war was not formed by Koreans. In other words, the oppositional structure has its genesis in the confrontation between the traditionalist view and the revisionist view of American foreign policy. Similarly, Cumings'

> monumental work has its starting point in critiquing the American foreign policy line at the time of the Korean War. His critical approach is appropriate only as an American scholar trying to critically evaluate his own nation's history and politics (D. Kim 2000, 35).

Kim claims that the approach to the 6/25 War should be taken from the perspective of the "Korean people" who bore the heaviest casualties during the war and continue to suffer the division of the peninsula. Thus the appropriate question for Korean scholars to ask about the war is not "who" started it but "why." And even more important than the why question is that of who and what benefited from it (D. Kim 2000, 35). Criticizing the elitist, Westernized (Americanized) critical approach adopted by Korean scholars in their research on the 6/25 War, Kim suggests a need for the *minjunghwa* (viewing from the perspective of the suffering masses) and "Koreanization" of any critical approach.

Kim's observation is applicable to the general trend of Korean scholarship of the last two decades that focused on subjects of little relevance to Korean reality: discussions of the "relative autonomy of the state" in the 1980s, postmodern theoretical wrestling with the "death of reason" or the "death of the subject" in the 1990s, and, more recently, the liberalism/communitarianism debate and scholarly immersion in the philosophy of Heidegger and Richard Rorty.[5] "What is the significance of 'reason' in Korean society?" "What does the 'subject' mean for Korean people?" "What do Heidegger and Rorty have to offer as resolutions to the practical and philosophical issues in Korean society?" Such questions should have been properly posed and articulated by Korean scholars concerned, yet they were buried in Western texts, without recontextualizing them to Korean reality.[6] While Korean scholars are engaged in a hollow debate that tends to focus on Western-centered issues, the urgent issues confronted by Korean society never gain the opportunity to even be theorized, and end up being tossed aside as frivolous, get transposed or assimilated into Western issues, or altogether disappear into the realm of the abstract.

The Assimilationist Interpretation of Korean Political Experience

There is a tendency to explain Korean reality by assimilating it into Western theory. Non-Western scholars, immersed in advanced Western theory, sometimes distort the realities of their own societies when they are not able to locate the relevance of Western theory. Or sometimes they "queue" their research to wait for the day their country finally "catches up" with the "advanced" West so that it can be matched with Western theory.

Recent studies of Korean democratization also display the same symptom of trying to fit the square peg of the Korean political experience into the round hole of Western theory. To counter the traditional, historical view of "without bourgeoisie, no democracy" some Western progressive scholars began to persuasively argue for the significant role played by the working class in the rise of Western democracy (Thompson 1963; Therborn 1977; Rueschemeyer et al. 1992). They argued that it was the heroic struggle of the working class that brought about the democratization of liberal oligarchy or authoritarian systems in the nineteenth-century Europe. By exposing the exaggeration in the claim that placed too much importance on the bourgeoisie's role in the democratization of Europe, these progressive scholars challenged the hegemonic historical view centered on the bourgeoisie. Some Korean progressive scholars, mimicking their Western counterparts, also argued that democratization in Korea was made possible by the working class struggle for democracy, without presenting any empirical evidence for their claim. The findings of progressive Western scholars may be a useful guide in understanding the democratization of Korea, but an analysis of Western history should not be a substitute for empirical analysis of the Korean political experience.

Before making such a claim, it is also important to pay attention to the contextual differences in the key factors that led to democratization in Korea and Western societies. If the decisive factor for the democratization of non-Western countries was the holding of fair and open elections, such as the direct presidential election in Korea, it was the granting of universal suffrage that consolidated Western democratization. Since it was the working class that was excluded from politics until the very final stage of the long democratization process of the West and it was their struggle that finally established universal suffrage, it makes perfect sense to discuss the role of the working class in relation to democratization.[7] In the case of Korea, however, no one had to struggle for universal suffrage since it was granted gratuitously to both men and women with the founding of the Republic in 1948. Accordingly, no class or group had a claim on establishing universal suffrage in Korea. Moreover, the working class did not play a bigger role than other classes in the democratization movement that ultimately led to the June 29 Declaration in 1987. As in other non-Western nations, it was the distortion of the election system that prevented democracy from functioning in Korea. Thus, it is only logical that the Korean democratization movement's foremost focus was on establishing and administering fair and open elections.

Given such contextual differences, it is important to note that the theories and interpretations regarding the development of Western democracy are not universally applicable, and certainly not in Korea. Yet, many Korean scholars attempt to expand the applicability of Western theories according to their arbitrary goal or subjective desires. Without questioning the issue of applicability, they tailor reality in such a way as to fit Western theories to prove their universality and distort Korean political experience. This misrepresentation is often the consequence of the uncritical application of Western theory and not necessarily because of its inherent Western-centeredness. Therefore, the blame should not be placed entirely on the Western scholars who formulated these theories or the theories themselves.

That Western-centrism has infiltrated scholarly writings about Korean political research methodology has created even greater challenges to theorizing the Korean experience.[8] For example, Sonn Hochul in *Hyeondae hanguk jeongchi* (Contemporary Korean Politics) (1997) lists seven categories of methodological issues related to Korean politics: the world system and the dynamic relationships between world system and single states, part and whole, structure and behavior, reality and theory, levels of analysis (structure, conjunctural phase, and event), a pan-Korean peninsula perspective, and standpoint (Sonn 1997, 15-40). The seven categories deserve serious consideration since they are often discussed in relation to the issue of the relevance of political science research in Korea. It is telling that of the seven categories, only the pan-Korean peninsula perspective is specific to the Korean political experience, whereas the rest are universal issues applicable to both Western and Korean societies. In other words, there is no methodological debate about how to theorize the experiences of non-Western societies with colonial pasts, such as Korea, whose political experience is shaped by external changes and discontinuity in tradition and modernity.[9] The absence of such an experience in the West may explain why such a methodological issue has not been articulated. With Western methodology as the reference point, the debate over finding a proper methodology to help understand Korea's distinct political experience of the past 130 years never took place. Anything particular to the Korean political experience that cannot be explained by Western theory might be put aside without gaining the opportunity for theoretical attention.

Marginalization of the Korean (Non-Western) Experience

With the prevalence of Westernized critical thinking and assimilationist interpretative frameworks, the reality or facts of non-Western societies continue to be marginalized. In their uncritical application of Western theories, scholars tend to privilege the Western experience, and allow for diverse interpretations of the Western experience, whereas non-Western experiences are used merely for the sake of applying Western theories.[10]

This tendency may be due in part to the ignorance or indifference of the scholars to their own political contexts. Instead of looking at the contradictions or conflicts in Korean politics to articulate theories and concepts about the Korean experience, Korean scholars adopt a "universalist" approach. They try to work within the framework of Western theories or thoughts and in this process they only "incidentally" form the basis for critical thought in relation to the Korean experience. As a consequence there should be a gulf between theory and reality, and Korean scholars are relatively indifferent towards or ignorant of Korean politics.[11] With all the time spent on absorbing and processing abstruse and abstract Western theories and on trying to understand their political, social, historical, and cultural contexts, it is no wonder that Korean scholars have no time to invest academically in articulating and theorizing their own political and historical realities.

Western theories are privileged as "classical" and Western history as "normal facts." For example, when reading Michel Foucault's *Discipline and Punish*, Korean scholars may gain extensive knowledge of the nineteenth century French penal system, while having no inkling about the nineteenth century penal system in Korea. Likewise, as a scholar of democracy, I may know more about the Glorious Revolution in England and the French Revolution than about key events in modern Korean political history, such as the April Revolution, the Gwangju Democratization Movement, and the June Uprising of 1987.

The negative consequence is replicated and reinforced in standard college textbooks. As an example, let us consider Professor Lee Keuk-Chan's *Jeongchihak* (Political Science) (2003), one of the most widely used textbooks in introductory courses in political science. The majority of the pages of this textbook are devoted to introducing Western thoughts and theories, and only a few cases from Korea's own political experience or history are cited to illustrate the theories.[12] In this respect, Professor Lee's introduction to political science cannot be distinguished from an edited Korean translation of Western political science literature. Without any mention of the traditional as well as modern Korean political experience, the students taking the introductory course in political science may feel as though they have embarked on a journey to foreign lands. No one would deny the necessity of understanding Western politics and political science, since both politics and political science in Korea have been molded within a Western framework. Nevertheless, in teaching political science, these textbooks should try to introduce traditional Korean political thought, or at least (and everyone would agree that this is a practical necessity) attempt to explain or illuminate political phenomena or important political figures in traditional or modern Korea. However, such efforts were never made, despite all the revisions and expansions that Professor Lee's textbook has undergone in the thirty years since its first publication in 1969.[13] Moreover, there are no Korean books cited in the bibliography of Professor Lee's textbook, except for Korean translations of foreign books, and the index of names only has an alphabetical list of Western names. The subject index of the textbook is not only "de-Koreanized," with no reference to events or concepts related to Korean politics but also "de-Asianized" to the extent that China, Japan, and Korea are completely excluded, and the only Asian subjects listed are the names of international organizations, such as ASEAN (Association of Southeast Asian Nations), SEATO (Southeast Asia Treaty Organization), OAPEC (Organization of Arab Petroleum Exporting Countries), and APEC (Asia-Pacific Economic Cooperation).

Deciding what to include and how much importance to place on each subject is a key issue in publishing a political science textbook. The task should be approached thoughtfully since it requires a thorough and systemic reflection on Korean politics and political science. Even at a glance, it is apparent that there are some serious problems. The first chapter heading is "Humans and Politics in Modern Times," and the first chapter subtitle is "The Politicization of Modern Society and Human Life." Yet the chapter mentions only the works of Western scholars (Rousseau, Bertrand Russell, Hobbes, Aristotle, Luther, Locke, Carl Becker, Walter Lippmann, Erich Fromm, Jose Ortegay Gasset, etc.) and only political events that took place in the West (the Industrial Revolution, the Renaissance, the Reformation, liberalism, social contract theory, the welfare state, etc.). There is scarcely any reference to East Asian or Korean literature or thinkers at all, except for a footnote on the meaning of the Chinese character for "peace" (*pyeonghwa* 平和) (K. Lee 2003, 2). If I survey the book in terms of placing relative weight on various subjects, chapter eight bears the heading "The Liberal Democratic System and the Totalitarian System." The special attention given to the liberal democratic system is understandable since it is the dominant political system of the modern period; however, I cannot comprehend spending some twenty pages on discussing a totalitarian system (maybe it mirrors the level of interest in the subject among Western scholars at the time) while devoting less than one page to concerns over the authoritarian system, which was the prevalent political system among Third World countries, and allocating only three pages for socialism under the heading "The Ebbing and Collapse of Socialism."

Similarly, the chapters "Political Science as an Academic Discipline" and "Political Power" mainly introduce Western concepts and theories with almost no mention of concepts and theories from East Asia. There is a reference to the three elements of government (sufficiency of food, sufficiency of soldiers, and people's trust in their ruler) mentioned by Confucius in the *Lunyu* 論語 (Analects of Confucius) (K. Lee 2003, 89), Confucian political concepts such as *paedo* 霸道 (rule by the sword), *yeak* 禮樂 (rites and music), *wangdo* 王道 (rule by royal benevolence), and *inui* 仁義 (benevolence and righteousness) (K. Lee 2003, 92), and a passing reference to what Confucius says in the *Lunyu*: "To govern is to rectify" [政者正也] (K. Lee 1995, 92, 98). Even when discussing political power, the book only discusses the Western concept of the phrase even though the concept of *gwollyeok* 權力 in East Asian countries, which share the Chinese lexicon, is considerably different from that of "political power" in the West. Again, Western theories and examples are used to discuss subjects such as power, political leadership, political culture, political party, and political institutions, and no attempt is made to illustrate to which of these categories Korean political culture, political party, and political institutions belong.[14] Consequently, Professor Lee's textbook, which excludes most of the political theories and facts that originated in Korea and other East Asian countries,[15] may be extremely useful for learning about Western (especially American) political science, but it is far less informative about Asia than the Korean translations of American introductory books on political science.[16]

Conclusion

As mentioned above, the Korean academic community is not the only community negatively impacted by Western-centrism. In "The Poverty of Indian Political Theory," Bhikhu Parekh points out that this problem is not just found in the Indian academic world, but in academic communities worldwide that have been cultivated by the Western intellectual establishment, as well as the many other non-Western countries currently experiencing a "brain drain":

> Thanks to the frustrating and bureaucratic academic climate, and to the widely noted sense of colonial inferiority, Indian scholars tend to look to the West for recognition and approval, and they can obviously secure it only by writing on themes acceptable to the Western intellectual establishment. There is a rarely articulated but nonetheless unmistakable Western view of what 'serious' Third World scholars should think and write about, how they should study Western or their own societies, along what lines they may criticize either, and so on. The view is propagated through familiar channels, and well-tuned Indian scholars quickly pick up the message (Parekh 1992, 551).

Recently things appeared to have improved in the Korean social sciences community, thanks to the efforts of competent, home-bred scholars and foreign-bred ones who self-consciously underwent a painstaking readjustment process. However, the vicious cycle of privileging Western knowledge persists with the continuous influx of young scholars with a Western degree who cannot resist the urge to show off their knowledge of the latest Western theory and methodology.

Nevertheless, Korea and its academic community seem to be approaching a great turning point. With the galvanization of the student and labor movements, as well as the democratization movement, and the rise of anti-American sentiment that originally began as a reaction to American support for Chun Doo-hwan's military regime, the American political methodologies and theories that had dominated the Korean political science community first began to be challenged in the 1980s. It was also at this time that critical and progressive Western political theories, such as materialist methodology, class theory, dependency theory, and world system theory, and the Marxist theory of the state, were widely adopted in Korea, giving rise to critical reinterpretations of Korean political history based on the perspective of political economy. With their origins in the West, such theories should have been tested for their relevance to Korean politics, but in most cases, they were uncritically received (Chung 2003, 153). On the other hand, the dominance of Western-centrism over the Korean academic world seemed to wane as these theories had to compete for relevance to Korean political reality. With greater recognition of the need to form an identity for Korean political science, the academic community has been making various efforts, and we are now starting to see the fruit of these efforts.

There is a new movement in the Korean academic world to break from Western-centrism. One way to accomplish this goal is for the Korean academic community to cultivate a de-Westernized worldview. The academic community must engage in a conscious and continuous effort to overcome intellectual dependency. For example, it must foster the "Koreanization of a critical academic approach," the "scrutiny and interrogation of Western theory in light of Korean experience," and the "formulation of original theory based on Korean experience." For example, Kim Yung-Myung advocates the use of native language in scholarship and stresses the importance of developing original or creative concepts, analytical frameworks, and theories that are relevant to Korea. He also supports the articulation of concepts and writing in the native language (Y. Kim 2006, 24). Kim Ungjin, on the other hand, is skeptical about the notion of building a methodology in the Korean language by merely thinking in Korean, because "the act of thinking in terms of Western methodology expressed in Korean, that is, merely translating Western thoughts into Korean words, is one that is still essentially Western" (U. Kim 2001, 154). In short, research methodology defines the research subject. Hence, he argues that building Korean methodology must be preceded by finding the Korean research subject (U. Kim 2001, 151). Bae Byungsam offers a somewhat different solution, namely that of "extracting" Korean identity from traditional Korean political thought as a way to save Korean political science from an identity crisis (Bae 2003, 98). He suggests that Korean political science scholarship must break free from intellectual colonization and create a new beginning for "Koreanized political science" through the "painstaking work" of finding and bringing to light the origin of political science in Korean tradition (Bae 2003, 103).

Besides research studies that are in search of general alternatives to Western-centrism, there are quite a few individual studies that offer viable research directions or approaches: Choi Jung-Woon's work on the 1980 Gwangju Democratization Movement (Choi 1999), Park Myung-Lim's paper that takes a new approach to the 6/25 War (Park 1996), and Kim Se-Kyun's political science textbook as well as Woo Chul-Koo and Park Kun Young's textbook on international relations that attempt to include the Korean perspective (S. Kim et al. 2003; Woo and Park 2004).

Despite the merits of these works, they still fall short of the quality and quantity needed to overcome Western-centrism. Such works remain to be produced. What is encouraging, however, is that many political scientists have become acutely aware of the negative impact of Western-centric scholarship, and they are working to find an alternative approach in political science scholarship and are launching individual research towards this goal.

NOTES

1. The most recent acknowledgement of this identity crisis is found in two papers by two senior political scientists in *Hanguk jeongchi hakhoe 50 nyeonsa* (Fifty Years of the Korean Political Science Association), published by the Korean Political Science Association to commemorate its fiftieth anniversary. See Cha (2003) and Han (2003).

2. Because the expression "Korean War" places Koreans in the third person, creating an "other-izing" effect, I will maintain the usage of "6/25 War." For the same reason, I reject the terms "Vietnam War," "Iraq War," and "Gulf War." That said, I do not mean to attack their usage by the United States, for all nations adopt expressions from their own perspectives.

3. As of the end of 2002, one study estimates, some 600 Koreans had received doctoral degrees in political science from the US, the largest group after the number of doctoral degrees received from domestic universities. With 2,057 members in the Korean Political Science Association, as of December 2002, the American doctorate holders would make up 29 percent of the total membership. As of October 2003, among the total 49 political science professors in the top three Korean universities (Seoul National, Yonsei, and Korea), 48 have foreign degrees, 43 of which are from the US. This would mean that about 88 percent of the faculty has American doctorates (Chung 2003, 142-143).

4. For a more detailed discussion of Western-centrism, see Kang (2004). Considering the particularly American influence over Korean political science, one may argue that it is more appropriate to call it "American-centrism." However, given that American political science is a product of the nineteenth century European social sciences, and that some Western political thought and theory are dependent on European countries including England, France, and Germany, I believe the term Western-centrism is more inclusive and appropriate for the purpose of the present discussion.

5. In the case of the liberalism/communitarianism debate, communitarianism is a criticism of the liberalism or individualism that has been firmly established in Western societies. However, to debate the "excess" of liberalism in Korean society, where liberalism and its key concepts of "freedom" and "individual" were still new and unfamiliar, is tragic and comical, like Don

Quixote mistaking windmills for the enemy (see S. Lee 1999 for an incisive criticism of this debate). For the same reason, I feel that most Korean research on Heidegger or Rorty seems to be somewhat aimless or misguided. Because Heidegger and Rorty have their philosophical roots in Europe or America, which have a completely different philosophical background from Korea, it is imperative to point out the contextual differences between the West and Korea and to find the point of relevance of the two philosophies to the practical or philosophical concerns of Korean society. In other words, research into the philosophies of Heidegger and Rorty should accompany a search for their "compatibility" and "commensurability" to Korean reality. Unfortunately, this has not been done in Korea.

6. It is interesting to note that Kim Hye-suk attributes the development of American philosophy to the "native language approach" and the "pragmatic rationality only conceptualized from the perspective of interests and critical thinking" of Americans (H. Kim 1999).

7. Feminists would disagree with this interpretation, since women's suffrage did not come about until much later.

8. Behavioralism, rational choice theory, and the political culture approach are also subject to the same criticism.

9. This is not to say that such a debate does not exist in academic communities of the West as well as in Korea. This is an area of interest that intersects with that of postcolonial studies.

10. It seems that the same criticism is applicable to Indian scholars. According to Bhikhu Parekh, most Indian scholars are so immersed in the latest trend in Western theories that they ignore their own past and do not bother to theorize their own political experience (Parekh 1992, 548).

11. Those specializing in Korean politics fare better on this point. Since their topic of research is clearly defined as Korean politics and they have accumulated substantial knowledge in that area, it allows them to be more sensitive to any disparity between reality and theory. However, in the case of those who do not specialize in Korean politics but still address the topic of Korean politics, their analyses clearly reveal many problems. An extreme case in point would be how those specializing in political thought apply Habermas' concept of the public sphere uncritically in order to analyze the Korean political experience. In this case, the damage would be doubled as it results in the distortion

of both Korean politics and Habermas' theory.

12. This tendency is even more pronounced in the textbooks for comparative politics and international politics. Except for textbooks on Korean politics, such as on Korean political theory, it seems as though traditional Korean politics, or even modern Korean politics, is either extinct or nonexistent.

13. I have no intention to abase or denigrate Professor Lee's pioneering contribution to the development of political science in Korea. The responsibility for the flaws discussed here belongs not to Professor Lee but to all political scientists in Korea, including myself.

14. Perhaps the Korean case is reserved for practicing the application of Western theory.

15. Even in the section on military coups, there is no mention of Korea's experience with oppressive military governments. However, this omission may be evidence of Korea's own political past, when even political science textbooks were forcibly depoliticized.

16. For this paper, I have compared the fifth (1995) and sixth (2003) editions of Professor Lee's book and found no changes regarding the issues discussed here.

REFERENCES

Atal, Yogesh. 1995. "Arrivals and Departures: The Case of Political Science in Asia." In *Regime and Discipline: Democracy and the Development of Political Science*, edited by Easton David, John G. Gunnell, and Michael B. Stein, 249-268. Ann Arbor: The University of Michigan Press.

Bae, Byungsam. 2003. "Hanguk jeongchihak-ui giwon-gwa tamsaek" (The Study of the Origin of Korean Political Science). *Hanguk jeongchihak hoebo* (Korean Political Science Review) 37.2: 87-106.

Cha, Ki-Pyog. 2003. "Hakhoe changnip-gwa baldalsa" (The Establishment and the Development of the Korean Political Science Association). In *Hanguk jeongchi hakhoe 50 nyeonsa* (50 Years of Korean Political Science Association), edited by Korean Political Science Association, 11-29. Seoul: Korean Political Science Association.

Choi, Jung-Woon. 1999. *Owol-ui sahoe gwahak* (Social Science of May 18

Gwangju Democratization Movement). Seoul: Pul Bit.

Chung, Young-Tae. 2003. “Hanguk jeongchihak-ui miguk pyeonhyanseong-gwa hanguk jeongchi” (American Leanings in Korean Political Science and Korean Politics). In *Uri hangmun sok-ui miguk* (America within the Korean Academic Disciplines), edited by Korea Progressive Academy Council, 137-161. Seoul: Hanul.

Han, Bae-Ho. 2003. “Hanguk jeongchihak haksa: chongnon” (History of Korean Political Science: A Brief Overview). In *Hanguk jeongchi hakhoe 50 nyeonsa* (50 Years of the Korean Political Science Association), edited by Korean Political Science Association, 33-79. Seoul: Korean Political Science Association.

Kang, Jung In. 2004. *Seogu jungsimjuui-reul neomeoseo* (Beyond the Shadow of Western-centrism). Seoul: Acanet.

Kim, Dong-Choon. 2000. *Jeonjaeng-gwa sahoe* (War and Society). Seoul: Dolbaegae.

Kim, Hye-suk. 1999. “Miguk cheolhak-ui jijeok yeonwon: su-ip cheolhak-eseo goyu beuraendeu saengsan-e ireugi-kkaji” (The Intellectual Origins of American Philosophy: From Imported Philosophy to the Production of the American Brand). In *Cheolhaksa-wa cheolhak: hanguk cheolhak-ui paereodaim hyeongseong-eul wihayeo* (Philosophy and the History of Philosophy: Towards the Formation of a Korean Philosophical Paradigm), edited by Korean Philosophical Association, 345-368. Seoul: Chul Hak Gua Hyun Sil Sa.

Kim, Se-Kyun, Baik Chang Jae, and Leem Kyung Hoon, eds. 2003. *Hyeondae jeongchi-ui ihae* (Understanding Modern Politics). Seoul: Ingansarang.

Kim, Se Yeon. 1995. *Marx-ui biseogu sahoegwan yeongu* (Study of a Marxist Perspective on Non-Western Societies). Seoul: Yuk Sa Bi Byung Sa.

Kim, Ungjin. 2001. *Sinhwa-wa seonghwa* (Myth and Icon). Seoul: Jeonyewon.

Kim, Yung-Myung. 2006. *Uri jeongchihak eotteoke hana* (How to Study Korean Politics). Seoul: Oruem.

Lee, Keuk-Chan. 1995. *Jeongchihak* (Political Science). 5th ed. Seoul: Bubmoonsa.

__________. 2003. *Jeongchihak* (Political Science). 6th ed. Seoul: Bubmoonsa.

Lee, Seung-Hwan. 1999. “Hanguk-eseo jayujuui/gongdongchejuui nonui-neun jeoksilhan-ga?” (The Relevance of the Liberalism/Communitarianism Debate in Korea). *Cheolhak yeongu* (Journal of Korean Philosophical Society) (summer): 61-99.

Parekh, Bhikhu. 1992. "The Poverty of Indian Political Theory." *History of Political Thought* 13.3 (autumn): 535-560.

Park, Myung-Lim. 1996. *Hanguk jeonjaeng-ui balbal-gwa giwon* (The Outbreak of the Korean War and Its Origin), vol. 2. Seoul: Nanam.

Rawls, John. 1971. *A Theory of Justice*. Cambridge, MA: The Belknap Press of Harvard University Press.

Rueschemeyer, Dietrich, Evelyne H. Stephens, and John D. Stephens. 1992. *Capitalist Development and Democracy*. Chicago: University of Chicago Press.

Sonn, Hochul. 1997. *Hyeondae hanguk jeongchi* (Modern Korean Politics). Seoul: Sahoe Pyeongnon.

Therborn, Goran. 1977. "The Rule of Capital and the Rise of Democracy." *New Left Review* 103: 3-41.

Thompson, E. P. 1963. *The Making of the English Working Class*. New York: Vintage.

Woo, Chul-Koo, and Park Kun Young, eds. 2004. *Hyeondae gukje gwan-gye iron-gwa hanguk* (Modern International Relations Theory and Korea). Seoul: Sahoe Pyeongnon.

PART III.

WEST SEES EAST

West Goes East: *Pearl Buck's* The Good Earth*

CHOI Won-shik

The Difficult but Fruitful Middle Path

Although the dramatic victory of Chen Shuibian 陳水扁 in March 2000 seemed to strain Taiwan-China relations, things soon returned to the state of normalcy through the characteristic pragmatism of the Chinese people. Of course, the future problems facing the two states are formidable, but thanks to the political power of arbitration amassed by the "enduring empire," there is almost no chance of an unexpected situation erupting. This can only be comforting to South Korea, which has to be sensitive to the relations between Taiwan and China.

In Korea, Taiwanese turnover of political power has strongly stirred up new interests in China. More accurately put, Koreans became highly aware of their ignorance concerning China. Considering the intricate history of Korean-Chinese relations, or taking into account the practical ramifications of Taiwan-China relations on Korea, the average Korean's unfamiliarity with China is quite regrettable.

What is the cause of this ignorance? It is directly related to the

---

* Originally published in the *Korea Journal*, vol. 41, no. 3 (autumn 2001).

CHOI Won-shik is Professor of Korean Literature at Inha University. His publications include *Saengsanjeok daehwa-reul wihayeo* (For a Productive Dialogue) (1997), *Munhak-ui gwihwan* (The Return of Literature) (2001), *Hanguk geundae munhak-eul chajaseo* (Search for Korean Modern Literature) (1999), and *Jeguk ihu-ui dongasia* (East Asia after the Empire) (2009).

history of national division. Through the victory of the anti-Fascist Allied forces in World War II, the Korean peninsula was freed from Japanese control on August 15, 1945. The liberation, however, materialized into the United States and Soviet occupation, thus creating the system of national division. These results, despite the long and difficult struggle for independence by Korean revolutionaries, were the bitter consequences of Korea's failure to achieve liberation on their own at a critical juncture and its inability to participate in the liberation process as an independent entity. To make matters worse, the international political climate became aggravated immediately after liberation. As the anti-Fascist Allies began to show signs of dissolution, the confrontation between the United States and the USSR took place at the weakest link—the Korean peninsula. A direct articulation of this growing conflict was the establishment of the independent states headed by Syngman Rhee and Kim Il Sung in the South and North respectively. In this way, the provisional division became a fixed reality.

The successful Communist revolution in China (1949) decisively influenced the East Asian regional order. The US policy in East Asia, which had planned to utilize China's Kuomintang 國民黨 (Nationalist Party) as a new stronghold, changed to reorganizing and reusing the Japanese political rightists who were planned to be dissolved. The recently discovered Edwin O. Reischauer's "Memorandum on Policy towards Japan" (September 14, 1942), however, makes necessary a reexamination of this commonly-held view. The United States was already considering, at the beginning of the Pacific War, the idea of "a postwar puppet regime centered on Hirohito" instead of dissolving the emperor system (Fujitani 2000, 137). It seems that the United States was planning to play the two cards of China and Japan in an opportune fashion. The United States had planned to use the two-pronged strategy of controlling China through the Kuomintang and Japan through the symbolic emperor. With the defeat of the Kuomintang, the United States began to move ahead with its anti-Communist blockade policy in opposition to the USSR and China through the strengthening of Japan via the symbolic emperor system.

Within this context, the Korean War (1950–1953), an international civil war, erupted and caused the Cold War structure that had emerged on the peninsula to expand on a global scale. South Korea became isolated as the only "island" under United States control in East Asia. In other words, this period was the first time that South Korea was completely segregated from China, and this condition of isolation nursed the feeling of antagonism and apathy toward China. During the period of the Cold War, identification with the United States was accompanied by dissociation with China. The Korean identification with the United States was a one-sided attachment to "the other," the United States, and the Korean dissociation with China was based on an indiscriminate rejection of "the other," China, dwelling in Korea's own "self." These are the two sides of narcissism,[1] and it was within this fragile context that Korea entered the state of internal exile from East Asia.

It must be noted that the antagonistic ignorance about China which intensified during the Cold War period is only a continuation of the de-Sinicizing trends following the Sino-Japanese War (1894–1895). The Korean peninsula broke away from the Sino-centric cultural sphere after the Japanese victory over China. However, Korea's failure to disperse Chinese influence on its own led to Japan's annexation of Korea. This was significant, nonetheless, in itself since it marked the end of the historical China-centered tributary system.

The defeat of the North China fleet, the showcase of "movement of receiving Western technology," led to the ascendancy of the Reformists in China; in Korea as well, as the "enlightenment theory" (*gaehwaron* 開化論) modeled on the Meiji Restoration gained dominance over the "self-strengthening theory" (*jagangnon* 自强論) modeled on Chinese "movement of introducing Western technology," there was an accelerated move away from China. However, de-Sinicizing is not synonymous with being pro-Japanese. Undoubtedly, there were those who tried to take advantage of the de-Sinicizing position to covertly sell out the country to Japan, but the majority of those involved in the movement attempted to build an autonomous nation-state by taking the path of both escaping the influence of China and opposing Japan. In other words, the move away from China did not lead to a direct association with Japan. Moreover, Japan's forced annexation intensified Koreans' disillusionment with Japan, and the general trend was against any identification with Japan, despite Japan's persistent efforts to have Koreans identify with Japan.[2] On this point, qualitative differences from Korea's identification with the United States during the Cold War era can be seen. Despite the general undercurrent of anti-American sentiment in Korea during this period, the United States was greeted as a far, but close neighbor over the "bad friends" of Asia on the whole.[3] This distancing from China, a tendency that intensified since the Sino-Japanese War and reached its height during the Cold War, does not show many signs of changing even after the establishment of diplomatic relations between the two states in 1992.[4]

The Korean peninsula, where the interests of the four major world powers converge, is the key to the balance of power in East Asia. In order to properly perform this role, Korea must discard its "de-Asianizing and Americanizing" tendencies and re-identify itself with Asia. Korea's relation with China is a good measure of its fulfillment of this role. The question, then, is how Korea can arrive at the difficult but fruitful middle path, overcoming the history of identification with China prior to the Sino-Japanese War as well as the departure from China after the war.

An examination of Pearl Buck's *The Good Earth* is a good point of departure for such a task. From a Korean perspective, I will survey this first Western novel about China which significantly influenced the Western perception of China. This will serve as the starting point in the imagining of a new kind of encounter between the people of Korea and China in the future.

Chinese Responses to *The Good Earth*

Pearl Buck's novel tracing the family history of Wang Lung 王龍,

who lives through the Revolution of 1911 and rises from a poor farmer to a landowner, gained wide popularity after its publication.[5] It advanced Westerners' understanding of the fundamentally rural Asian society, overcoming the stereotypical Western images of the Chinese people as well as the negative caricature images of "Orientals." Nevertheless, this novel was not warmly received in China, especially among the intellectuals. The American journalist Helen Foster, who first visited China in 1931, recalled the situation as follows:

> I was surprised to find how the [Chinese] young intellectuals hated [the novel]. . . . They would say, "She ought not to write about all those horrible people; why doesn't she write about . . . civilized people?" These Western-educated Chinese hated it because they didn't want foreigners to learn anything unpleasant about China; they were trying to hide the truth (Cited from Conn 1994, xvi).

Although Foster's observation is perhaps distorted by her support of Pearl Buck, it does show Chinese intellectuals' initial reaction relatively clearly. Kiang Kang-Hu's (Jiang Kanghu 江亢虎) critical review (1932) is the representative logic of such reaction. Kiang criticized Buck for selectively revealing "a particular phase of the darker side of Chinese life" which made her "more of a caricature cartoonist than a portrait painter" (Buck 1994, 370). Kiang attributed Buck's inaccurate portrayal to her dependence on the accounts of "coolies" and "amahs" due to her own inability to read the original texts of Chinese classical literature (Buck 1994, 371).

At the time of his review, Kiang Kang-Hu was the head of the Chinese Studies Department at McGill University in Montreal. According to university documents, he was born in Jiangxi in 1883, held posts in the imperial ministries of justice and education during the Qing dynasty (1900–1910), and taught Japanese language and Chinese history at Beijing University (1905–1910). After the Revolution of 1911, he helped to found the Chinese Social Democratic Party, emigrated to the United States, and taught Chinese language and culture at the University of California (1914–1920). He went back to China in 1922, then returned to the United States as a Chinese consultant for the Library of Congress in 1928, and was appointed the head of the Chinese Studies Department at McGill University, which closed in 1934 due to fiscal problems.[6]

Among Kiang's works is an anthology of Tang poetry entitled *The Jade Mountain* (1929). This anthology, still valued as an important work of the history of the translation of Tang poetry, was co-edited with Witter Bynner (1881–1968). Unlike Pearl Buck who had lacked knowledge of Chinese classical culture, Bynner, an American poet resisting the contemporary trend in American literature, Imagism and Modernism, became a "self-professed enthusiast of Eastern culture and philosophy."[7] Kiang, who believed that Western and Chinese cultures must "wed" in order for Chinese culture to give birth to a literary genre with Chinese originality (Tan 1977), worked in this manner to actively introduce Chinese culture in America.

Kiang was more than a scholar—he had a close relationship with Sun Wen 孫文 and was an active leader of the Chinese Socialist Party after the 1911 Revolution. How did he become a pioneer of socialism in China? Kiang, who was from a state official's family in Jiangxi 江西, went to Japan in 1901. After six months, by the invitation of Yuan Shikai 袁世凱, he became in charge of the North Sea Translation Division. In 1903, he returned to Japan and during his stay in the country, he was influenced by Japanese anarchists and became a leftist. In 1907, he traveled to Japan again to learn English, German, and French. In 1909 he decided to travel to Europe to encounter Western socialism more directly. In 1911, he returned to China and formed the Socialist Research Association in Shanghai in August and was almost arrested by the Qing court, but ultimately escaped imprisonment due to the Revolution of 1911. In this context, he founded the Chinese Socialist Party. The Beijing government, feeling threatened by the Party's growing influence, ordered its dissolution in 1913 (Peng and Cheng 1999, 456; Gao 1996, 342; Tan 1977, 58-59). In 1914, anarchist Liu Sifu 劉思復 criticized Kiang, who was under government suppression, for being no more than a social reformer like Saint Simon rather than a socialist (Scalapino and Yu 1961, 38, 43). It is likely that his first trip to the United States was prompted by such political circumstances.

Kiang visited Russia in 1921 but criticized it upon his return because his notion of socialism was closer to social democracy. Therefore, he reorganized the Chinese Socialist Party into the New Social Democratic Party, but his involvement in the incident for the "last emperor" and the consequent critical public opinion prompted him to escape to the United States yet again (Tan 1977, 59-63). He was no longer in the mainstream of the social movements in China due to this particular leftist stance, and the ideological world in China raced toward communism after the May 4th Movement. Kiang's last years were grim. In 1940, he was arrested for participating in Wang Jingwei's 汪精衛 pro-Japanese puppet government and died in prison in 1954 at the age of seventy-one (Xu 1991, 226-227).

Kiang's negative reactions as well as those of other Chinese intellectuals to *The Good Earth* seem understandable. Instead of appeasing the wounded pride of China which had fallen from the status of a great empire to a semi-colony after the Opium Wars (1840), this novel subtly provoked the Chinese people. Pearl Buck generally neglects the Chinese upper and middle social strata as well as the people struggling amidst suffering for China's future. Instead, she mainly focuses on those who have fallen into despair and submission, or those solely seeking upward mobility through hard work while being trapped in a closed circuit of family-centeredness. Although members of China's upper class do appear in her text, they are merely those who have justifiably fallen into ruin due to their own corruption. This work clearly lacks the fictional convention of balance, only focusing on the experiences of the lower classes. This characteristic becomes immediately apparent when compared to its contemporary, Ba Jin's 巴金 *Jia* 家 (Family, 1931). Ba Jin's novel, considered as a modern, smaller-scale version of *Hongloumeng* 紅樓夢 (Dream of the Red Chamber), vividly captures both the disappearing and existing realities by depicting the life of a traditional gentry's family. It exposes the missing elements of Buck's novel. It is interesting, however, that *Jia* neglects the lower classes, in contrast to *The Good Earth*'s neglect of the upper classes, and thus indicating another form of its limitation as a fiction. Of course, there is no set rule that a novel must portray the entire social stratum in the name of totality, and it is possible, like Buck, to remain focused on the lower classes. Despite taking this into account, the character portrayal in *The Good Earth* is highly biased. The fact that one finds "fierce hope" in the works of Lu Xun 魯迅 who relentlessly criticized the backwardness of the Chinese people, rather than in the works of Pearl Buck, who professed to be the spokesperson for the Chinese people, is not simply attributable to one's awareness of their background.

There are problems, however, with Chinese intellectuals' criticism of Pearl Buck based on notions of patriotism. Kiang's criticism, in particular, is full of elitist tendencies. Buck struck back by exposing the weakness of this logic (1933):

> . . . And I am less interested in tradition than in actuality. . . .
>
> They [Chinese intellectuals including Kiang Kang-Hu] want the Chinese people represented by the little handful of her intellectuals, and they want the vast, rich, somber, joyous Chinese life represented solely by literature that is ancient and classic. These are valuable and assuredly a part of Chinese civilization, but they form only the official buttons. For shall the people be counted as nothing, the splendid common people of China, living their tremendous lusty life against the odds of a calamitous nature, a war-torn government, a small, indifferent aristocracy of intellectuals? For truth's sake I can never agree to it.
>
> I know from a thousand experiences this attitude which is manifest again in this article by Professor Kiang. I have seen it manifest in cruel acts against the working man, in contempt for the honest, illiterate farmer, in a total neglect of the interests of proletariat,

> so that no common people in the world have suffered more at the hands of their own civil, military and intellectual leaders than the Chinese people. The cleavages between the common people and the intellectuals in China is portentous, a gulf that seems impassable. I have lived with the common people, and for the past fifteen years I have lived among the intellectuals, and I know whereof I speak (Buck 1994, 371-372).

Buck's act of criticizing the Chinese intellectuals as the spokesperson of the Chinese people in a populist pose, freely using the Marxist term "proletariat,"[8] is an unintentional parody of *Lawrence of Arabia* and *Lord Jim*. Buck's work is suspected of even the postmodern metaracism (Lazarus 2000, 322) that ultimately supports racial categorization and segregation while criticizing the past racism. The naiveté that does not even question the feasibility of representing the other or the unintended rebellious effects resulting from such a gesture of representation! Despite this we do not need to suspect her good intentions as an individual. Buck supported the Chinese resistance to Japanese invasion, opposed the persecution of Japanese Americans during World War II in the United States, and participated in the civil rights and the women's rights movements in America. Due to these activities, Buck had been the target of FBI surveillance since 1938 and came under Senator McCarthy's attack after World War II (Conn 1994, xvii-xix). Nonetheless, one can see even in her activities criticizing the American government a true evangelist for American universalism. It is due to this very fact that any reconciliation between Buck and the Chinese intellectuals was extremely difficult.

Korean Responses to *The Good Earth*

The first Korean response to *The Good Earth* came from a Korean American. In a review (1931) that predates Kiang's, Younghill Kang (1898–1972) criticized the novel for reducing the Confucian society to "a laughable pandemonium" through emphasis on romantic love in a Western context. He points out Buck's ignorance of the Confucian principle separating the sexes. In short, he argues that the implied comparison of the East and West in this novel unfairly leads the readers to assume the backwardness of the East (Buck 1994, 367-368).

Let us briefly examine Kang's background. Born in 1898 (1903 on the official records) in Hongwon, Hamgyeongnam-do province, he studied in Yeongsaeng Middle School (1916–1918). After the March First Independence Movement (1919), he went to the US in 1921 through the assistance of a missionary and studied at Harvard University (1925–1927). In 1928, he married the poet Francis Keely and published *The Grass Roof* (1931) with the help of Thomas Wolfe. He continued to publish *The Happy Grove* (1933) and *East Goes West* (1937), but his fame came from *The Grass Roof* which received many prizes and honors including the Guggenheim Fellowship. After the liberation of Korea in 1945, Kang returned to Korea as the head of the publication division of the United States Military Government (1946–1948) but returned to the United States where he lived until his death in 1972.[9]

Unlike Kiang Kang-Hu who had fallen into ruin ambiguously between China and the United States, Kang, having practically cut all ties with Korea, had successfully entered American society. Behind this apparent success is his ability to market the traditional image of Korea, but it is questionable how much he could represent Korean "tradition," especially Confucianism. Based on *The Grass Roof*, which inappropriately idealizes his family, his notion of "tradition" seems to have been imagined. Hence, his criticism of Pearl Buck is somewhat problematic. Nevertheless, his critique of Buck's "implied comparison" between East and West is quite insightful. On the surface, both Westerners and Christianity are completely absent from *The Good Earth*. Although this absence is considered as the strength of the novel, in that it shows Chinese society not through a Western but an internal lens, the validity of this acclaim is questionable. Let us examine Chapter Fourteen which focuses on the Wang family's reaction to the West. When this family received a printed pamphlet with a picture of the crucified Christ from a Westerner on the streets of Nanjing, the pictured Christ was nothing more than an unsolvable riddle to this illiterate family. "Surely this was a very evil man to be thus hung," concludes Wang Lung's father, and Wang's wife uses the paper to line the soles of her shoes. This is the only Western image from the text. Although Buck was a daughter of a missionary, she relativizes Western Christianity, rather than placing emphasis on Western Christianity, by portraying it from the perspective of the Chinese people. In addition, she does not criticize them for their complete ignorance of Christianity or instinctive fear of Westerners. In this well constructed scene, however, one can detect a sophisticated form of Orientalism.

The extreme earthly nature of the Chinese people strangled by their blind loyalty to family and a beastlike obsession with the lands! The bleak living conditions which make it impossible for people to open their eyes to such transcendent ideas like Christianity! The conclusion, therefore, is that China cannot help but travel on its own path! Here rests Buck's metaracism that is full of pity. Despite the superficial absence of the West in this work with China as its setting, the West still remains as the main figure of comparison that objectifies China, in short, as a "hidden god" that haunts the work.

The reasons for Korean intellectuals' slightly antagonistic neglect of this work that brought wealth and fame to a poor daughter of American missionaries in China is two-fold. The first is the suspicion that this text contributed to the commercial consumption of an image of a backward Asia, and the second is the negative judgment that this text catered to Western Orientalism, as Chinese intellectuals argued. *The Good Earth* was an "ugly duckling" of sorts in Korea as well.

Within this atmosphere of general apathy, however, the article "Daeji-ui segyeseong" (The Universality of *The Good Earth*) (1938) by a Marxist critic Im Hwa decidedly stands out.[10] In this article, which may arguably be one of the best critiques of this novel, Im

Hwa avoids both crude enthusiasm and excessive cynicism about the Nobel Prize, which are the dualistic tendencies of the "Asian" complex. Instead, he examines the work in a realistic manner. He points out how unprecedented it was for the Nobel Prize Committee to choose "a young American who became popular through only a few novels written since 1931." He does not forget to add that "the Nobel Prize, rather than having authority in literary history or criticism," actually has the "institutional characteristic of choosing those who have contributed to the human culture in an extremely popular sense and praising their accomplishments and spreading their name." If that is the case, what are the additional factors that contributed to Buck's receipt of the prize?

> One can positively assert that had Buck not written a novel about China staggering in the midst of a strained international situation, the level of her popularity would not have won her the prize (222).

Here, Im Hwa indirectly makes a reference to the 1937 Sino-Japanese War. As is widely known, Japan launched a full-scale attack on China in July 1937. In response, the second National United Front was established in China in September of that year. Even so, China experienced repeated defeat in the cities, leading the government to move the capital to Chongqing in June 1938. Im Hwa sees this "China's stagger" as the process of "loosening one of the decisive knots in the fate of world history that involves both Easterners and Westerners" (223). In fact, the Sino-Japanese War of 1937 did lead to the outbreak of World War II (1939) and the Pacific War (1941), ultimately having influence on the fate of colonial Korea. His criticism of Pearl Buck on the eve of World War II, based on such global perspective, is deemed extremely insightful. Im Hwa questions:

> Why is it that such literary work was written by a Westerner and not by a Chinese or an Asian? This question is, to us Asians concerned about the fate of Asia more than anyone else in the world,

> a hundred times more important than the question of who actually received the Nobel Prize (223).

Im Hwa, who posed the most important question about this work, probes the contradiction of Asia in accordance with the above question. What is this contradiction? It is the dual nature of modern and contemporary Asia which, "is in fact involved in an intense conflict, despite the apparent facade of worshipping the West and the rush to imitate it." This dual nature becomes an obstacle that limits the ability of Asians to understand "Asia." Because of this, "no Asian can understand China as a Westerner can." In other words, a certain image of China can be revealed in earnest, not to an Asian who "always sees a part of oneself" in China, but to a Westerner who "sees wholly the other" there. The other's eye that Younghill Kang and Kiang Kang-Hu rejected is accepted by Im Hwa as "a wise recognition of backward elements."

> As a fellow Asian, it is odd to learn China's backward elements through a novel written by a Westerner. . . . Regrettable as it is, I think the fact that we rediscover from this text what we have neglected in our rush to catch up with Western culture on daily basis, and the part of ourselves that are not cleaned yet, cannot be hidden (224-225).

By asking "why among many Westerners residing in Asia, someone in China had written this sort of novel," he turns his attention to China's special characteristics. In the realities of China, as "the first country to struggle with the West and the last to escape its grip," he sees the most radical "discord of world history." Even if we keep in mind contemporary China where the most vehement anti-Americanism always coexists with a genial pro-Americanism, Im's insight about China is pointed.

In that way, "many countries fight in suits in Europe but in a military uniform in China" (225). By pointing out that though Western capitalism found fertile soil in China, "now because of that established wealth, the West is meeting a problematic future as a capitalist society," Im Hwa hints at the possibility of China turning anti-capitalist on the eve of the world war. In addition, he keenly observes that despite the radical changes China experienced with the introduction of Western capitalism, "nothing has really changed." In this sense, China is "a place where all the problems of the modern world are displayed and exhibited." It is indeed "a model of Asia, in particular" and "more generally a model of world problems." Because of this characteristic of being "inscrutable place," China can "produce world literature with comparative ease" (226).

Im Hwa argues, however, that Buck's novel too easily won the honor of being classified as "world literature." He first critiques the style as being too antiquated: "One finds neither the new path for the twentieth-century Western literature nor the new interpretation or reconstruction of nineteenth-century literature (i.e., in the line of Balzac or Zola)." It is "nothing more than the direct transplantation of the nineteenth-century Western fictional form" that chronologically narrates the history of one family through three generations (227). Pearl Buck also seems to have recognized this point. It is important to keep in mind that *The Good Earth* begins with a long quote from an English version of Marcel Proust's *Du côté de chez Swann* (Swann's Way).[11]

Although some connection could forcibly be made, the reason for Buck's citing a difficult work of Proust remains unascertained. Could this not be evidence of Buck's feeling of insufficiency and inferiority? It is probably an apologetic gesture signaling that while she is fully aware of the experimental Proust-like works of fiction in the twentieth century, she could not avoid relying on the outdated naturalist model to capture the realities of backward China.

Nevertheless, Im Hwa does not simply ridicule this antiquated style:

> Even though it is a mixture of exaggeration and impressions typical of a foreign writer, the fact that she conceives of the characters

> as embodying an era, nation, or perhaps something else, shows her ability to grasp the literary form as a type (228).

Im Hwa reads the possibility of realism beyond an exotic novel of manners in *The Good Earth*. Though he adds that "it is suitable to be selected by the Swedish academy, which is the most 'nineteenth-century like' within Europe" (229), he recognizes "the recent cultural trend of respecting nineteenth-century works" in Buck's receipt of this prize. He, therefore, advises the 1930s' literary society in Korea (which was primarily concerned with modernism) that "precarious" Korean writers could "learn" from the strengths of this novel that brightly painted the historical path that modern China had travelled through. Although his conception that modernism can be overcome by a return to realism is problematic, his strategy of attempting to revitalize a nineteenth-century narrative mode through this work is interesting.

Pearl Buck's realism, however, is not so remarkable. To a certain degree, the narrative maintains tension through the second volume, *Sons*, which vividly depicts the military advancement of Wang Hu 王虎 (Wang the Tiger), the third son of Wang Lung, during the ten chaotic years of the warlords period that followed the failed attempt of Yuan Shikai to rule as an emperor in 1916. By the third volume, *A House Divided*, set around the Nationalist Revolutionary Army's Northern Expedition (1926–1928), one can detect the signs of breakdown in the narrative structure. As Wang Lung's son, Wang Yuan 王淵, escapes the shadow of his father by joining the Nationalist Revolutionary Army, only to desert and return to Shanghai, the novel almost falls to the level of the Korean *sin soseol* 新小說 (new fiction). Moreover, in the second half of the novel, irritated by the radical atmosphere of the student world, he leaves China to study in the United States, and the hidden god, America and Americans, is brought to the forefront in the figure of Wang Yuan's kind teacher. By this point in the novel, Pearl Buck's crafty Orientalism which was restrained in the first two volumes completely disappears and shows up in a much more explicit form.

One may ask why the novel turns conventional in Part III, which seems to have been written in awareness of Kang and Kiang's critique of Part I. As Im Hwa pointed out, it is most likely because Buck was a faithful writer within the limitations of being a "naive member of the nineteenth century" and "a humanist bordering on sentimentalist" (229). Shanghai, the heart of modern Chinese history, where the intense drama of revolution and counterrevolution played itself out and every ideology from communism to extreme nationalism boiled over like a blast furnace, was beyond her grasp. She was fundamentally too much of a rural person to portray this complex metropolis. Buck's strength was depicting the farmers who remain unchanged despite the rapid social changes. However, she revealed her poverty of modern intellect in the third volume, which traced the fate of urban intellectuals who became intricately connected to the future of China after the May 4th Movement. The advantages of having a perspective of a Western outsider were of little use in the world of Chinese revolution.

The fact that Im Hwa overlooked this point can only be attributed to his limitations as a modernist and an Asian Marxist. Im Hwa lacked Kiang and Kang's emotional resistance to Pearl Buck.

Pearl Buck and Korean Literature

It must be remembered, however, that the award of the Nobel Prize for *The Good Earth* created subtle waves in the literary community of 1930s Korea.[12] Im Hwa's critique of Buck was answered by Kim Nam-cheon's family novel *Daeha* (Large River, 1939). Choe Jae-seo subsequently published an outstanding study of the "family history novel" (*gajoksa soseol* 家族史小說) based on Thomas Mann's *Buddenbrooks*, supporting Kim Nam-cheon's work (1940).[13] This caused a "boom" of family history novels in Korea.[14] Han Seol-ya's *Tap* (Pagoda) (1940–1942), Yi Gi-yeong's *Bom* (Spring, 1940–1941), Yi Taejun's *Sasang-ui worya* (Moonlight Night) (1943), and Chae Man-sik's *Eomeoni* (Mother) (1943) were published one after another. Without a doubt, the Nobel Prize played a role in this boom. Starting with Thomas Mann's *Buddenbrooks* in 1929, John Galsworthy's *The Forsyte Saga* in 1932, Roger Martin du Gard's *Les Thibault* in 1937, and finally Pearl Buck's work received this "honor" the following year. Among these writers, Pearl Buck most likely had greatest influence on Korea's boom. Compared to "distant" Western writers, Pearl Buck tracing the fate of one Asian family probably reduced the psychological distance. Nonetheless, with the exception of Im Hwa, she did not become an object of critical discussion. She only received a brief, dismissive mention by Kim Nam-cheon who, prior to Im Hwa and Choe Jae-seo, proposed the idea of the family history novel and actualized it in a creative work.

> I have read *The Good Earth* following the trend, but its scientific grasp of the era is too vague for it to be considered a chronicle. Moreover, our situation almost did not permit writing in the style of *The Good Earth* (Kim 2000, 490).

It was probably even more difficult for Korean writers, who were sensitive about discussing the influence of foreign literature, especially the Marxist ones, to naturally admit that they were stimulated by a simple humanist novel. Certainly, the boom in Korean family history novels cannot be attributed solely to Pearl Buck. With the advent of fascism, Korean literature of the 1930s had fallen into the modernist fragmentation between subjectivity and objectivity, that is, between inner reflection and aspects of society. The literary community was preoccupied with the task of finding a theory of *roman-fleuve* reconstruction that could recover a sense of totality. *The Good Earth* came to play a breakthrough role whether in a positive or negative manner. Even in recognizing the role of *The Good Earth* as a stimulus, however, Korean family history novels cannot be considered as mere imitations. From the beginning, the Korean family history novels focused on the third generation, like Wang Yuan rather than Wang Lung or Wang the Tiger, and in this way, is more closely related to Ba Jin's *Jia* (Family).

Pearl Buck, whose work appeared on the Korean literary scene at the end of the 1930s, "appeared" in Korea in the 1960s. After her initial visit in 1960, Buck often visited Korea due to her interests in the problem of Amerasian orphans. A peculiar frenzy combined with what Im Hwa has termed, "Korean style superstition" about the Nobel Prize existed in one corner of Korean society. It could have been that Buck, without access to the Chinese mainland after the Chinese Revolution, tried to find relief for her homesickness for East Asia in Korea. Buck soon published the "Korean version" of *The Good Earth*, titled *The Living Reed*, based on her experiences in Korea. One can infer from her acquaintance with Younghill Kang that she probably used his *The Grass Roof* as a reference.[15] Although some Koreans are so moved that a Nobel Prize winning writer had written a novel on Korea, *The Living Reed* is so poorly written that it is more polite to refrain from reviewing this work. The narrative weaknesses of *A House Divided* were exhibited without any reserve in *The Living Reed.* Nonetheless, the legend of Pearl Buck continued in Korean literature. Park Kyung-ni's *Toji* (Land) began to be serialized in *Hyeondae munhak* (Contemporary Literature) in 1971, which triggered another boom in the *roman-fleuve* of family history.

Having set out to reexamine China through *The Good Earth*, I am faced with the challenge of having to reanalyze two literary booms of Korean family history novels in relation to foreign literature. This is a problem of methodology. It is time to go beyond the two sides of the narcissistic method that lead to either comparative literary studies based on the one-sided love of the "other" or theories of indigenous development based on an unqualified self-love. We must honestly face the "other" within the "self" to depart from the limitations of national literature, and carefully explore the perspectives of world literature transcending the existing boundaries within Korean literature.

Addendum[16]

Hu Feng 胡風, one of modern China's leading critics, was an extremely unique socialist.[17] Although he joined the Chinese Communist Youth League early and participated in the revolutionary movement, after the defeat in the first civil revolutionary war in 1927, he joined the Kuomintang and followed the anti-communist movement. In 1928, he went to Japan to study English literature at Keio University. Through the influence of the Japanese proletarian literature movement, he began to participate in the revolutionary movement again. While actively serving as one of the leaders of the Tokyo branch of the League of Left-Wing Writers, he was arrested by the authorities, deported, and returned to Shanghai. He remained active as a leader of the Writer's League in China. In 1936 he put forth "national revolutionary popular literature" in response to Zhou Yang's "theory of a literature of national defense." Zhou Yang 周揚 put forth this theory to establish the Anti-Japanese National United Front in compliance with the August 1935 declaration of the Chinese Communist Party, which called for the end of the civil war and the formation of a national defense government as well as an anti-Japanese united army (Cheng 1986, 2:1296). After the eruption of the Sino-Japanese War in 1937, unlike Zhou Yang who loyally served the line of Mao Zedong's "Talks at the Yenan Forum on Art and Literature," Hu Feng opposed writers' participation in the war and held fast to "subjectivism."

It was around this time that Hu Feng's critique of *The Good Earth* was published. In this piece, he first focused on the fact that there were several foreign authors who sought out material for their writings on China following the culmination of the Chinese national liberation movement that resisted the encroachment of Japanese imperialism. He argued that there were two tendencies among these writers. One is to portray the chaos and struggle in China in a positive manner, and the other is a strange and exotic attitude of rationalizing imperialism (Hu 1984, 184).

On these premises, Hu evaluated the tendencies of Buck's novel.

He located the cause for this novel's great success in Europe and the United States in its detailed portrayal of the Chinese countryside and rural customs. He also drew attention to Buck's skillful and empathetic portrayal of peasant women's fate, groaning under the fetters of feudal society and their attachment to the land. He argued that the work is, nonetheless, full of flaws. First, the economic situation of the rural community is handled too vaguely. After all, the land that is part of the feudal oppression is simply called the "good earth" and the novel falls into a simple glorification of the earth and labor (Hu 1984, 191). Second, Pearl Buck, as a novelist, lacks a good grasp of the poor peasants' fate. She confined natural disasters as the sole factor influencing the peasant life. She also attributed people's negligence as the reason for the appearance of bandits (Hu 1984, 192). Third, the imperialist structure that destroyed the Chinese countryside is absent. For instance, "[a]fter the Boxer Rising (1900), as the church grew in power daily, there was conflict between the peasants and the church and between believers and unbelievers." Hu suggested that Buck purposefully shuts her eyes to these facts and exaggerates Wang Lung family's ignorance about Christianity. Fourth, Buck possesses an inaccurate understanding of the struggle for Chinese national liberation (Hu 1984, 195). It is no surprise, then, that this work did not receive a big welcome from Chinese readers. As much as this work "somewhat improved the European and American understanding of China, it also increased their misunderstanding of it" (Hu 1984, 196). Befitting a critic that advocated a popular literature, Hu Feng earnestly examined Buck's novel which was ignored by most Chinese intellectuals. One may ask where he ultimately placed this work within the two tendencies he pointed out in the premise of the article. One can conclude that while he pointed out some merits of the text, he was fundamentally critical of the book and hinted that it had the tendency of seeking out the strange and exotic.

Hu Feng's study of *The Good Earth* will be recorded as one of the most outstanding criticisms of this text, moving beyond the simplistic nature of Kang and Kiang's criticisms. Even if it still contains the limitation of a reflective theory, it contributes to the understanding of Buck's novel as much as Im Hwa's study.

NOTES

1. Franz Fanon termed as "willful narcissism" the ambitions of the bourgeois class of a recently liberated underdeveloped country to replace the bourgeois of the colonizers. See Fanon (1974, 120). For a more detailed discussion, see Lee (2000, 237-239).

2. Of course, despite a general lack of identification with Japan, there was some identification with Japan on a conscious as well as unconscious level.

3. This phrase was originally used to refer to China and Korea by Fukuzawa Yukichi when Japan decidedly turned its policy to "depart from Asia and enter Europe."

4. China is also responsible for this trend. Within the political unconsciousness that equates East with China, the consciousness that China is one part of Asia is lacking. In addition, a strong awareness of Korea in Chinese society as a whole does not exist either.

5. After its initial publication in the United States, millions of copies were sold in over sixty countries, making it one of the bestsellers of the twentieth century. It was made into a movie in 1937, attracting over 20 million viewers worldwide. Luise Rainer, who played the role of O-Lan, won the Academy Award for Best Actress that year. In the following year, Pearl Buck won the Nobel Prize for Literature. Buck wrote the sequels *Sons* (1933) and *A House Divided* (1934), completing the trilogy.

6. http://www.archives.mcgill.ca/resources/guide/vol2_3/gen01.htm.

7. http://www.library.yale.edu/beinecke/orient/mod6.htm.

8. *The Good Earth* received the Howells Medal in 1935 celebrating the best American novel. Moreover, the presenter made a caricature of the proletarian novel by praising this novel as "a proletarian novel in the best sense" (refer to Buck 1994, 373).

9. Kang's biographical information is cited from *Chodang* (The Grass Roof) and *Dongyang seonbi seoyang-e gasida* (East Goes West). But I have mainly relied on Kang (1997, 401-413).

10. First published in *Chosun Ilbo* (November 17-20, 1938), this work was included in the collection of his critical writings entitled *Munhak-ui nolli*. I referred to the text from Choi and Baik (1997). From hereafter only the page number will be noted.

11. The quote comes from "Un amour de Swann" (Swann's Love), the second part of Marcel Proust's *Du côté de chez Swann* (Swann's Way), in which Swann reminisces about Odette's love while listening to Vinteuil's rendition of a little phrase at the Marquise Saint-Euverte's soirée (Proust 1988, 345).

12. It is worth noting that Sim Hun translated *The Good Earth* before Buck received the Nobel Prize. His translation was first serialized in *Sahae gongnon* (The Consensus of the World) in 1936.

13. "The reader should remember that Kim Nam-cheon published the first part of a *Daeha* from our literary establishment" (Choe 1961, 237). We can read here the clear connection between this text and Kim Nam-cheon's *Daeha* (A Large River).

14. For a discussion of the family history novel during the colonial period, see Wada (1999).

15. Pearl Buck was one of those who praised *The Grass Roof* along with Thomas Wolfe and H. G. Wells (Kang 1977, 405).

16. While attending the International Conference of the Korean Society of Modern Chinese Literature Association (December 16, 2000), I learned from Professor Paik Yeong Kil that Hu Feng had also written about *The Good Earth*. I am grateful to Professor Paik for sending me a copy of Hu's "The China in *The Good Earth*." This article was originally published in *Wenyi bitan*. Judging by the date written at the end of the text, it was finished on July 10, 1935. Under the title, Buck's Chinese name and the translator's name are added. It is a critique based on the Chinese translation of the novel. I have used the text included in *Hu Feng pinglunji*.

17. For a description, see section on Hu Feng in Cheng (1986, 1:267-268); Ito et al. (1966, 323).

REFERENCES

Primary Sources

Buck, Pearl S. 1933. *Sons*. New York: P. F. Collier & Son Corporation.

__________. 1963. *The Living Reed*. New York: Pocket Books, Inc.

__________. [1931] 1994. *The Good Earth*. New York: Washington Square Press.

__________. [1934] 1994. *A House Divided*. Kingston, RI: Moyer Bell.

__________. 1999a. *Daeji* (The Good Earth). 2 vols. Translated by Jo In-Hee. Seoul: Hye Won Publishing Co.

__________. 1999b. *Sarainneun galdae* (The Living Reed). 2 vols. Translated by Jang Wang-Rok and Chang Young Hee. Seoul: Dong Moon Sa.

Kang, Younghill. 1999. *Chodang* (The Grass Roof). Translated by Jang Mun-pyeong. Seoul: Bum Woo Sa.

__________. 2000. *Dongyang seonbi seoyang-e gasida* (East Goes West). Translated by Yu Yeong. Seoul: Bum Woo Sa.

Secondary Sources

Buck, Pearl S. 1994. "Critical Excerpts." In *The Good Earth*. New York: Washington Square Press.

Cheng, Yizhong 程毅中. 1986. *Zhongguo da baike quanshu*: *Zhongguo wenxue* 中國大百科全書: 中國文學 (Encyclopedia of China: Chinese Literature). 2 vols. Beijing/Shanghai: Zhongguo Da Beike Quanshu Chubanshe.

Choe, Jae-seo. 1961. *Choe Jae-seo pyeongnonjip* (Choe Jae-seo's Collection of Critical Essays). Seoul: Cheongun Chulpansa.

Choi, Won-shik, and Baik Young-Seo, eds. 1997. *Dongasiain-ui "dongyang" insik: 19-20 segi* (East Asians' Perception of the "East": 19-20 Centuries). Seoul: Moonji Publishing.

Conn, Peter. 1994. Introduction to *The Good Earth*, by Pearl Buck. New York: Washington Square Press.

Fanon, Frantz. 1974. *The Wretched of the Earth*. Translated by Constance Farrington. Harmondsworth, Middlesex: Penguin Books. Originally published as *Les Damne's de la Terre* (Paris: Éditions Maspero, 1961).

Fujitani, Takashi. 2000. "Raishawaa moto beikoku taishi no kairai tennosei koso ライツャワ一元米國大使の傀偶天皇制構想" (The Plan for a Puppet Emperor Regime by the Former US Ambassador Reischauer). *Sekai* 世界 (World) (March).

Gao, Duanquan 高端泉, ed. 1996. *Zhongguo jindai shehui sichao* 中國近代社會思潮 (Intellectual Trend of Modern Chinese Society). Shanghai: East China Normal University Press.

Hu, Feng 胡風. 1936. "Dadi li de zhongguo '大地'里的中國" (The China in *The Good Earth*). In *Wenyi bitan* 文藝筆談 (Essays on Literature and Arts).

Shanghai: Shenghuo Shudian.
__________. 1984. *Hu Feng pinglunji* 胡風評論集 (Hu Feng's Essays of Literary Criticism). Vol. 1. Beijing: Renmin Wenxue Chubanshe.

Im, Hwa. 1940. *Munhak-ui nolli* (Logics of Literature). Seoul: Hagyesa.

Ito, Sei 伊藤整, et al. 1966. *Shincho seikai bungaku shojiten* 新潮世界文學小辭典 (Shincho Concise Dictionary of World Literature). Tokyo: Shincho sha.

Kang, Younghill. 1977. "Chronology: The Life and Work of Younghill Kang." In *East Goes West: The Making of an Original Yankee*. New York: Kaya.

Kim, Nam-cheon. 2000. "Cheongnyeon Sholokhov: Nae-ga yeonghyang badeun oeguk jakga" (Young Sholokhov: A Foreign Writer Who Has Influenced Me). In *Kim Nam-cheon jeonjip* (Collected Works of Kim Namcheon), edited by Jeong Ho-ung and Son Jeong-su. Seoul: Pagijong Press.

Lazarus, Neil. 2000. "Chogukgajuui-wa ireunba minjok gukga-ui somyeol" (Supranationalism and Extinction of So-Called Nation-State). *Silcheon munhak* (Literature in Practice) (spring): 319-341.

Lee, Seok-Ho. 2000. "Fanong-ui minjok munhangnon-gwa geundaeseong" (Franz Fanon's Theory of National Literature and Its Modernity). *Yeoksa bipyeong* (Critical Review of History) (spring): 236-250.

Peng, Ming, and Cheng Xiao 彭明, 程歗. 1999. *Jindai zhongguode sixiang licheng: 1840–1949* 近代中國的思想歷程 (Intellectual History of Modern China: 1840–1949). Beijing: China Remin University Press.

Proust, Marcel. [1913] 1988. *Du côté de chez Swann*. Paris: Gallimard.

Scalapino, Robert A., and George T. Yu. 1961. *The Chinese Anarchist Movement*. Berkeley: Center for Chinese Studies, University of California Press.

Tan, Chester C. 1977. *Jungguk hyeondae jeongchi sasang sa*. Translated by Min Du-gi. Seoul: Jisik Sanupsa. Originally published as *Chinese Political Thought in the 20th Century* (Garden City, NY: Doubleday, 1971).

Wada, Tomomi 和田とも美. 1999. "Kazokushi nendaiki shosetsu no seiritsu o megutte: 1940-nen zengo o chushin ni 家族史年代記小說の成立をめぐって: 1940年前後を中心に" (The Establishment of Family History-Chronicle Novels: Its History around 1940). *Chosen gakuho* 朝鮮學報 (Bulletin of Korean Studies)168.

Xu, Youchun 徐友春. 1991. *Minguo renwu dacidian* 民國人物大辭典 (Who's Who in China). Shijiazhuang: Hebei Renmin Chubanshe.

Korean Culture Seen through Westerners' Eyes*

HAHM Hanhee

Contrasting Images: Primitive but Literary

In the nineteenth century, Korea was introduced to Western countries as poor, dirty, and primitive but possessing beautiful, untouched scenery. Korea came into the sight of Westerners through books, reports, and diaries of missionaries and travelers who visited the country. Missionaries played a large role in the introduction of Korea to Westerners. Beside the missionaries, there were travelers and explorers who were interested in the small, unknown country but they either passed by quickly or stayed only a short time period. In contrast, the missionaries dispatched to Korea lived among the native people during their mission in Korea. Their reports, diaries, and writings included vivid and detailed descriptions about the Korean people, customs, and landscape. Thus, during the period in which the missionaries were active in Korea, certain missionaries came to be known as gateways to the West's understanding of Korea.

The most famous book of this time period is *Histoire de l'Eglise de Corée* by Charles Dallet, a French priest. The book was published

---

* Originally published in the *Korea Journal*, vol. 43, no. 1 (spring 2003).

HAHM Hanhee is Professor of Anthropology at Jeonbuk National University. Her recent publications include *Stem Family in Korea: Old and New* (2009) and "Hanguk jeonjaeng-gwa yeoseong—gyeonggye-e seon yeoseongdeul" (The Korean War and Women: Those Who Stood on the Margin) (2010).

in 1874 in Paris. The title indicates that it is a history of the Korean Church, but the book included good descriptions of Korean culture as well. For example, Dallet praised the level of cooperation within the Korean family. Following the Confucian tradition, mutual cooperation and reverence in the family were distinct characteristics of the Korean family. On the other hand, Dallet also pointed out certain negative aspects of patriarchy in the Korean family. He reported the cruel oppression under which Korean women lived. He writes of the *yangban* women who were confined in cell-like inner rooms. Without their husbands' permission, they were not able to venture outside the home; they were not even allowed to peek outside of their houses. *Yangban* women who were accidentally touched by other men were killed by their fathers, husbands or, sometimes, the women committed suicide, rather than live in disgrace (Dallet 1979–1980, 184-185).

Besides Dallet's book, other missionaries and visitors wrote similar descriptions of Korean women. These writings detailing the "dark" side of the Korean people and their customs imprinted in the Western imagination an image of Korea as "primitive" or "savage." However, in conjunction with such negative imagery, Dallet and other missionaries also hinted at the Koreans' keen sense of etiquette and their strong literary tradition, both of which served as essential parts of the Korean *yangban* way of life. These contrasting images delivered by earlier European missionaries long lingered in and outside of the Catholic Church.

Following the European church model, American churches also dispatched missionaries to Korea in the late nineteenth century. The first American missionary, Horace N. Allen, arrived in 1884. He established a close relationship with King Gojong. From then on, more Presbyterian missionaries arrived in Korea. They preached religion and also worked as educators, diplomats, and medical doctors. While performing religious and other community activities, they enthusiastically took notes, wrote diaries, and sent letters to acquaintances in the United States. Their writings on Korea were collected and published on a regular basis in *The Korean*

Repository (1892, 1895–1899), a chronicle.

Most of the descriptions of Korean people and customs were brief sketches. However, there were some scholarly pieces among those earlier accounts on Korea. The books by Isabella Bishop from England and George Ducrocqu from France were among these. Both Bishop's *Korea and Her Neighbors*, and Ducrocqu's *Pauvre et Douce Corée* contain ample and useful information about Korea; these books are frequently cited as historical and cultural sources of information about Korea from the early years of Western interaction. Neither of the authors, however, made any attempts to conceal Western supremacy or "Orientalism" in their accounts.

Thus, during the early years of Korean exposure to the West, images of Korea in the eyes of the Westerners were formed through books and reports written by missionaries, travelers, and diplomats who visited Korea in the nineteenth and early twentieth centuries. These books and reports form images that describe a "hermit kingdom" or a "country of morning calm." The term "hermit kingdom" comes from the title of the book, *Corea, the Hermit Nation* by William E. Griffis in 1882. However, even before Griffis's book came out, the term had already appeared in a magazine and a scholarly bulletin in the United States.[1] The Kingdom of Joseon, under the reign of Daewongun, father of King Gojong, strongly opposed an open policy toward any foreign countries and resisted Western influence. Joseon shut her doors to the outside world. Because of this policy, Korea remained the least known nation in East Asia in the West until the early twentieth century. Nonetheless, there were some aggressive explorers and travelers who landed on the peninsula out of curiosity. Most of them described Korea as primitive and poor but, from their reports, it seems that they felt a certain attraction to the unique landscape of this unknown land. They sensed tranquility and stillness in the mountains and rivers. "The land of calm" became a famous, symbolic expression for describing Korea.

Most Western visitors to Korea in those days had no or very little knowledge about the country that they were visiting. Many were passers-by who stopped in along the way during the journey from China to Japan. These visitors who barely knew Korea thought that the country was similar to either China or Japan in many ways. Geographical closeness to the larger, better known countries inevitably led to the assumption of cultural similarity. However, those who came to know the country better realized that Korea was a unique country in her own right. Under precarious political and military situations, Korea had maintained a long history of independence. In addition, even before the threat of direct domination by the surrounding cultural giants, Korea had developed her own unique culture. These facts made foreigners portray Korea as weary yet abiding, primitive yet wise, pitiful yet friendly. The early images of Korea were deeply rooted in the Westerners' own cultural bias.

Probing Tradition

Under Japanese colonial rule (1910–1945), Korea entered into another phase of isolation from the outside world. The colonial government prohibited independent Korean diplomatic relations with foreign nations. In addition, various activities of Westerners in Korea were significantly suppressed. Western missionaries, educators, and doctors were censored. Travel to and within Korea was also tightly controlled. Access to Korea by Westerners was severely limited during this time, therefore limiting the number of Western authors' writings about Korea during this period.[2]

After liberation in 1945, the United States Army took over South Korea and established an interim US military government, which ruled from 1945 to 1948. American army officials who knew little about Korea were frustrated by the lack of information about Korea written in English. The written materials authored by missionaries were out of date. Therefore, the Americans had no other choice but to gather information from the Japanese predecessors despite the language barrier between the two parties. Americans inevitably depended on Japanese data and personnel and the material from the missionaries. As a result, the Americans' view of Korea during this period was based upon colonial accounts and the old-fashioned, primitive view of Korea. The Americans were aware that the second hand materials did not provide sufficient and appropriate information. Therefore, the Army government collected the first hand material in various ways. Scholars and military officers participated in such government projects.[3]

Distinct from those materials which had direct connection to the Army government, there were two ethnographies of Korea from the postcolonial period which were only indirectly related to the American occupation: Cornelius Osgood's *The Koreans and Their Culture* (1951) and Eugene Knez's doctoral dissertation "Sam Jong Dong: A South Korean Village" (1959). Both were interested in the traditional Korean way of life, having done anthropological fieldwork in agricultural villages.[4] Both Osgood and Knez believed that Korean villages had maintained the traditional way of life. They followed the community study method and recorded the details of the villagers' everyday life, family and kinship, religious rites and ceremonies, and economic and political activities.

It was not until the 1960s and 1970s that several anthropological studies of Korea were published: ethnographies written by William Biernatzki (1967), Vincent Brandt (1971), Mortimer Dix (1977), Dieter Eikemeier (1980), and Clark Sorensen (1988a). They had similar approaches of the community study method as their predecessors, doing fieldwork in agricultural villages. These earnest, hardworking ethnographers tried to discover Korean traditional culture and its uniqueness. The old image of Korea as the "hermit nation" or the "land of morning calm" would have lingered over them. However, unlike their predecessors, they were trained anthropologists and academic discipline made it possible for them to significantly upgrade the level of the study of Korea in their scholarly works. Anthropologists did fieldwork and participant observation in Korean villages. Instead of holding onto the old images of Korea, they endeavored to dig deeper inside Korean society and culture by focusing on social relationships and functions. Anthropological approaches that were widely used in Western scholarship were adopted in the study of Korean society and culture. The village community was considered a homogeneous and integrated entity. Although each researcher brought specific research questions, basically, they studied the structure and function of the village community as a homogeneous unit. In addition, these early anthropologists in Korea shared a common enthusiasm for actively searching for traditional elements that they felt may disappear in the near future due to Korea's rapid industrialization and modernization.

Western researchers found that Confucianism, more precisely Neo-Confucianism, was a major influence on Korean culture, making it distinctive. Under the influence of Neo-Confucianism, traditional Korean culture established a lineage system that was strongly patrilineal, patrilocal, and patriarchal. The Korean lineage system developed distinctively from China and Japan. The Western anthropologists sought characteristics of the Korean lineage system through structural and functional analysis. In the ideological dimension of the lineage system, corporatism, patriarchal authoritarianism, and filial piety were subjects of analysis as well. Filial piety was considered the core and was the most highly praised virtue among the villagers in their studies. Filial piety to both living parents and dead ancestors was universally considered mandatory among the villagers. Accordingly, all descendants were required to commemorate their ancestors in an earnest manner. Ancestor worship in the Korean lineage system, having developed its form and ideology with its distinct rituals and moral codes, drew the attention of Western scholars (Biernatzki 1967; Brandt 1971; Dix 1977; Janelli and Janelli 1982).

In the sixteenth and seventeenth centuries, lineage members began forming clustered residences and eventually established village communities. Since then, Korean villages developed largely into two different types. One was a lineage village or the consanguineous village where, in many cases, one *yangban* 兩班 lineage formed the majority of the village population.[5] The other, the nonconsanguineous village, was where the village consisted of families of several surnames. In a lineage village, the formal code of behavior and hierarchical order among lineage members were strictly observed. In particular, descendants in a *yangban* lineage held higher and authoritative status over commoners or *sangmin* 常民. Confucian ethics and etiquette, *ye* 禮 or *yejeol* 禮節, supported such a hierarchical order and socially appropriate behavior for each class. Most Western anthropologists studied lineage villages to examine traditional Korean social structure and relations. However, Brandt, who studied a non-consanguineous village, argued that egalitarianism among commoners or *sangmin* was as important a principle of social relations as the hierarchical principle in a Korean village. The villagers were believed to be peace-loving. They wished to live in a balanced social atmosphere by fostering an egalitarian ideology within a society in which authoritarian and hierarchical social relations based on Confucian ideology were embedded (Brandt 1971). According to Brandt, in a non-*yangban* village, the lineage system was less important than in the *yangban* village. He described informal and friendly relationships among *sangmin* class neighbors contrasting them to the formal and hierarchical relations of *yangban* lineage members. However, such an egalitarian ideology existing in a non-*yangban* village did not always produce mutual cooperation and amiable relationships. Brandt and Eikemeier described how limited goods influence a poor agricultural village, largely drawing upon "the image of limited good" in Foster's argument (Foster 1979).[6] The villagers inevitably competed with each other for scarce goods. As Eikemeier noted, certain equality existed among all rural villagers in Korea because everyone suffered from the lack of material resources. Therefore, the villagers were conscious of sustaining equilibrium particularly in economic matters (Eikemeier 1980, 9). Brandt also witnessed the ideology of communal property from the perspective of "moral economy."[7] Those who accumulated property were expected to redistribute it to other villagers; otherwise, they would fail to mobilize their status to a higher social rank (Brandt 1971, 77). In these studies, Korean village life was portrayed with "the image of limited good" and a "moral economy" along with rigid formality based on Confucianism.

Like Brandt, some researchers turned their attention to those who were in marginal social groups in Korea, such as women. Researchers believed that issues of Korean women were crucial to understanding Korean society and culture. In the earlier days of study, as discussed above, missionaries and visitors described Korean women as extremely isolated by and from their family and society as a whole. They were seen as obedient and submissive, existing under the patriarchal family system. They were even described as deprived of basic human rights and imposed with tremendous burdens, all in the name of women's virtue. However, Laurel Kendall and other researchers saw different aspects of Korean women through a "view from the inner room."[8] This group of scholars rescued the image of Korean women from that of seemingly worthless and insignificant social actors in the orthodox Confucian country. Kendall was particularly attentive to the nature of Korean shamanism and the role of women in ritual practices. Previous writings on Korean religions demonstrated the clear division of religious practices by gender. For example, men were in charge of ancestor worship while women were in charge of shamanistic rituals in the household (Gifford 1898, 61; Kendall and Peterson 1983, 6). However, Kendall argued that in Korean religions there was no such clear gender distinction within the different categories of religious rituals such as Confucianism, Shamanism, and Buddhism. So, according to Kendall, it would not be appropriate to say that shamanism was a religious arena solely reserved for women. Although women took a major role in the practice of shamanism, men also took part. She delineated how deeply shamanism permeated the everyday life of Koreans. Confucianism and Buddhism in Korea were also affected by elements of Shamanism and vice versa. The fact that a woman as a household's shaman held an important role meant that her status in the family was not insignificant (Kendall 1985a). Kendall's study on Korean shamanism shed light on the proper understanding of religion in Korea and the status of Korean women. However, it did become problematic that Kendall's readers who were not familiar with Korean culture identified Kendall's sources in her book, the shamans and their clients, as representative of all Korean women.

Culture Matters?

As the Korean economy developed to a certain degree through the 1960s and 1970s, Western scholars became interested in the social and economic changes taking place in Korea. Donald Christie (1972) may have been the first American anthropologist to study the Korean business sector.[9] He started his fieldwork in 1968 when Korea was still identified as an underdeveloped country. About twenty years later, Roger Janelli studied the rise of a new middle class in accordance with economic development in Korea. Christie and Janelli are comparable in certain ways. Both worked temporally as clerks in each of the companies that they studied in order to closely examine the subject matter. Secondly, they had a similar research question in mind: to what extent had culture influenced Korea's economic sector? Thirdly, both did not study the business activities of the companies per se. Rather, they were interested in investigating the social relations within the company, for example, the relationships between employers and employees or the relationships between high and low ranking office workers. Regardless of such common aspects, the results of the two studies were opposite, which implied that the difference was related to the difference in social situations and the research methodology. Putting aside any methodological differences between the researchers in order to keep this discussion short, there seems to be some obvious differences between the two studies. First, there was a twenty year gap between them. Second, the field sites were different in terms of the character of the companies. Christie found that cultural factors negatively influenced Korea's economic development. According to his observation, in the late 1960s, businessmen did not work hard since they did not take pride in their jobs. They spent more time with friends, not with coworkers, during their leisure time or after work hours. In contrast, such leisure activities were unlikely for Japanese counterparts who devoted themselves to their work and company. Christie observed that many office workers were unenthusiastic about work and discontent with their current jobs. Instead, they were more apt to search for jobs that they regarded as having higher social status. This was, he argued, was the most serious obstacle in the development of the business sector in Korea.

After the time when Christie studied the Korean business sector, the social situation in Korea changed a great deal during a short period. In the company where Janelli worked in the late 1980s, office workers were devoted to their job.[10] In addition, the company emphasized cooperation, harmony, and devotion. The ethical code that this highly modernized company adopted, in fact, borrowed from the conventional or traditional Korean code of ethics and morality. By doing this, the company arranged its structure to a family-like system with the paternal authority of the owner-manager. The cultural construction of the company structure was believed to be highly economical. Janelli pointed out that Korean capitalism was "a unique human creation that is socially constructed and culturally informed" (Janelli 1993, 235). Korean culture shaped Korean capitalism into a distinctive form and nature. Therefore, Korean capitalism does not just borrow from nor simply adopt Western capitalism.

As long as there was an emphasis on culture construction, the function or role of culture remained important. Korean culture took responsibility for the malfunction of the economic system when the country was underdeveloped. Yet, as Korea emerged as a developed industrial country, the cultural contribution to the development was emphasized. However, Janelli also believed that not all cultural factors functioned positively in the economic arena. For example, Korean businesses tended to conceal their ultimate goal to attain maximum profits. Outwardly, they emphasized loyalty to the greatest good for the company, the nation's economic development, and patriotism. However, when the company invested its capital in real estate, the investment was kept secret or intentionally covered up. It was considered as undesirable investment, although many Korean entrepreneurs were deeply involved in real estate investment. Another example was in human resource management, which showed traits unique to the Korean business world. Often an employee's capabilities were not the sole factor in recruiting or laying off workers; various other factors, such as networks of educational backgrounds, localism, and nepotism, seemingly unrelated to the actual work, were involved in the processes.

In the literatures about the Korean economy and culture, Korean traditional norms and values were either the object of praise or blame depending upon the situations the researchers had encountered. The judgment of culture seemed to hang precariously on the economic situation of the times.

Diversity Observed

The 1980s were considered a landmark in contemporary Korean history. During this period, Koreans experienced a kaleidoscope of political conditions from the Gwangju Democratization Movement to the establishment of a civil government. The ongoing political turmoil in the 1980s resulted in progress in democracy and the rise of civil society. Under unstable political and social circumstances, the Olympics were held in Seoul in 1988. The world watched the Seoul Olympics with worry and wonder. For Western audiences, two contrasting images, the enduring political unrest and the extravagance of the Seoul Olympics, may have overlapped. The scholars' view of Korea was not much different from that of the masses. Some researchers focused on the rise of a new middle class accompanying the nation's economic boom.[11] Yet, others turned their attention to the political upheavals and the systematic suppression of the citizens' discontent. The study of Korea during this time period simultaneously revealed two contrasting dimensions of social changes.

Those who studied the new middle class noted that it consisted of those who grew up or at least were educated in the cities. After graduating from college, most of those constituting the new middle class entered stable companies as managers or managers-to-be. These new middle class members, along with owners of the companies, classified as the bourgeoisie, made great contributions to Korea's economic development during the 1980s (Janelli 1993).

Among those who studied the social and political turmoil in Korea, two anthropologists are of note. Linda Sue Lewis was one of the few Western eyewitnesses to the Gwangju Democratic Movement and Nancy Abelmann also directly observed the Gochang Tenant Farmers Movement in 1986. By documenting these political incidents, both anthropologists dealt with conflict and class struggles in Korean society. The Gwangju Incident was one of the most important political events in contemporary Korean history. Demonstrations in Gwangju started at a peaceful student rally against the dictatorship government in May 1980. The rally soon turned into a bloody people's revolt. Lewis documented the uprising both as an eyewitness and through the memories of the Koreans. In the late 1990s, she went back to Gwangju almost two decades after the uprising to conduct subsequent fieldwork. In her writings, she confirmed that in the memory of the people, the incident remained a symbol of the victory of Korean democracy, the people's struggle of bloodshed against the dictatorship, and anti-Americanism. On the other hand, the Gwangju Incident also shaped diverse, debatable, and confused memories of the people. As a result, according to her investigation, the Gwangju Incident still remained a subject of controversy and different claims for Korean people (Lewis 2002). Together with her experiences at the time of incident and her previous study on the mediation process at a local district court, Lewis studied Korean cultural characteristics in dealing with conflicts. As a social process, conflict is often resolved through the public expression of grievances by both sides such as informing the neighbors, forming a local consensus, and mustering popular support. Above all, this was a process that relied heavily on third party intervention for a successful outcome. It was through the public airing of the dispute that the antagonists solicited the intervention of others even in the Gwangju case (Lewis 1988).

Abelmann also met a group of agonized protesters, the Gochang tenant farmers, in the late 1980s. These tenant farmers rented out agricultural land owned by one of the conglomerates in Korea, Samyangsa. The history of landownership could be traced back to the 1930s when the family of the company's founder reclaimed land in the Gochang area. Landownership was problematic under the Land Reform Act of 1949. The company and the tenant farmers had different perspectives and interpretations of the past which were the basis of their dispute. Abelmann focused on the discourse on the past and the politics of the tenant farmers who are classified as *minjung* 民衆 (the so-called non-elite mass). Although the discussion in her book was based on thorough research and observation, she documented the history and current events from a viewpoint favorable to the *minjung* and the *minjung* supporters in Korea. Abelmann viewed the tenant farmers as a group of social reformers, following the argument of *minjung* historians. However, in her subsequent visit to the village of the tenant farmers after the protest, she noted that the former protesters had hastily retreated back into their routine lives. The villagers' everyday lives had hardly changed. Even though the village women had played an important role in the protest, the status of women in the village remained unchanged from prior to the protest. After reading Abelmann's thick book, I still had the same question in my mind that I had in the beginning: What made these tenant farmers mobilize? How do we read objectively the discourse of the past? These farmers had not always cried out as a form of collective discontent in dire situations. When, then, did farmers turn into angry protesters and when did they not? The farmers were, at one point, very active in advocating for the normative good, but they also readily adapted themselves to the practical good at another point in time. The idealistic, romantic view of the peasant protesters that Abelmann cherished has been debated widely among social movement theorists.

In the 1980s, seeing demonstrators on the street was not a

rare event. But in the 1990s, the social situation in Korea changed again. Street demonstrations disappeared for the most part. James Thomas wondered what had happened in Korea, where protests had frequently occurred in the 1980s (Thomas 1993). When he visited a shantytown in Seoul, he heard angry voices from squatters who were discontent with the resettlement plan of the city government. Yangdon is one of many squatter settlements in Seoul. In his ethnography, Thomas is interested in the nature of Korean development but he did his research on the dark side rather than the bright side of economic development. He raises some questions about development and its impact on the welfare of Korean society, especially that of the members of the urban under class—their way of life, their hopes, and their frustrations. As his research proceeded, he was puzzled by the fact that the squatters did not take collective action. Their many complaints, desperation, and dire need did not directly lead to this. Rather, they remained patient, valorizing their suffering, and built their expectations for the future on their children's educational success. This study contributed more broadly to our understanding of the relationship between poverty, individual choice, and collective resistance. Thomas's study on squatters broadens the understanding of the *minjung* as multivoiced and multifaceted.

Mixed Images of Korean Modernity

Kendall's recent work was on the social and cultural processes related to contemporary weddings in Korea (Kendall 1996). However, she did not concentrate solely on contemporary weddings, but on the historical development of Korean wedding traditions during the past several centuries. She was well aware that her position in the field as a Western woman might place her in a privileged position and lead to a less profound understanding of Korean women and weddings. With her keen insight and eye for detail as an experienced ethnographer, she noted that Korean wedding practices were constantly changing. The traditional and Western style weddings were jointly performed in different locations in the same wedding hall. She also described the complicated economic and political implications of marriage styles: arranged marriages, marriages based on love, as well as, the half-and-half marriages. These different styles of marriage coexist and matchmaking is not simply considered as old-fashioned. In sum, she focused on the various exchanges that were crucial to the Korean wedding, and primarily on the economic burden many of these exchanges impose on lower and middle class families. Kendall details these various exchanges, including household goods, gifts between the bride and groom, gifts given to the significant kin of the groom and so on. Kendall's precise and eloquent ethnographic description of the details of a Korean wedding in contemporary society demonstrates primarily the ever-changing cultural complex of weddings in Korea and secondly, the fine-tuning of both Western and traditional ways of ritual practices.

The urban lifestyle and the middle class of Korea have caught the attention of Western researchers since the 1990s. Denise Lett recently published *In Pursuit of Status*, an ethnography of Korea's new urban middle class (Lett 1998). To Lett, what is unique about the making of a new urban middle class in Korea is the fact that traditional Confucian legacy lingers in contemporary Korea. She notes the inherent difficulties in separating the new middle class from the old in the context of contemporary Korea. In one context, she argues that traditional elements in contemporary Korea were not merely based on the impulse to return to the past, citing Rozman, stating that "contemporary characteristics must be seen not as straight-forward manifestations of the past, but as part of a changing historical context" (Lett 1998, 39). However, Lett is convinced that the two historical periods, the late Joseon and contemporary Korea, share many common characteristics in terms of social and cultural aspects. As she states, "[T]his situation in which women in the nineteenth century did work and contribute to their household income but were invisible persisted into the 1990s" (Lett 1998, 61).

Women's work ethic and attitudes as well as the 3D—dirty, dangerous, and demanding—disease in old and new Korea were good examples that demonstrated the continuity of culture (Lett 1998, 42-45). The consciousness of social status that was historically and culturally embedded in Korean society was also a good example. Koreans, Lett argues, possess an underlying drive to attain social status. Her argument is correct in that many Koreans are obsessed with social status. Yet, this very obsession has made Korea successful in developing high quality of human resources. For example, Koreans put much effort into education in order to climb up to a higher level in the social strata. Lett's image of Korea's urban middle class is well displayed in the areas of occupation, family, lifestyle, education, and marriage. However, her description of contemporary middle class culture is hardly distinguishable from that of the *yangban* class in Joseon. Unlike Kendall's fine analysis of the cultural contestation between tradition and modernity, Lett draws her analysis of contemporary culture upon tradition.

Implication

As a native Korean, it is quite interesting to read the ethnographies and the writings of missionaries and travelers on Korean culture. I have read books and manuscripts that cover a relatively long period of time from the nineteenth century to the present. The earlier books and reports by Western missionaries, explorers, and diplomats were full of exotic customs and the traditions of our ancestors that are now even foreign to natives. Not only did these writers leave behind scripts, but also pictures of people, streets, and natural scenic views. The writings and pictures are important historical material that vividly shows us the culture and history of the late nineteenth century and the early twentieth century. It is compelling to compare the earlier ethnographic descriptions with the very recent, because of the evidence of changes in Korean society as a whole. The remarkable changes over a hundred and fifty years refresh our memories of the past. In addition, the Western researchers' eyes are so keen and insightful that I learn much from them. It is surprising how much I, as a native anthropologist, have overlooked important characteristics of Korean culture. Reading the ethnographies filled with informative accounts leads me on an interesting journey to meet the "unfound us" in everyday life. This is one of the significant contributions made by the ethnographic work of Western scholars.

I should confess, however, that there are times when I feel at a loss when I come upon unfamiliar aspects of Korean culture even though the researchers were careful to describe them eloquently. When I come across these idiosyncratic cases, I am frustrated and even a little shameful. Such kind of emotional distraction may come from either guilt resulting from my ignorance or shame resulting from unwanted exposure by foreigners. I hastily criticize the work, labeling it as a shallow description. However, I know that superficial descriptions of Korean culture and society are rare among the ethnographies I have read, with the exception of those from the earlier reports, books, and short descriptions by missionaries and visitors. Most are thoroughly researched, carefully written scholarship based on firsthand observation. Unlike in other disciplines, anthropological works by Western scholars are less debatable in terms of objectivity or relativism. This is mainly because of the methodological advantages. Scholars usually stay close to their subjects and collect firsthand materials through direct observation. Through these intimate experiences, it is difficult to miss even the subtle implications of the behaviors of the subjects.

What have the responses of Western readers to the ethnographies been? As shown above, from the outset, Korea was seen through a series of contradicting images—calm but reckless, primitive but literate. Such contradictions might be hard to understand for the writers who did not probe deeply into Korea. However, from the 1950s, scholarly works helped Western readers to understand Korea, a remote country distant from them. Until the 1970s, many anthropologists studied rural villages or traditional villages assuming uniformity of social structures, ideology, and moral codes that cuts across society in general, a seemingly homogenous group in particular. The village was seen as a community that was self-sufficient and autonomous. Their view of the Korean village, then, loomed large next to the image of the "hermit kingdom" and the "morning calm." In a self-contained and homogeneous village disconnected from the outside, villagers were assumed to maintain their everyday lives under the rule, *ye*, of Confucianism and friendly interpersonal relations.

Since the 1980s, Western anthropologists have investigated distinctive characteristics of Korean culture in cities and economic sectors outside of rural villages. Their chosen research subjects were susceptible to the sensitive social issues in Korea during the 1980s and 1990s, such as the rise of a new middle class, political upheavals, and consumerism in ritual context and everyday life. With eloquence and sophistication, the ethnographies described the manifestation of cultural diversity and complexity. In many cases, each researcher focused on a specific area and a subject matter in an in-depth study. This approach helped readers both inside and outside of Korea understand more deeply the particular topic and area in Korea.

On the other hand, it may be hard for a Western audience unfamiliar with Korean culture to grasp a broader picture of the country. It is inevitable to point out that "no one can imagine the whole picture of a jigsaw puzzle with only some of the pieces." It goes without saying that the native anthropologist who studies his or her own culture under the current practices of the discipline of anthropology in particular, and present academia in general, would be just as much in danger of falling into such a trap.

NOTES

1. In May 1878, *New York Sunday Magazine* had an article on Korea under the title "Corea, the Last of the Hermit Nations." The expression also appeared in 1881 in the *Bulletin of the American Geographical Society* (Boulesteix 2001, 42).

2. Mckenzie (1920), Grajdanzev (1944), and F. Nelson (1946) are some examples.

3. See Meade (1951) and Mitchell (1949). Mitchell who worked as director of the New Korea Company wrote his thesis on the basis of his work experience.

4. Osgood stayed in a village on Ganghwado island located about 50 km west of Seoul. Bridges to the peninsula now connect the island to the mainland. Knez studied in Samjeong-dong near the Gimhae area in Gyeongsang-nam-do province.

5. Biernatzki studied the village of Gyeongju Kim (Biernatzki 1967); Dix did his fieldwork in the village of Sinjong Hong (Dix 1977); and the Janellis conducted their fieldwork in the village of Andong Kwon (Janelli and Janelli 1982).

6. Foster, in his study of peasant economy in Mexico, indicated that peasants employed a different logic than the economic maximization assumed to be operative in capitalist societies. He argued that the scarcity of resources available to peasants influenced their conception of "good" in general (Foster 1979).

7. The theory of moral economy was widely used to explain peasant economic behaviors during the 1960s and 1970s. Scott argued that peasants obeyed a moral economy in which the preservation of viable relationships within the local community was believed to be more important than individual success in a competitive market economy (Scott 1976).

8. This phrase is taken from the title of the book edited by Kendall and Peterson (1983).

9. Christie worked as a clerk in Federation of Koran Industries (FKI) to carry out his anthropological fieldwork.

10. One plausible explanation why office workers in the two companies showed different attitude toward work may be laid on the different character-

istics of the companies. While Janelli's firm was a branch company of the most prominent conglomerates in Korea, Christie's firm was an organization for promoting business.

11. In order to differentiate from the old middle class, the term of "new" middle class was used. The new middle class is seen to come into being in the development of industrial capitalism in Korea (Janelli 1993).

REFERENCES

Abelmann, Nancy. 1993. "Minjung Theory and Practice." In *Cultural Nationalism in East Asia: Representation and Identity*, edited by Harumi Befu. Berkeley: University of California Press.

__________. 1996. *Echoes of the Past, Epics of Dissent: A South Korean Social Movement*. Berkeley: University of California Press.

Biernatzki, William Eugene. 1967. "Varieties of Korean Lineage Structure." PhD diss., Saint Louis University.

Bishop, Isabella. 1897. *Korea and Her Neighbors*. New York: Fleming H. Revell.

Boulesteix, F. 2001. *Chakhan migaein dongyang-ui hyeonja* (The Good, Uncivilized Sage of the East). Seoul: Chungnyunsa.

Brandt, Vincent S. R. 1969. "Some Ways of Looking at Village Values." In *Studies in the Developmental Aspects of Korea*, edited by Andrew C. Nahm. Kalamazoo, MI: Centre for Korean Studies, Western Michigan University.

__________. 1971. *A Korean Village Between Farm and Sea*. Cambridge, MA: Harvard University Press.

Christie, Donald Earl. 1972. "Seoul's Organization Men: The Ethnography of a Businessmen's Association in Industrializing Korea." PhD diss., University of Illinois at Urbana-Champaign.

Clark, Charles Allen. 1932. *Religions of Old Korea*. New York: Fleming H. Revell.

Dallet, Charles. 1979–1980. *Hanguk cheonju gyohoesa*. 3 vols. Seoul: Benedict Press. Originally published as *Histoire de l'Eglise de Corée* (Paris: Librairie Voctor Palme, 1874).

Dix, Mortimer Griffin. 1977. "The East Asian Country of Propriety: Confucianism in a Korean Village." PhD diss., University of California, San

Diego.

__________. 1987. "The New Year's Ritual and Village Social Structure." In *Religion and Ritual in Korean Society*, edited by L. Kendall and G. Dix. Korea Research Monograph No. 12. Berkeley: University of California, Institute of East Asian Studies.

Dredge, Charles Paul. 1977. "Speech Variation and Social Organization in a Korean Village." PhD diss., Harvard University.

__________. 1987. "Korean Funerals: Ritual As Process." In *Religion and Ritual in Korean Society*, edited by L. Kendall and G. Dix. Korea Research Monograph No. 12. Berkeley: Institute of East Asian Studies, University of California.

Ducrocq, Georges. 2001. *Garyeon-hago jeongdaun nara joseon*. Seoul: Nunbit. Originally published as *Pauvre et Douce Corée* (Paris: H. Champion Librairie, 1904).

Eikemeier, Dieter. 1980. *Documents from Changjawa-ri: A Further Approach to the Analysis of Korean Village*. Wiesbaden: Otto Harrassowitz.

Foster, George M. 1979. *Tzintzuntzan: Mexican Peasants in a Changing World*. Rev. ed. New York: Elsevier.

Gale, James S. 1898. *Korean Sketches*. New York: Fleming H. Revell Company.

Gifford, Daniel L. 1898. *Every-day Life in Korea*. Chicago, New York and Toronto: Fleming H. Revell Company.

Goldberg, Charles N. 1977. "Spirits in Place: The Concept of Kohyang and the Korean Social Order." In *Studies on Korea in Transition*, edited by David R. McCann, John Middleton, and Edward J. Shultz, 89-101. Honolulu, Hawaii: Center for Korean Studies, University of Hawaii.

Grajdanzev, Andrew. 1944. *Modern Korea*. New York: The Institute of Pacific Relations.

Harvey, Y. K. 1980. *Six Korean Women: The Socialization of Shamans*. American Ethnological Society, Monograph 65. St. Paul, MN: West Publishing Co.

Janelli, Roger L. 1986. "The Origins of Korean Folklore Scholarship." *Journal of American Folklore* 99.1: 24-59.

__________. 1993. *Making Capitalism: The Social and Cultural Construction of a South Korean Conglomerate*. Stanford, CA: Stanford University Press.

Janelli, Roger L., and Dawnhee Yim Janelli. 1982. *Ancestor Worship and Korean Society*. Stanford, CA: Stanford University Press.

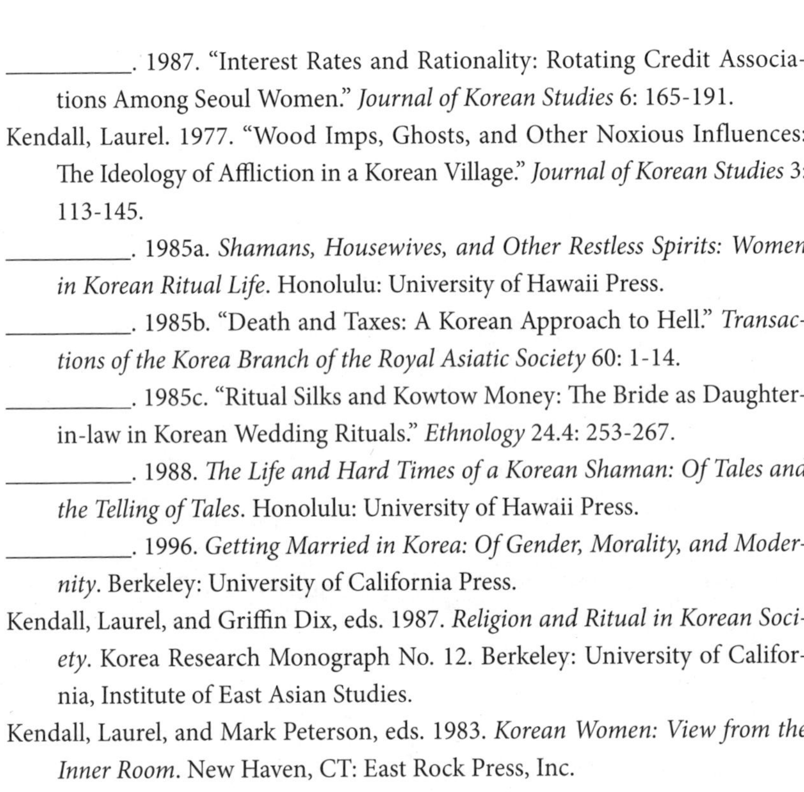

__________. 1987. “Interest Rates and Rationality: Rotating Credit Associations Among Seoul Women.” *Journal of Korean Studies* 6: 165-191.

Kendall, Laurel. 1977. “Wood Imps, Ghosts, and Other Noxious Influences: The Ideology of Affliction in a Korean Village.” *Journal of Korean Studies* 3: 113-145.

__________. 1985a. *Shamans, Housewives, and Other Restless Spirits: Women in Korean Ritual Life*. Honolulu: University of Hawaii Press.

__________. 1985b. “Death and Taxes: A Korean Approach to Hell.” *Transactions of the Korea Branch of the Royal Asiatic Society* 60: 1-14.

__________. 1985c. “Ritual Silks and Kowtow Money: The Bride as Daughter-in-law in Korean Wedding Rituals.” *Ethnology* 24.4: 253-267.

__________. 1988. *The Life and Hard Times of a Korean Shaman: Of Tales and the Telling of Tales*. Honolulu: University of Hawaii Press.

__________. 1996. *Getting Married in Korea: Of Gender, Morality, and Modernity*. Berkeley: University of California Press.

Kendall, Laurel, and Griffin Dix, eds. 1987. *Religion and Ritual in Korean Society*. Korea Research Monograph No. 12. Berkeley: University of California, Institute of East Asian Studies.

Kendall, Laurel, and Mark Peterson, eds. 1983. *Korean Women: View from the Inner Room*. New Haven, CT: East Rock Press, Inc.

Kennedy, Gerald F. 1977. “The Korean ‘Kye’: Maintaining Human Scale in a Modernizing Society.” *Korean Studies* 1: 197-222.

Knez, Eugene. 1959. “Sam Jong Dong: A South Korean Village.” PhD diss., Syracuse University.

Lay, Arthur H. 1913. “Marriage Customs of Korea.” *Transactions of the Korea Branch of the Royal Asiatic Society* 3.4: 1-15.

Lett, Denise P. 1998. *In Pursuit of Status: The Making of South Korea’s “New” Urban Middle Class*. Harvard-Hallym Series on Korean Studies. Cambridge and London: Harvard University Asia Center.

Lewis, Linda Sue. 1984. “Mediation and Judicial Process in a Korean District Court.” PhD diss., Columbia University.

__________. 1988. “The Kwangju Incident Observed: An Anthropological Perspective on Civil Uprising.” In *The Kwangju Uprising: Shadows over the Regime in South Korea*, edited by Donald N. Clark. Boulder and London: Westview Press.

__________. 2002. *Laying Claim to the Memory of May: A Look Back at the 1980 Kwangju Uprising*. Honolulu: University of Hawaii Press.

Mattielli, Sandra, ed. 1977. *Virtues in Conflict: Tradition and the Korean Woman Today*. Seoul: Korea Branch of the Royal Asiatic Society.

Mckenzie, Frederick. 1920. *Korea's Fight for Freedom*. London: Simpkin, Marshal and Co.

Meade, E. Grant. 1951. *American Military Government in Korea*. New York: King's Crown Press.

Mitchell, C. C. Jr. 1949. "The New Korea Company Limited: Land Management and Tenancy Reform in Korea against a Background of United States Army Occupation, 1945–1948." PhD diss., Harvard University.

Nelson, Frederic M. 1946. *Korea and the Old Orders in Eastern Asia*. Baton Rouge: Louisiana State University Press.

Nelson, Laura C. 2000. *Measured Excess: Status, Gender and Consumer Nationalism in South Korea*. New York: Columbia University Press.

Osgood, Cornelius. 1951. *The Koreans and Their Culture*. New York: Ronald.

Owens, Donald Dean. 1975. "Korean Shamanism: Its Components, Context and Functions." PhD diss., University of Oklahoma.

Scott, James C. 1976. *The Moral Economy of the Peasant: Rebellion and Subsistence in Southeast Asia*. New Haven, CT: Yale University.

Sorensen, Clark W. 1983. "Women, Men, Inside, Outside: The Division of Labor in Rural Central Korea." In *Korean Women: View from the Inner Room*, edited by Laurel Kendall and Mark Peterson. New Haven, CT: East Rock Press, Inc.

__________. 1988a. *Over the Mountains are Mountains: Korean Peasant Household and their Adaptations to Rapid Industrialization*. Seattle: University of Washington Press.

__________. 1988b. "The Myth of Princess Pari and the Self-Image of Korean Women." *Anthropos* 83: 409-419.

Thomas, James Philip. 1993. "Contested from Within and Without: Squatters, the State, the Minjung Movement, and the Limits of Resistance in a Seoul Shanty Town Targeted for Urban Renewal." PhD diss., University of Rochester.

Young, Barbara Elizabeth. 1982. "Spirits and Other Signs: The Practice of Divination in Seoul, Republic of Korea." PhD diss., University of Washington.

PART IV.

EAST AND WEST

Comparative Analysis of Eastern and Western Tyranny: *Focusing on Aristotle and Mencius*[*]

KANG Jung In and EOM Kwan Yong

Introduction

Western-centrism,[1] which has been developed in close association with Hegelian historicism since the Enlightenment, underlies liberalism and Marxism, created by modern European civilization as universal political ideologies. It has also served as the core assumption of modernization theory since World War II, and of the civilizing mission of European colonialism and imperialism in the nineteenth century. In the process of the evolution of Western-centrism, modern Western thinkers took advantage of the intellectual heritage of ancient Greek civilization, which they called upon as their ancestor, so that Greek philosophers could unwittingly influence the shaping of modern Western-centrism. For example, in his examination of tyranny in *The Politics*, which would later become a classic of Western political science, Aristotle described tyranny as

* Originally published in the *Korea Journal*, vol. 43, no. 4 (winter 2003).

KANG Jung In is Professor of Political Science at Sogang University. He has authored many books including *Minjujuui-ui ihae* (Understanding of Democracy) (1997) and *Segyehwa, Jeongbohwa, geurigo minjujuui* (Globalization, Informatization, and Democracy) (1998).

EOM Kwan Yong is a PhD candidate in the Department of Political Science at Sogang University. He has authored several articles including "A Comparative Analysis of Tyranny in Eastern and Western Political Thought of Ancient Times" (in Korean) (MA thesis, 2002) and "Jeonche gwollyeok-ui haechae-wa geundae jeongchi-roui ihaeng: gojeonjeok jayujuui-ui jeongchijeok hamui" (Dissolution of Absolutism and Transition into Modern Politics: The Political Implication of Classical Liberalism) (2007).

originating from and therefore suitable for Asia. Later Enlightenment thinkers in Europe embarked on the mission to reappropriate Aristotelian Hellenocentric coupling of Asia and tyranny and to elaborate it in the Western-centric concept of "Oriental despotism" which was fully formulated by Montesquieu. Thus, the Aristotelian concept of tyranny based on Hellenocentric version of civilization-barbarism was inherited and expanded in Montesquieu's notion of Oriental despotism. Montesquieu stated that, since the peoples of Asia and Africa possessed a servile spirit and lacked the spirit of liberty throughout their entire history, despotism—a form of government in which "a single man, unrestrained by law and other rules, dominate[d] by his will and caprices"—reigned supreme outside Europe (Richter 1977, 196, 214).[2] And John Stuart Mill, who had completed the development of modern liberalism, asserted that Asians had never undertaken any form of systematic resistance against ruling power, so that Asian civilizations had repeated a cycle of stagnation and decay (requoted from Lee 1998, 82).

Western bias against Asian civilization in the era of imperialism and colonialism seems to find contemporary reverberation with regard to the prospects of democracy in East Asia, for example in the argument of Samuel P. Huntington. He notes that Confucian democracy is a contradiction in terms, because Confucian tradition is hostile to democracy. Thus Huntington (1991) asserts in his survey of recent democratization in non-Western societies that Confucianism is a more critical barrier to democracy than Islam, while Christianity encourages the development of democracy. In this context, Montesquieu's assertion that tyranny reigned supreme in Asia correlates with the Aristotelian understanding that Asia presents an archetypal example of tyranny. Also, Mill's assertion that Asian history lacks systematic resistance is a modern version of the Aristotelian approach claiming that the people of Asia are servile and therefore take tyrannical rule for granted. Furthermore, Huntington's characterization of Confucianism as hostile to democracy and democracy in East Asia as "dominant party-democracy" suggests, too, that authoritarianism, a contemporary substitute for tyranny, is acceptable and natural in East Asia, while democracy therein is unstable and deviant.[3] Considering the line of thought from Aristotle to Huntington, we can see that Western-centrism has been deeply rooted in the Western intellectual tradition for over two thousand years, and emerged later in a full-blown form to legitimate Western imperialism and colonialism in the modern era.

The purpose of this chapter is to refute the perennial assumption held by Western thinkers and scholars such as Aristotle, Montesquieu, J. S. Mill, and Samuel P. Huntington. The chapter will show that there has been a strong tradition in Confucian political thought that criticizes and resists tyranny and even justifies revolting against it. We will first examine the Aristotelian notion of tyranny in order to find out how tyranny and Asia were combined in Aristotle's nascent form of political Orientalism. Next, we shall compare Aristotle's analysis of tyranny with the political thought of Mencius (372–289 BC) in order to prove that there has also been a great tradition in East Asia to check and control tyranny.[4] This comparison will show that the Western-centric concept of Oriental despotism, which appeared in a pristine form in Aristotle and has been inherited and expanded by modern and contemporary Western thinkers since Montesquieu, might not apply to the Confucian tradition of East Asia. We will show that, in fact, resistance against oppression and tyranny is an active component in Confucian tradition.

This insight might be useful in forming a united intellectual front of East and West to resist contemporary tyranny. Today, Orientalist thought still stubbornly haunts the world, dividing the world into a dichotomy of civilization and barbarism, and asserting that authoritarianism, a modern substitute for tyranny, is natural and normal in the East, while democracy is natural and normal in the West. Also, by comparing Aristotle's theory on the politics of city-states with Mencius, who lived in the Spring and Autumn Period of pre-Chin China, this discussion proves a preliminary kind of dialogue among civilizations.

Hellenocentric Orientalism in Aristotle's Concept of Tyranny

Aristotle (384–322 BC) wrote *The Politics* by collecting materials from the Greek polis and neighboring states, and by empirically analyzing and comparing their political systems. Although *The Politics* is still considered one of the greatest books in politics, the book reflects a pristine form of Orientalism. This refers to Aristotle's Hellenocentric worldview—which was acceptable at the time—that the Greek citizens, living freely in a self-governing polis, had developed reason to the fullest degree and reached the highest stage of human development. Although his research method was objective and empirical, Aristotle erred in defining the differences between the Greeks and the neighboring tribes as natural and essential[5] and presenting the "other" as barbarian. Aristotle's *The Politics* sets the Greeks against the Persians through Hellenocentric exceptionalism and Orientalism. Contemporary Western-centrism has inherited and expanded such Hellenocentric attitude, adopting ancient Greek civilization as its intellectual origin, and thus identifying Hellenocentrism as its archetype.

Next we shall examine how tyranny and Asia were coupled in Aristotle's political thought. In the beginning of *The Politics*, Aristotle distinguishes the rule of a statesman from those of a monarch and a house manager (a patriarch). The rule of a statesman as a horizontal ruler over free and equal citizens is basically democratic in the sense that the ruler exercises "his authority in conformity with the rules imposed by the art of statesmanship and as one who rules and is ruled in turn" (Barker 1969, 1-2). In contrast, the rule of a monarch and a patriarch as the vertical one over unfree and unequal humans are basically despotic in the sense that they wield an "uncontrolled and sole authority" (Barker 1969, 1).

Aristotle distinguishes between Greeks and barbarians, the latter including both Europeans and Asians (Persians). That is to say, the ancient Greeks felt themselves distinct from Europeans and Asians. The Greek stock belonged to the natural master and ruling element, as it had the capacity, "by virtue of its intelligence, to exercise forethought" (Barker 1969, 3). By contrast, the barbarian stock was in a state of slavery by nature, because it lacked a natural ruling element and had "the element which was able, by virtue of its bodily power, to do the physical work" (Barker 1969, 3). Thus, the barbarians and the slaves are the same by nature. Aristotle quotes the following phrase from a poem: ". . . barbarous peoples should be governed by the Greeks" (Barker 1969, 3). It was natural for the ancient Greeks to think that they were equipped with rational faculty and freedom that allowed them to participate in the political life of the polis, their supreme political association. The polis, the civilized political community, was supposed to pursue the common interest of free citizens.

Thus, the famous Aristotelian proposition that "man is a political animal"—or, more accurately, that "man is by nature an animal intended to live in a polis" (Barker 1969, 5)—should be understood as a direct expression of Greek exceptionalism. This proposition was intended to apply not to all people but to the Greeks only.[6] The common interpretation by most scholars that the Aristotelian proposition, "man is a political animal," applies to all people is an anachronistic misinterpretation. For Aristotle, human nature is not common and instinctual to all human beings, but something revealed in the ultimate end, as a goal to be attained. In fact, only Greeks, who have reached the stage of living in the polis, are indeed political animals by nature, and barbarians who are "without a polis, by reason of [their] own nature and not of some accident" constitute "a poor sort of being" (Barker 1969, 5). According to Aristotle's pristine form of Orientalism, the life of slavery is fit for barbarians when they live in Greece, and tyrannical rule is suitable for barbarians when they live outside, because they lack reason and the ruling element of free men.

It seems mandatory to examine in more detail the Aristotelian notion of tyranny that is fit for barbarians. For Aristotle, a city-state occupied by free citizens is the ideal political association in which people can pursue their common interest. In contrast, "[t]hose constitutions which consider only the personal interest of the rulers are all wrong constitutions, or perversions of the right forms" (Barker 1969, 112). Furthermore, "[w]e may say that when the One, or the Few, or the Many, rule with a view to the common interest, the constitutions under which they do so must necessarily be right constitutions. On the other hand, the constitutions directed to the personal interest of the One, or the Few, or the Masses, must necessarily be perversions" (Barker 1969, 114). Thus, Aristotle presents kingship, aristocracy, and the polity as correct constitutions that pursue people's common interest, and tyranny, oligarchy, and democracy as perverse. Among the three perversions, tyranny is conceived as the worst form, as it is the perverse form of the best constitution, kingship (1969, 158).

Plato also suggests that tyranny is an extremely corrupt political system. In *The Republic*, he describes the deterioration process of his ideal city and defines tyranny as the "extreme illness of a city" (Bloom 1968, 222). Likewise, Aristotle also defines tyranny as an unnatural state of chaos and confusion: "There is no society which is meant by its nature for rule of the tyrannical type, or for rule of the other types found in wrong or perverted constitutions: the societies that are under such types of rule have fallen into an unnatural condition" (1969, 150). Thus, the supreme duty of citizens is to overcome the unnatural condition of tyranny and restore the natural, normal condition (Barker 1969, 150).[7]

For Aristotle, the capacity to overcome tyranny is a privilege reserved only for "civilized" Greeks. Barbarians, however, are servile and familiar with tyrannical rule, and accustomed to living under it. In discussing the natural faculties of citizens fit for his ideal state, Aristotle notes that "[t]he peoples of cold countries generally, and particularly those of Europe, are full of spirit, but deficient in skill and intelligence," and that "[t]he peoples of Asia are endowed with skill and intelligence, but are deficient in spirit." Therefore Europeans "attain no political development and show no capacity for governing others," and Asians "continue to be peoples of subjects and slaves." In contrast, the Greek stock equipped with the best qualities of the two peoples continues to remain free and is capable of attaining the "highest political development" and "governing every other people—if only it could once achieve political unity" (Barker 1969, 296).[8] As these quotes show, Aristotle distinguishes between the Greeks and the Europeans and Asians, calling the latter two barbarians.

Not being satisfied with merely distinguishing between Greeks and barbarians, Aristotle subdivides barbarians even further, presenting Asians as more servile than Europeans: "These uncivilized peoples are more servile in character than Greeks (as the peoples of Asia, in turn, are more servile than those of Europe)" (1969, 138). Here, Asia refers to the confines of Persia and its vicinities east of the Aegean Sea. Therefore, what Aristotle referred to as Asia included only the ancient "near east" which was far smaller than what we today understand as Asia (Bae 2001, 205).[9]

Aristotle defines human nature in terms of ethnic differences. He regards Asians as servile, as leading a slavish life without any resistance and taking tyrannical rule for granted. He extends his definition of human nature based on ethnic differences to the political community. Judging from this examination, Aristotle's argument that "[t]here is no society which is meant by its nature for rule of the tyrannical type" (1969, 150) is in fact applicable only to Greek city-states, and tyranny remain natural and constitutional for European and Asian barbarians, as can be seen in the following passage:

> Another type of kingship is the sort which is to be found among some uncivilized [i.e., non-Hellenic] peoples. Kingships of this sort all possess an authority similar to that of tyrannies; but they are, nonetheless, constitutional. . . . The reason is that these uncivilized peoples are more servile in character than Greeks . . . (1969, 138).

Thus, Aristotle identifies the archetype of tyranny in the Persian monarchy:

> Many of its characteristics are supposed to have been originally

> instituted by Periander of Corinth; but many of its features may also be derived from the Persian system of government (1969, 244).

From our examination so far, it is evident that the Aristotelian essentialist scheme of civilization-barbarism leads to the conclusion that non-Greek barbarians did not have the capacity or right to resist tyranny. Aristotle assumed that barbarians' kingship was permanently tyrannical and impossible to overthrow. In contrast, he supposed that tyrannies in Greece could and should be overturned, and that if they did exist in Greece they were mere perversions.

Aristotle's point might be less disputable had he based his definition of the Persian kingship on empirical research. Clearly, however, Aristotle branded Asia as tyrannical based on his Hellenocentric bias. For him, barbarian tyranny was a natural and normal political system for the servile and slavish Asians, while the Greek tyranny was regarded as a temporary and pathological aberration. With this in mind, we will now examine Aristotle's analysis of tyranny in more detail.

Aristotle's Analysis of Tyranny

Aristotle examines and formulates ideal political systems in volumes two and seven of *The Politics*, and devotes himself to analyzing actual politics in volumes three to five. He describes and diagnoses tyranny in comparison with other political systems, examines the cause of its collapse and measures for its preservation in volumes three and four. Aristotle (1969) describes major features of tyranny thus:

> Tyranny is single-person government of the political association on the line of despotism [i.e. treating the citizens as a master treats slaves] (115).

> . . . he [the tyrant] too uses coercion by virtue of superior power (122).
>
> . . . the tyrant, who rules contrary to the will of his subjects, has a [foreign] bodyguard to protect him against them (138).
>
> Tyranny is bound to exist where a single person governs men who are all his peers or superiors, without any form of responsibility, and with a view to his own advantage rather than that of his subjects (179).

According to the above quotes, Aristotle sees tyranny as a political system that transforms equal relations among free men into those between master and slaves. It also serves the private interest of the ruler, not the common interest of the community. While kingship rules with the consent of subjects and within the legal limit, tyranny does not respect law nor satisfy the consent of subjects as the condition for legitimate political power (Barker 1969, 241).[10] If a tyrant feigns taking into consideration the consent of the subjects, he only does so to legitimate his rule for private gains. When he is unable to gain the consent of his subjects, however, he relies upon physical coercion such as a foreign bodyguards or mercenaries. He corrupts his citizens and turns them into servile subjects.[11] Thus tyranny is the most corrupt political regime, an unnatural condition not worthy of being called "political" in the least.

After diagnosing the major symptoms of tyranny, Aristotle examines the causes of its collapse and the necessary measures for its preservation. Its collapse is caused by internal quarrels among partners in a tyranny, the actual attacks of revolutionaries against the office and life of a tyrant, and so on (Barker 1969, 237, 240). The reasons why subjects rebel against their tyrants are often "unjust oppression, fear, and contempt" (Barker 1969, 237). According to Aristotle, "[t]he honors paid to the man who assassinates a tyrant—and not a mere thief—are also great" (1969, 66).

Aristotle then discusses the method for preserving tyranny. According to him, it is preserved in "two ways which are utterly opposed to one another." The first is traditional and is "still followed by the majority of tyrants," and the second is the very reverse of the first, "turning of tyranny into the nature of a kingship" (1969, 244, 246). While the first method presupposes that the subjects are hostile to a tyrant and "the aim is to make them unable to conspire," the second aims at "making the subjects indisposed to conspire" (1969, 246, Barker's note).

The first method consists of various measures. One is the purge of outstanding and spirited men, as they can be a threat to tyranny. A second is to breed mutual distrust and discord among subjects[12] so that they remain estranged and are unable to launch collective action against their tyrant. A third is to encourage ignorance among subjects and to place all people under constant surveillance of secret police, thus keeping people in isolation and atomization. A fourth is "impoverishing their subjects," partly to prevent people from having the means for engaging in political action and partly to keep them busy earning a living. Some examples are the waging of frequent wars, imposition of heavy taxes, and initiating large-scale construction works such as "building of temple to Olympian Zeus by the family of Peisistratus" (Barker 1969, 244-245).

By contrast, the second method seeks to prolong tyranny by disguising itself as kingship: "The tyrant should act, or at any rate appear to act, in the role of a good player of the part of King. . . . He should plan and adorn his city as if he were not a tyrant, but a trustee for its benefit. He should always show a particular zeal in the cult of the gods" (Barker 1969, 247-248).[13] Just as Glaucon says in Plato's *The Republic* that the "extreme of injustice is to seem to be just when one is not" (Bloom 1968, 38), the tyrant, a man of extreme injustice, may prolong his rule by acting as if he were not unjust. For example, the tyrant may justify his rule by acting more as a steward than as a tyrant, more as public arbitrator than as a seeker of private interest, more as a guardian of his subjects than as their dominator, more as people's representative than as their demagogue, and more as a guardian of tradition than as its destroyer. After all, Aristotle ended up bringing the superiority of kingship into sharp relief in his recommendation for the second method (Mandt 1994, 55).

Thus far, we have summarized Aristotle's theory of tyranny. It is interesting to note that the elaborate diagnosis and critique of tyranny was present in classical Confucianism, notably in *The Works of Mencius*, Aristotle's contemporary in pre-Chin China. Mencius established the "Theory of the Overthrow and Punishment of a Tyrant" as an important strand in the Confucian tradition, and his theory has laid the groundwork for Confucian justification of revolutionary struggle against tyranny and autocracy. It is mandatory to examine Mencius' theory of tyranny and compare it with Aristotle's.

The Theory of the Overthrow and Punishment of Tyrants in Classical Confucianism: The Political Thought of Mencius

Aristotle defines tyranny as rule by a single arbitrary ruler and points to Asia (including Persia) as its archetype. However, there is in fact a strong critical voice opposing tyranny in the political thought of Mencius that contradicts Aristotle's Hellenocentric conviction. Mencius' political philosophy may be characterized as the ideal of "kingly rule" (or rule of virtue).[14] Its major features can be summarized as follows: requiring the support and consent of the people as a condition for legitimate political rule; the provision of basic property (or material needs) for the people; requiring the joint rule of a monarch and ministers to prevent a single, arbitrary rule; abiding by the theory of the overthrow and punishment of tyrants; and, finally, ruling virtuously with generosity rather than with strict rule of law and heavy punishment (propagated by Chinese Legalists).

While Aristotle devotes himself considerably to describing major features of tyranny and examining the method for maintaining tyrannical rule, *The Works of Mencius* does not include such considerations. Instead, Mencius focuses his attention mainly on describing major features of genuine kingship, proposing preventive measures against tyranny, and legitimizing the overthrow and punishment of tyrants.[15] Concrete descriptions of tyranny in Confucian political philosophy can be found mainly in the *Shujing* 書經 (Book of Documents)[16] as well as in *The Works of Mencius*. We shall next identify major features of tyranny presented in the *Shujing*, and then examine Mencius' critical analysis of tyranny and justification of revolution in comparison with Aristotle's.

The *Shujing* and *The Works of Mencius* reflect similarities between Confucian and Aristotelian descriptions of tyranny in the following passages:

> After the death of King Yao [堯] and King Shun [舜], the principles that mark sages fell into decay. Oppressive sovereigns arose one after another, who pulled down houses to make ponds and lakes, so that the people could not get clothes and food. Afterwards, corrupt speakings and oppressive deeds became more rife; gardens and parks, ponds and lakes, thickets and marshes became more numerous, and birds and beasts swarmed. By the time of the tyrant Chau [Zhou 紂], the kingdom was again in a state of great confusion (Legge 1960b, 280).

> The king of Hea [Xia 夏] extinguished his virtue and played the tyrant, extending his oppression over you, the people of the myriad regions. Suffering from his cruel injuries, and unable to endure the wormwood and poison, you protested with one accord your innocence to the spirits of heaven and earth (Legge 1960a, 186).

> Now, Show [Zhou 紂],[17] the king of Shang [商], does not reverence Heaven above, and inflicts calamities on the people below. He has been abandoned to drunkenness, and reckless in lust. He has dared to exercise cruel oppression. Along with criminals he has punished all their relatives. He has put men into office on the hereditary principle. He has made it his pursuit to have palaces, towers, pavilions, embankments, ponds, and all other extrava-

> gances, to the most painful injury of you, the myriad people. He has burned and roasted the loyal and good. He has ripped up pregnant women (Legge 1960a, 284-285).

> Now Show, the king of Shang treats with contemptuous slight the five constant virtues, and abandons himself to wild idleness and irreverence. He has cut himself off from heaven, and brought enmity between himself and the people. He cut through the leg-bones of those who were wading in the morning; he cut out the heart of the worth man. By the use of his power killing and murdering, he has poisoned and sickened all within the four seas. His honor and confidence are given to the villainous and bad. He has driven from him his instructors and guardians. He has thrown to the winds the statutes and penal laws. He has imprisoned and enslaved the upright officer. He neglects the sacrifices to Heaven and Earth. He has discontinued the offerings in the ancestral temple. He makes contrivances of wonderful device and extraordinary cunning to please his woman (Legge 1960a, 294-295).

Reading the above quotes, it is clear that there are many similarities between Aristotelian and Confucian descriptions of tyranny worthy of close examination. First of all, tyranny in Confucian thought refers to the form of rule enforced entirely by violent and immoral means. As the above quotes show, the foremost feature of tyranny is violent rule of terror that instills constant fear. Such a reign of terror is similar to Aristotle's tyrant, who mobilizes coercive force and relies upon foreign bodyguards. It was by ruling with violent and immoral means that Jie 桀 and Zhou, the two notorious tyrants, drove people to desert them. Second, just as Aristotle defines kingship as the rule within the limit of law and tyranny as the rule in violation of law, the tyrant in the *Shujing* is portrayed as an arbitrary destroyer of law, as we can see in the passage, "He has thrown to the winds the statutes and penal laws." Third, Aristotle states that tyranny is maintained by the removal of outstanding men and men of spirit who threaten it, and in the *Shujing*, tyrants kill loyal ministers, those representing the will of people as in the phrase, "burning the loyal and the good." Furthermore "imprisoning and enslaving upright officers" is an idea similar to Aristotle's description of the tyrant who turns free citizens into subjects. Fourth, just as the tyrant in the *Shujing* built palaces, towers, pavilions, embankments, ponds, and all other extravagances to increase his own pleasure and to harm his people, so did Aristotle's tyrant impoverish his people by undertaking large-scale construction works. This also confirms Aristotle's point that tyranny is a single person's rule with a view to his own advantage. Finally, Aristotle suggests that the tyrant is a destroyer of tradition by showing that the tyrants always need to display particular cultist zeal. Chinese tyrants are also found to destroy tradition as shown in the passage: "He neglects the sacrifices to Heaven and Earth. He has discontinued offerings in the ancestral temple." Considering all this, the discussion of tyranny in classical Confucianism that appears in *The Works of Mencius* and the *Shujing* is very similar to Aristotle's ideas of tyranny.

Turning to Mencius' critique of tyranny and justification of its overthrow, it should be noted that Mencius stressed the idea of the joint rule of a king and ministers and the will of people as the source of legitimate political rule, either to prevent tyranny or to overthrow it. First of all, it was for the sake of preventing a single man's arbitrary rule that Mencius stressed the joint rule of a king and ministers. King Shun, whom Mencius admired most, was famous for his willingness to consult with and follow others in his rule instead of insisting on his own way: "He (Shun) regarded virtue as the common property of himself and others, giving up his own way to follow that of others, and delighting to learn from others to practice what was good" (Legge 1960b, 205).

Shun's precedent served an exemplary model not only for saintly kings, but also for kings and lords during the Spring and Autumn period who placed priority on real politics more than moral politics:

> [T]here was the behavior of T'ang [Tang 湯] to Î Yin [Yi Yin 伊

> 尹]:—he first learned of him, and then employed him as his minister; and so without difficulty he became sovereign. There was the behavior of the duke Hwan to Kwan Chung [Guan Zhong 管仲]:—he first learned of him, and then employed him as his minister; and so without difficulty he became chief of all the princes (Legge 1960b, 214).

In Confucian political thought,[18] the relation between king and ministers is based basically on righteousness and reason, so ministers may abandon a king if righteousness and reason are in discord. A king's arbitrary rule over ministers is rejected in Confucian political thought. Furthermore, as is shown in the above quote, Confucianism argues that the king may exercise his rule by learning of his ministers. Mencius warned against the danger of a single rule by a monarch and contributed to consolidating the idea of a joint rule of king and ministers, a uniquely Confucian political idea.

Mencius also criticized tyrannical rule by employing the analogy of a lapidary. He argued that the government of the country should rely upon expert knowledge, and that even a king's authority should not interfere with ministers, just as carving and polishing a gemstone should be completely trusted to a lapidary (Legge 1960b, 168). Mencius' idea of rule by experts is similar to Plato's idea of philosopher-rulers, and contrasts sharply with Aristotle's stress on the rule by amateurs.

Had Mencius' argument stopped here, then he might have been criticized for merely defending oligarchical rule by a small class of intellectuals or experts, just as Plato has been criticized. However, Mencius was not satisfied with his argument for the joint rule of king and ministers in order to check tyrannical rule. He further proposed the support and consent of the people as the condition for legitimate political power, which may be understood in line with Aristotle's stress on rule with subjects' consent as the essential condition distinguishing kingship from tyranny. The support and consent of the people may be confirmed passively, such as when people welcome a given policy of a king or he makes it a rule to share pleasures with his people. But more importantly, we find that Mencius insists that power come from the people and be exercised in accordance with the will of the people.

Mencius declares that the source of power lies in the people. According to him, the authority of kings such as Yao and Shun was recognized and given by Heaven, and Heaven in turn also reflected the will of the people. In his explanation of the succession from Yao to Shun, Mencius stated that Heaven and the people accepted Shun when Yao presented Shun to both of them respectively (1960, 355). Quoting a passage from the *Shujing*, Mencius says that "Heaven sees according as my people see; Heaven hears according as my people hear" (1960, 357). This means that Heaven reflects the will of people, although the two are separate sources of authority.

Regarding the exercise of political power, Mencius explicitly states that the will of the people as a whole should be reflected in important government policies. For example, the appointment of ministers and penal administrators were important government affairs in ancient China, and Mencius stresses that a king should implement such policies, as those of appointing and dismissing ministers and passing a death sentence upon a criminal, only after all the people approve them. He notes:

> When all those about you say, "This is a man of talents and worth," you may not therefore believe it. When your great officers all say, "This is a man of talents and virtue," neither may you for that believe it. When all the people say, "This is a man of talents and virtue," then examine into the case, and when you find that the man is such, employ him. . . . You must act in this way in order to be the parent of the people (1960, 166).

Mencius asserts here that in appointing ministers, a king should deliberate in a long series of hearing processes with diverse strata of courtiers, ministers, and people, and then make a final decision on the basis of these hearings and his own reflections (1960, 166). Mencius places great importance on the will of the people in policy-making process. Although the mechanism representing the will of the people in ancient Chinese states was not institutionalized, Mencius' political thought clearly incorporates the spirit and idea of representing the will of people in Confucian political thought. This might suggest that Confucian political thought possibly follows the concept "by the people" in addition to the elements "of the people" and "for the people," whereas it has been commonly thought to contain only the latter two among the three elements of democracy.[19] Mencius' trust in the people's will also indicates that the common argument that Confucian tradition is a critical barrier to the development of democracy in East Asia may be made too cursory at best.

Finally, it is important to note that for Mencius, the support and consent of the people is crucial not only in legitimating political power, but also in resisting and overthrowing tyranny. Thus, Mencius stressed the fact that people enthusiastically welcomed kings Tang and Wu as leaders of revolutions when they undertook the overthrow and punishment of tyrants:

> While Tang punished their rulers, he consoled the people. His progress was like the falling of opportune rain, and the people were delighted. It is said in the *Shujing* (Book of Documents), "We have waited for our prince. When our prince comes, we may escape from the punishment under which we suffer" (1960, 273).

> Mencius replied, "If the people of Yen [Yan 燕] will be pleased with your taking possession, then do so." Among the ancients there was one who acted on this principle, namely King Wu [武]. "If the people of Yen will not be pleased with your taking possession, then do not do so." Among the ancients there was one who acted on this principle, namely King Wan [Wen 文] (1960, 273).

People's delight with Tang's "progress" as if it were "the falling of opportune rain" explicitly indicates their active support and consent to the new political order. Of course, the institutionalized validation procedure of popular support and consent was absent in the times of Mencius. Yet Mencius' recognition that political power is effective only when it is based on popular support and consent shows his deep insight into the origin and generation of political power.

In addition, in his legitimization of resistance against tyranny, Mencius argues that the tyrant is not a king but a thief or ruffian:

> King Hsuan [Xuan 宣] of Chi [Qi 齊] asked, saying, "Was it so, that Tang banished Chieh [Jie], and that King Wu smote Chau [Zhou]?" Mencius replied, "It is so in the records." The king said, "May a minister then put his sovereign to death?" Mencius said, "He who outrages the benevolence proper to his nature, is called a robber; he who outrages righteousness, is called a ruffian. The robber and ruffian we call a mere fellow. I have heard of the cutting off of the fellow Chau, but I have not heard of the putting a sovereign to death, in his case" (1960, 167).

Mencius' calling tyrants "mere fellows" rather than "kings" reverberates in a similar passage in *Two Treatises of Government* of John Locke, who is famous for his theory of resistance. Pointing to the dangerous nature of the arbitrary and tyrannical supreme ruler, Locke states: "But when he quits this Representation, this Public Will, and acts by his own private Will, he degrades himself, and is but a single private Person without Power, and without Will, that has any Right to Obedience" (1967, 386). Here the "private person" is equivalent to Mencius' "mere fellow." Mencius' logic of overthrowing and punishing a tyrant is comparable to Aristotle's praise of tyrannicide, in which he said that he who kills a tyrant is awarded with great honor. Likewise, Tang and Wu, who overthrew and punished tyrants, have been honored and enshrined as "sage kings" in Confucian political thought.

Mencius' theory and insight so far delineated clearly show that Oriental despotism is a Western invention of stigma upon Asia, and is inapplicable to ancient Chinese and East Asian civilization and classical Confucianism. Mencius' political philosophy is clearly incompatible with tyranny. And therefore, Mill's derogatory remark that the history of a lack of systematic resistance in Asia to tyranny is clearly Orientalist ideology based on poor evidence.

Conclusion

Aristotle defines tyranny as a single man's arbitrary rule that is disrespectful of the law, goes against the will of the people, and pursues the ruler's private interest. According to Aristotle, such tyranny seeks to preserve itself by employing various measures such as breeding mutual distrust and fear through constant surveillance, encouraging ignorance and impoverishment of people, and suppressing free political action by citizens. Tyranny thus represents the antithesis to Aristotle's ideal polity, in which governance depends on the support and consent of free citizens and political action is based on deliberative consensus. Aristotle also examines those elements maintaining tyranny, and notes that great honors are given to citizens who overthrow tyranny.

Mencius provided a path-breaking turning point in the history of Confucian political thought by elevating the status of people as high as the mandate of Heaven. For Mencius, tyranny, which rules against the will of people, is the worst political system. The tyrant is no more than a robber or a ruffian who betrays benevolence and righteousness, and is thereby demoted to the status of "a mere fellow," who happens to occupy the throne. According to Mencius, tyranny is also an open dictatorship of terror, which fails to provide basic living conditions for people, exercises arbitrary rule of men which trespasses the standard of propriety and law, oppresses virtuous ministers, ignores the popular opinion, and imposes rule by violence. Thus, the tyrant who dominates over the people with cruelty and greed rightfully becomes the object of popular grievance and hatred, and is a public enemy whose murder will be supported by popular will. For example, when Tang and Wu overthrew and punished Jie and Zhou, they were empowered by popular support and consent. Tang and Wu were able to do it by gaining popular support and consent, while Jie and Zhou were overthrown by losing that support.

Thus far, we have compared Confucian theory of tyranny with that of Aristotle. Through this comparison, we criticized the Aristotelian, Hellenocentric argument that the peoples of Asia were servile and tyranny naturally suited their political system. At the same time, we have found that Aristotelian analysis of tyranny sheds insightful light on understanding tyranny in ancient China and that Mencius' understanding of tyranny was quite similar to that of Aristotle. The political thought of Mencius has remained an important source of East Asian tradition. Mencius encourages and approves active resistance and struggle against tyranny and oppression, and strives for the realization of virtuous "kingly rule." In no way does Mencius preach an "orientalized" tradition which, according to Aristotle and Mill, encourages passivity and discourages resistance against tyrannical rules. Reexamination of political thought in East Asia suggests that traditionally, there was a criterion of judgment for proper politics which asserted that it was legitimate to overthrow and punish tyrants. With this in mind, we will be better equipped to rejuvenate the elements hospitable to progress in East Asian tradition and to conduct a genuine dialogue between Eastern and Western civilizations.

NOTES

1. Euro-centrism is used more frequently than Western-centrism. This chapter will use the latter term to explicitly include the United States, Canada, Australia, etc. Western-centrism consists of three general propositions. First, that modern Western civilization has reached the highest stage of development in human history (Western superiority). Second, that the developmental stages in Western history are universally applicable to all human histories in the world (universalism and historicism). Third, that non-Western societies positioned in lower stages of development in history can improve themselves only by emulating and accepting Western civilization (civilization/modernization = Westernization).

2. In opposition to this Orientalist attitude, one interpretation notes that the rule of virtue and the rule of law (or ritual/propriety) were closely intertwined in classical Confucianism represented by Confucius, Mencius, and Xunzi 荀子. Also, the rule of *li* 禮 (ritual/propriety) in Confucianism was actually a non-liberal form of constitutionalism related to the constitutional issue of how to control rulers. See Kang (2003).

3. At the same time, it may be said that democracy in the West is normal and natural, while Nazism, Fascism, and Franco's authoritarianism may appear to have been temporary perversions. With regard to the critique of Western scholars' (particularly Huntington's) Western-centrism with regard to democracy, see Kang (1999, 2000).

4. Aristotle lived from 384 to 322 BC and Mencius from 372 to 289 BC—the two men lived almost in the same period.

5. As we shall later examine, Aristotle defines human nature as essentialist in terms of ethnic differences. According to *Key Concepts in Post-Colonial Studies*, "Essentialism is the assumption that groups, categories, or classes of objects have one or several defining features exclusive to all members of that category. Some studies of race or gender, for instance, assume the presence of essential characteristics distinguishing one race from another or the feminine from the masculine. In analyses of culture it is a (generally implicit) assumption that individuals share an essential cultural identity . . ." (Ashcroft et al. 1998, 77).

6. Doubtlessly even Greek women were excluded from its intended appli-

cation.

7. Hella Mandt is one among contemporary theorists who presents the resistance to tyranny not as a right but as the duty (Mandt 1994, 61).

8. Thus, according to Ernest Barker, "Aristotle advised Alexander, in the exhortation 'On Colonies,' to distinguish between Greeks and barbarians," treating the former as a constitutional leader and the latter as a despotic master, as the latter, including Persians, lacked the capacity to develop virtues. However, Alexander who had a good sense of balance as a politician did not follow Aristotle's advice but treated Greeks and Persians equally, promoting "intermarriage and common military service" (Barker 1969, iix, xvii). Thus, Barker continues, "It meant a great revolution," giving birth to "the *cosmopolis* in place and instead of the polis" (Barker 1969, iix).

9. Because of the constraints of his times, Aristotle could not have extended his research of political systems farther east than Persia.

10. Aristotle asserted that "kingships among uncivilized peoples," for example, in Asia, are thus "of the nature of tyrannies." According to Aristotle, then, the law in the kingships of Asia is a means for maintaining tyranny rather than an instrument for checking it.

11. For example, refer to the following passage: ". . . and when it is imposed, by fraud or by force, it is instantly regarded as a form of tyranny" (Barker 1969, 241). In addition, Aristotle's explanation of deceitful actions the tyrant takes to preserve his rule proves this point (1969, 246-250).

12. Thus we find the following sentence in *The Nichomachean Ethics*: "[Justice] exists least in the worst form: in tyranny there is little or no friendship" (Aristotle [n.d.] 1998, 212).

13. Of course Aristotle adds the crucial safeguard that "the reformed tyrant shall retain power, and is still in a position to govern his subjects with or without their consent" (1969, 247).

14. When comparing Confucius and Mencius, Mencius stressed "righteousness" more strongly than "benevolence" among the Confucian cardinal virtues.

15. This is also the difference between Aristotle and Mencius. While Aristotle examines the method of preserving tyranny as well as overcoming it, Mencius rather takes a firm stand against tyranny. Thus, although both of them display strong normative attitude in their political analysis, still we could

say by comparison that Aristotle shows more positivist temper, while Mencius maintains a more normative spirit.

16. The *Shujing* (Book of Documents) is a collection of books on history covering the earliest three dynasties in ancient Chinese history, which were originally kept by the offices of history in various dynasties and were later filed and edited by Confucius. Thus, the theory of the overthrow and punishment of tyrants did not appear first in *The Works of Mencius*, but had been present from the beginning of Chinese political thought. However, Confucius did not mention the overthrow and punishment of tyrants in his *Analects*. Thus, it is Mencius who contributed to promoting the theory into one of the core principles of Confucianism. James Legge translated the *Shujing* as *The Shoo King*. Refer to Confucius (1960).

17. Show is the name for Zhou, the last king of Shang.

18. How ministers serve the prince depends on how the latter treats the former. "When the prince regards his ministers as his hands and feet, his ministers regard their prince as their belly and heart; when he regards them as the ground or as grass, they regard him as a robber and an enemy" (Legge 1960b, 318). The founder of Ming empire was allegedly exasperated at this passage, and removed it from *The Works of Mencius* as well as the following passage: "The people are the most important element in a nation; the spirits of the land and grain are the next; the sovereign is last" (Mencius 1960, 483). See Huang Zongxi (2000, 54 n. 16).

19. Of course, this point should not be interpreted as asserting that all Confucian heritages are hospitable to democracy. Rather it only intends to criticize some Western scholars who are more than happy to deny the value of Confucianism because of its some ostensibly negative aspects.

REFERENCES

Aristotle. [n.d.] 1998. *The Nicomachean Ethics*. Translated by David Ross. Oxford: Oxford University Press.

Ashcroft, Bill, et al. 1998. *Key Concepts in Post-Colonial Studies*. London: Routledge.

Bae, Chul-Hyun. 2001. "Yureop-ui moche-reul chaja" (In Search of the Origin of Europe). *Gyegan sasang* (Political Thought Quarterly) 50 (autumn): 201-221.

Barker, Ernest, ed. and trans. 1969. *The Politics of Aristotle*. Oxford: Oxford University Press.

Bloom, Allan, trans. 1968. *The Republic of Plato*. New York: Basic Books.

Huang, Zongxi 黃宗羲. 2000. *Myeongi daebangnok* 明夷待訪錄 (Expectation of a New Age). Translated by Kim Deok-gyun. Seoul: Hangilsa.

Huntington, Samuel P. 1991. *The Third Wave: Democratization in the Late Twentieth Century*. Norman: University of Oklahoma Press.

Kang, Jung In. 1999. "Confucianism and Democracy in East Asia: A Critique of Samuel P. Huntington's *Third Wave*." *Korea Journal* 39.3 (autumn): 315-337.

__________. 2000. "Some Reflections on Recent Democratization in South Korea." *Korea Journal* 40.2 (summer): 195-224.

__________. 2003. "The Rule of Law and the Rule of Virtue: On the Necessity for Their Mutual Integration." *Korea Journal* 43.1 (spring): 233-260.

Lee, Seung-Hwan. 1998. "Seoyang-ui yugyo ihae-e daehan damnonhakjeok bunseok" (A Discursive Analysis of Western Understanding of Confucianism). *Gyegan sasang* (Political Thought Quarterly) 36: 70-93.

Legge, James, trans. 1960a. *The Shoo King*. Vol. 3 of *The Chinese Classics*. Hong Kong: Hong Kong University Press.

__________, trans. 1960b. *The Works of Mencius*. Vol. 2 of *The Chinese Classics*. Hong Kong: Hong Kong University Press.

Locke, John. 1967. *Two Treatises of Government*. Edited by Peter Laslett. 2nd ed. Cambridge: Cambridge University Press.

Mandt, Hella. 1994. *Pokjeongnon-gwa jeohanggwon* (The Theory of Tyranny and the Right to Resistance). Translated by Sim Jae-u. Seoul: Minumsa. Originally published as *Tyrannislehre und Widerstandsrecht* (Darmstadt: Luchterhand, 1974).

Richter, Melvin. 1977. *The Political Theory of Montesquieu*. Cambridge: Cambridge University Press.

"Asian Values" and Confucian Discourse*

LEE Seung-Hwan

The Significance of "Asian Values" and the Discursive Space

Since the Asian economic crisis of 1997, the discussion of Asian values has been active both in Korea and abroad. The concept of Asian values denotes the distinct value system found in the Asian cultural region. The claim that the Asian cultural region has its own unique cultural traditions and value system is not strange at all. Then, why has the notion of Asian values become the topic of heated debates throughout the world in the last few years?

The discourse on Asian values can be addressed in terms of politics, economy, and culture. First, let us examine how Asian values are discussed in the economic sphere. Western scholars introduced the concept of the "Asian development model" in order to explain the economic miracles of the newly industrializing Asian nations between the 1970s and 1980s. Noting that the newly industrializing Asian economies, especially the Four Mini-Dragons, belong to the Confucian cultural sphere, Herman Kahn and Ezra Vogel (Kahn

---

* First published in the *Korea Journal*, vol. 41, no. 3 (autumn 2001), and revised and reprinted in *A Topography of Confucian Discourse: Politico-philosophical Reflections on Confucian Discourse since Modernity* (Dumont, NJ: Homa and Seka Books, 2006).

LEE Seung-Hwan is Professor of Philosophy at Korea University. His publications include *Yuga sasang-ui sahoe cheolhakjeok jaejomyeong* (Re-Illumination of Confucianism as Social Philosophy) (1998) and *Topography of Confucian Discourse: Politico-philosophical Reflections on Confucian Discourse since Modernity* (2006).

1979; Vogel 1979; Hofheinz and Calder 1982) claimed that Confucian values were the critical driving forces of economic growth in this region. They argued that Confucian cultural factors—such as strong leadership, tendencies to be thrifty and moderate, zeal for education, interpersonal relations emulating family relationship, cooperation and diligence—were the major cause of economic development. This explanation incited both support and critique in academia. But the sudden rise of Asian economic crises in the late 1990s began to cast doubt on the plausibility and validity of the "Asian development model," thus making Asian values the focus of debates among economists and sociologists. A prime example of this trend is the seminar held at George Mason University (Washington, DC) on 24 April 1998 with the title, "Asian Ethics, Institutions, and Economy." In this seminar, many renowned scholars such as Francis Fukuyama, the author of *The End of History and the Last Man*, James Buchanan, a Nobel Prize winner in economics, Tu Weiming, a professor at Harvard University, and Peter Beck, a research fellow at Korea Economic Institute of America, discussed the Asian economic crisis and its cultural backgrounds. In addition to this seminar, many international economic magazines have pointed to Asian culture (such as the importance of personal relationships in staffing, corruption, bribery, murky corporate management, affective linkage as well as connections between politicians and businessmen) as the main culprit behind the economic crisis. The Asian values which previously had explained Asia's economic miracles were now considered as the main cause of the economic crisis.

The concept of Asian values is used not only in the economic sphere but also in politics to explain the political system unique to the region. Since the beginning of capitalistic modernization, the leaders of "development dictatorships" in Asia have displayed the attitude that "individual freedom and human rights can be withheld for the nation's economic growth." These political leaders have often attributed the unique characteristics of Asian politics to the Asian cultural value system. For example, Korean President Park Jung-hee advocated "Korean democracy" and the former Prime

Minister of Singapore Lee Kuan Yew claimed that Western democracy is not suitable for Asian societies where family relations take precedence over all other forms of relations.[1] In addition, former Indonesian Prime Minister Suharto and incumbent Malaysian Prime Minister Mahathir argued that the Western style of human rights and democracy is not suitable for the Asian situation due to unique cultural factors. Their assertions appear to be reasonable in that they recognize the limitations of Western democracy, such as excessive individualism, moral corruption, and the breakdown of the family structure, and argue for a suitable political system compatible with Asian cultural traditions. However, some criticize this argument as nothing more than political propaganda to suppress the demands for human rights in their countries. Should people's political freedom be on hold to overcome poverty? Is democracy an obstacle to economic growth? Do cultural factors and values influence the political and economic system? These questions continue to draw attention from social scientists.

The concept of Asian values also plays an important role in the cultural sphere, especially for those searching for the unique value and moral system that is different from that of the West. Tu Weiming suggests that modern Western culture placed too much emphasis on individualism and materialism which led to the breakdown of moral values, the fragmentation of the self, and the disintegration of both family and community. He argues that the West should turn to Confucian humanism as the foundation for overcoming the cultural crises of postindustrial society.[2] Roger Ames of the University of Hawaii and David Hall of the University of Texas also make similar claims.[3] They share the view that Asian values is an alternative solution in overcoming the cultural crisis in postindustrial society. In contrast to these benign views on Asian values, Samuel Huntington presents a rather hostile and cautionary argument. In *The Clash of Civilizations and the Remaking of World Order*, he predicts that the struggle for world hegemony in the post-Cold War era will result in cultural conflicts among civilizations. According to Huntington, the Western Christian civilization, faced with challenges from the Islamic and Confucian civilizations, must defend itself from such challenges from these Asian civilizations. As a tangible solution to this problem, he suggests the formation of a political, economic, and military alliance between the United States and European countries, as well as the exercise of military, diplomatic, and technological restraints against various cultural regions in Asia.[4] Here, it is evident that Huntington is intentionally distorting and exaggerating the conflicts between the Eastern and Western civilizations to maintain the Western global hegemony and to foster sentiments of crisis in the West. As seen here, the concept of Asian values is manipulated, diffused, and propagated in the discursive space of the "maintenance of world hegemony."

Elements of Orientalism in the Asian Values Discourse

Is it valid to define Asian values as a generalized concept? Do cultural characteristics which can be universally applied to the vast area of Asia exist? Geographically, Asia is very large, occupying much of the world excluding Europe, Africa, America, and Oceania. Asia hosts a number of religions such as Islamism, Sikhism, Hinduism, Judaism, Confucianism, Buddhism, and Taoism, as well as a myriad of races, ethnicities, customs, and languages. This being said, it is questionable whether a universal value system exists in Asia where so many ethnicities, languages, religions, and beliefs intricately coexist.

From the perspective of discourse analysis, the notion of Asian values is not a transparent concept, nor is it a neutral one that refers to objective facts; it is rather a "constructed discourse" approached from a particular perspective or viewpoint. The discourse of Asian values takes place within specific temporal and spatial coordinates, which are influenced by the intentions of the main actors of the discourse who desire to impose their ideas on the audiences. Although the foreign media have pointed a finger at Asian values as the metaphysical suspect behind the recent Asian economic crisis, these very values were deemed responsible for the remarkable economic growth in the region during the 1970s and 1980s. Evaluations of Asian values drastically change depending on the particular interest and intention of the discussant. In the 1980s when the United States was mired in an economic recession, many advocated the adoption of strong leadership and the family-like corporate management style found in Asia. The same people now criticize the Asian business management model as a paternalistic model that suppresses creativity and flexibility; they argue that the Asian model is nothing but "cronyism" based on personal ties and connections.

In the Age of Enlightenment, Westerners had interpreted the Confucian political doctrines as promoting righteous governance by the "enlightened king" and tried to emulate it in their efforts to overcome ecclesiastic authority and aristocratic oppression. However, having restored self-confidence through the Industrial Revolution and civil revolutions, they made imperialist advances in the name of the "diffusion of civilization."[5] During this period of the mid-nineteenth century, Westerners traced the cause of Asia's backwardness and underdevelopment to Asian values. For example, sociologist Max Weber associated the lack of capitalistic development in Asia with Confucian culture, notably with such characteristics as traditionalism, animistic worship of ancestors, affective personal relationships, and the unconditional acceptance of this present world (Weber 1951). He argued that because of these Confucian values, capitalism could not develop in Asia. Ironically, while Max Weber had attributed Asia's failure to achieve capitalistic economic development to Asian values, many Westerners turned to these very Asian values to explain the remarkable economic growth in Asia during the 1970s and 1980s. As shown here, the evaluation of Asian values differed drastically depending on the intention and interest of those involved in the discourse. Like a chameleon, Asian values take on different colors depending on the time, space, and the intention of the discussant; hence, it is a dubious concept lacking reality. The discourse on Asian values, like Orientalism, is only an imaginary construct which changes meanings depending on the intention and purpose of Westerners. To put it simply, Orientalism refers to the ideologically-charged viewpoint of Asia intentionally created by Westerners since the period of imperialism.[6]

Since then, to justify their imperialist expansions, Westerners have considered Asian civilization as backward and barbaric. For example, while British colonial officers in India enjoyed the privileges of an exclusive class, they held Indian religion and philosophy in contempt. They branded the Confucian culture of Asia, including that of China, as the symbol of primitiveness and savageness. Western intellectuals, in their imperialist perspective, disparaged Asian culture both to confirm their cultural superiority and to justify their exercise of power in the non-Western nations.[7] The Western explanations of the recent economic crisis in Asia—for instance, favoritism, cronyism, familism, authoritarianism—are, in fact, mere metaphysical rhetoric to justify their economic domination over Asia. In traditional Korea, there was a cross-appointment system which placed government officials in locations other than their hometowns to eradicate favoritism and the abuse of personal connections. There was an inspection and appeals system to hold the king in check, and public officials and the ruling elite were required to adhere to the principle of "putting public considerations over the private" to prevent injustice and corruption. The ultimate goal of Neo-Confucianism, the Joseon dynasty's governing ideology for 500 years, was to secure the "righteous spirit" in rulers and officials by "acquiring knowledge" through "the investigation of things."

The reason for Western scholars' concentration on favoritism and personal ties as the main Asian characteristics is very clear: they need a metaphysical justification for their economic domination. If we scrutinize the Western modernization process since the Enlightenment, we can trace quite easily the dark signs of corruption, bribery, favoritism, and authoritarianism in the West. The fact that British anti-corruption laws have been repeatedly revised throughout the modernization process indicates that corruption and favoritism are not unique to Asia, but are common wherever greed exists. These elements considered as "Asian values" in the West are not unique to Asia but are simply the shadows accompanying "human conditions" throughout history. In particular, the negative values present in contemporary Korea are not permanent cultural traits that are unrelated to political and economic changes; rather, they indicate the transitional phenomenon amidst drastic social changes. Soon after the liberation from Japanese colonial rule, Koreans experienced a tragic civil war and following in the footsteps of the West, rapidly marched along the road to "condensed modernization" under military authoritarian governments. In this process, Koreans could not afford to consider morality or ethics. Desperately seeking to escape from hunger and to accumulate material wealth in a short period of time, the society was inevitably rapt with practices of *hantangjuui* (the "get-rich-quick" tendency), close ties between politicians and businessmen, corruption, bribery, favoritism, and cronyism. In this sense, equating the negative ramifications of recent Korean history with the permanent characteristics of Asian culture is only a Western attempt to disguise and justify the West's economic domination of Asia.

Asian Values as a Mechanism for Internal Oppression

The concept of Asian values is used by the West as a vehicle to justify not only their economic but also their political domination over Asia. The diplomacy of human rights employed by the United States, which proudly takes the role of the "world police," is a good example. The United States takes every opportunity to rebuke Asian nations for violating human rights by putting the nation and the collective over individual freedom. They contend that Western democracy cannot take roots in Asia because of such cultural elements. In his visit to China in 1998, Clinton criticized and dictated human rights conditions in China without reservations. It is very naive to consider this as an act of good will from the gatekeeper of world justice and freedom. The United States problematized human rights in China but not those in Saudi Arabia. It took extra efforts to drive out the invading Iraqi forces from oil-rich Kuwait while it "gave the cold shoulder" to oil-free Bosnia, when invaded by Serbia; it demanded arms reduction from Iran and Iraq, but not from Israel; it raided Albania for committing ethnic cleansing in Kosovo, but the casualties from the raids were greater than those from the ethnic cleansing. Behind the "just interventions" by the vanguard of "human rights" lurk national interests and the desire for global hegemony. Employing such hypocritical double standards, they adjust the degree and level of "intervention" on each individual case. The United States intervenes in the internal affairs of countries that are considered to depart from its global management initiative in the name of protecting "human rights," and regards Asian values as the cultural poison which hinders human rights.

In the interview with *Foreign Affairs* (March/April 1994), Lee Kuan Yew protested that the West should not indiscriminately force other countries to adopt Western values and the Western system. His remarks were in protest against the United States' coercive and hypocritical "human rights imperialism," and they seize our attention, in that they were intended as a form of resistance against Westerners who try to define Western values as universal and force them on the other parts of the world through imperialist coercion. However, similar to deceptive American intentions, Lee Kuan Yew's attitude is far from being transparent.

Lee Kuan Yew makes use of Asian values to justify his authoritarian rule. On the surface, he appeared as a self-confident nationalist defying Western imperialism, but he emphasizes the unique characteristics of Asian culture and tradition to justify his authoritarianism domestically. When the opposition party demanded democratization, he retorted, "They demand democratization, but I doubt they can maintain democracy even for nine days."[8] Claiming that Singapore cannot develop a Western-style democracy due to its unique cultural characteristics, he argues for "Asian patriarchal democracy."

Since the stabilization of Singapore's economic growth in 1980, Lee Kuan Yew has sought to establish Confucianism as the national ethical guideline. In 1982, he designated "Confucian ethics" as an elective course in middle schools, and in the following year, he had then-Vice Prime Minister and Minister of Education Goh Keng Swee establish the Institute of East Asian Philosophy and to initiate the Confucianism revitalization movement.[9] This cultural policy, though, met resistance from the non-Chinese citizens as "a vile intention to expand Sinocentrism in Singapore" (Kuo 1996, 304). Singapore is a multi-ethnic and multi-religion nation, including Chinese (76 percent), Malays (15 percent), Indians (6 percent), Europeans, Japanese, Arabs, Jewish, Filipinos, Thai, and Myanmarese by ethnic origin. In terms of religion, Christianity, Sikhism, Islamism, Hinduism, and Buddhism coexist. In a society with a complex ethnic and religious web, the adequacy of Confucian values only promotes division and conflicts rather than solidarity. Since people of Chinese descent already monopolize key government positions and economic power, the effort to foster Confucian values as the ruling ideology inevitably invited the criticism that "Chinese are going to grab everything they can."

As a matter of fact, in the 1970s when Singapore's economy was rapidly growing, concepts of Confucian values or Asian values were not discussed. During the early period of Asia's modernization, Hong Kong obtained its capital from China, and Korea and Taiwan relied on loans from the United States; Singapore, however, depended on multinational corporations (MNCs). Lee Kuan Yew enacted labor laws, in which labor disputes were considered illegal and forced as much as 50 percent of workers' monthly wages to be withheld for the Central Provident Fund. Even as of the 1980s, 43.7 percent of the adult population of Singapore aged 25 or over did not have school education, and high-skill jobs were mainly filled by foreign workers (Wong 1996, 285-286). These statistics reveal that the "Asian development model"—based on a high educational level, paternalistic labor-management relations emulating family relations, cooperation and diligence—does not fit the case of Singapore. Therefore, the concept of Asian values touted by Lee Kuan Yew was created as a political strategy after achieving economic success.

Immediately following Lee Kuan Yew's interview with *Foreign Affairs*, Kim Dae-jung, then president of the Peace Foundation for the Asia-Pacific Region, made a rebuttal in the same journal under the title, "Is Culture Destiny?"[10] Kim Dae-jung claimed, "Asia has its own democratic tradition just as the West, and Lee Kuan Yew was wrong in claiming that Western-style democracy is not suitable for Asia due to its unique cultural characteristics." Taking the examples of Mencius' theory of righteous government and Joseon's Donghak philosophy, Kim emphasized that Asians, too, can achieve democracy by reviving their cultural tradition. He clearly refuted Lee Kuan Yew's position and stated, "Asia should lose no time in firmly establishing democracy and strengthening human rights. The biggest obstacle is not its cultural heritage but the resistance of authoritarian rulers and their apologists. Asia has much to offer the rest of the world; its rich heritage of democracy-oriented philosophies and traditions can make a significant contribution to the evolution of global democracy" (Kim 1994). The concept of Asian values, therefore, is both metaphysical rhetoric employed by the West to justify its political, economic, and cultural domination over the non-Western world and an ideological apparatus utilized by politicians of "development dictatorships" in Asia to perpetuate the status quo. In addition to Lee Kuan Yew, we should also note that the late Korean President Park Chung-hee was an avid advocate of Korean-style democracy in his prolonged eighteen-years of rule, and Suharto, the former autocratic President of Indonesia, in power for about thirty years, was another faithful supporter of Asian values.

Asian Values and Our Future

The concept of Asian values can be compared to a "rifle." While it is important to distinguish a good rifle from a bad one, what is more crucial is to define its use and purpose. Although a rifle can be used to combat robbery, it can also be used by a robber. This is the same with Asian values. Tradition has both good elements, which should be passed on, and bad elements, which should be ameliorated.[11] It is important to distinguish between the positive and negative aspects of tradition, but it is more necessary to define which traditional elements will be used for which purposes. It is imperative to keep a close watch over the various attempts to use culture and tradition for "dishonest motives."[12] Such concepts as "Asian values," "Korean democracy," and "globalization," all embody the desired specific intentions of the discussants which are meant to influence the audience. The unequal power distribution in real life is reflected in the discursive construction, and power is packaged in the name of "knowledge"—the discourse on Asian values is no exception. Therefore, we need to point out the "construct" in the discourse on Asian values and explore how to achieve modernization in independent and self-sustaining capacities.

Culture is a continually evolving entity which must not be regarded as constant or static. In this sense, the concept of Asian values commits the fallacy of reductionism in which everything is reduced to "culture" with complete disregard for political and economic foundations. Furthermore, it commits the fallacy of metaphysicalism, which views culture as a permanent entity. The media of the past exaggerated and glorified Asian values whereas the contemporary media condemn them. If there is a perspective overstating Asia-specific characteristics, it is likely to be an Orientalist view, a reflection of Western imperialism, an attempt to extend authoritarian rule, or an expression of narcissistic nationalism. Meanwhile, if there is anyone who dismisses or disregards Asia-specific characteristics, s/he may be a self-demeaning "Westophile," a blind follower of neoliberalism, or an idealistic citizen of the world.

We should depart from both the extreme tendencies of universalism and relativism and carefully regain a balanced point of view. A more intricate and complex consideration of cultural topography is necessary for such an endeavor. While Park Chung-hee's military authoritarianism posited the slogan of "Koreanized democracy" and cultural uniqueness, Kim Young-sam's regime, which ruined the national economy in the name of "globalization," sloganed the universal market economy in all aspects of governance. In observing the Kim Dae-jung government's reaction to the financial crisis, it seemed that the government had too much faith in the market economy just like the preceding Kim Young-sam government. The Kim Dae-jung administration appeared to be too easily compliant with the IMF's universalist, more precisely, neoliberalist prescription. Malaysia's Prime Minister Mahathir bin Mohamad, during his attendance at the summit meetings of fifteen developing countries in Egypt on May 11, 1998, remarked that the Asian crisis was caused not by Asian values, but by international foreign currency speculators. He announced that he would rather live poorly than submit to the IMF.[13] Mahathir criticized the neoliberalist "globalization" trend as "rapacious capitalism" and contends that the recent economic crisis in Asia has been masterminded by Jewish capitalists in order to hold Chinese capitalists in check and by the United States trying to rein in its emerging competitor of the twenty-first century, China. On July 8, 1998, former British Prime Minister Thatcher stated that she agreed with Mahathir on the need for the IMF to establish a monitoring system in order to prevent the sudden international mobility of financial capital from causing crises in the national economies.[14]

While Mahathir points out the rapacity of global capitalism itself and asserts the necessity of regulating international speculative capital and the responsibility of G7 nations, Kim Dae-jung focuses on Korean capitalism's inability to react to the global capitalist regime. Mahathir promotes market openness,[15] but also is vigilant against international speculators, whereas Kim Dae-jung is obedient to the IMF. The Kim Dae-jung government must complete a drastic reform of the big business sector, which weakened the entire economy, and at the same time, against the IMF's demand for neoliberal restructuring, it must show a gesture of cool-headed resistance based on a clear consciousness of reality. The neoliberal prescription, that is, the "Washington consensus," demands us to be dependent on foreign capital by privatizing government-owned companies in the name of restructuring, by increasing the flexibility of the labor market via mass lay-offs and by reducing social welfare costs. But this restructuring plan is only a consensus among international finance capital owned by advanced capitalist powers, and it intentionally disregards the specific conditions of new capitalist economies. The IMF program is not based on "universal rationality," but upon an elaborate, strategic device created by world capitalist forces for their own motives. The anticipated results of the restructuring include the disintegration of the social framework, the loss of wage negotiation rights, a deepening gap between the rich and the poor, the destruction of the environment, and subordination of national sovereignty to foreign capital. In particular, the inequality gap, which is deepening with mass unemployment and declining wages, has the danger of seriously undermining the social integration of new democracies. The neoliberalist logic of the "market solves it all" touted by the first world and conglomerates of Korea should be transformed to fit the Korean context. Wise state intervention in, and the thoughtful regulation of the market are necessary for this readjustment. Therefore, the Korean state must transform itself into an entity that transcends class and promotes the political participation of all social strata. In addition, the public and private sectors should become more democratized and more transparent.

NOTES

1. Refer to Zakaria (1994, 113-114).

2. Tu (1992, 235-277). For reviews of Tu Weiming's arguments, see Lee (1997a).

3. Refer to Hall and Ames (1987).

4. See the following quotation from Huntington (1996, 312).

> To preserve Western Civilization in the face of declining Western power, it is in the interest of the United States and European countries: to achieve the greater political, economic, and military integration and to coordinate their policies so as to preclude states from other civilizations exploiting differences among them; to incorporate into the European Union and NATO the Western states of Central Europe, that is, the Visegrad countries, the Baltic republics, Slovenia, and Croatia; to encourage the 'Westernization' of Latin America and, as far as possible, the close alignment of Latin American countries with the West; to restrain the development of the conventional and unconventional military power of Islamic and Sinic countries; to slow the drift of Japan away from the West and toward accommodation with China; to accept Russia as the core state of Orthodoxy and a major regional power with legitimate interests in the security of its southern borders; to maintain Western technological and military superiority over other civilizations; and, most important, to recognize that Western intervention in the affairs of other civilizations is probably the single most dangerous source of instability and potential global conflict in a multicivilizational world.

5. For more information, see Lee (1998c, 42-67).

6. On Orientalism, see Lee (1997b).

7. On this point, see Lee (1998b).

8. See the annotations on the political debates of Lee Kuan Yew for 40 Years (quoted in Wang 1995, 227).

9. Between 1985 and 1990, the Institute of East Asian Philosophy held three international seminars on Confucian ethics and modernization (July 1985, January 1987, and August 1988). The papers presented in the seminar held in 1987 were later published as a book. Weiming (see Tu 1991).

10. The article by Kim Dae-jung has been translated into Korean and the Korean version is available on the former President website provided by the Presidential Archives of Korea (http://15cwd.pa.go.kr/korean/president/speech/speech10.php).

11. Of course, this applies not only to the traditions of Asia but also to any other traditions, including those of the West.

12. On this issue, see Lee (1998a, 203-226).

13. *Munhwa Ilbo*, May 11, 1998.

14. *Mal* (Words) (August 1998): 73.

15. Mahathir is critical of the IMF and the schemes of international financial capital, but he is not an ultranationalist. He has played a leading role in opening up Asia by inducing direct foreign investment. Through the multimedia super corridor project, he has made over 100 foreign firms, including Microsoft and Samsung, to invest in Malaysia, and this is one example of his efforts to promote the internationalization of Asia. While implementing the open-door policy to the maximum, he is watchful of the cunning schemes of international financial capital and the IMF at the same time.

REFERENCES

Hall, David, and Roger Ames. 1987. *Thinking Through Confucius*. New York: State University of New York Press.

Hofheinz, Roy Jr., and Kent E. Calder. 1982. *The East Asia Edge*. New York: Basic Books.

Huntington, Samuel. 1996. *The Clash of Civilizations and the Remaking of World Order*. New York: Simon and Schuster.

Kahn, Herman. 1979. *World Economic Development: 1979 and Beyond*. London: Croom Helm.

Kim, Dae-jung. 1994. "Is Culture Destiny?: The Myth of Asia's Anti-Democratic Values." *Foreign Affairs* 73.6 (November/December): 189-194.

Kuo, Eddie C. Y. 1996. "Confucianism as Political Discourse in Singapore: The Case of an Incomplete Revitalization Movement." In *Confucian Traditions in East Asian Modernity: Moral Education and Economic Culture in Japan and the Four Mini-Dragons*, edited by Tu Weiming. Cambridge: Harvard University Press.

Lee, Seung-Hwan. 1997a. "Tu Weiming-ui yuhak je 3-gi baljeonnon" (Tu Weiming's Views on the Third Take-off of Confucianism). *Cheolhak-gwa hyeonsil* (Philosophy and Reality) (fall): 173-189.

__________. 1997b. "Orientallijeum-eul haebu-handa" (An Analysis of Orientalism). *Jeontong-gwa hyeondae* (Tradition and Modernity) (winter): 206-223.

__________. 1998a. "Hanguk-ui munhwajeok jihyeong-gwa jeontong damnon" (Korea's Cultural Topography and Discourse on Tradition). In vol. 2 of *Jisik- ui segye* (The World of Knowledge), edited by Bak Jeong-ho. Seoul: Dongnyok Publishers.

__________. 1998b. "Seoyang-ui yugyo ihae-e daehan damnonhakjeok bunseok" (Analysis of Discourse on Western Understanding of Confucianism). *Sasang* (Thoughts) (spring): 70-93.

__________. 1998c. "Yugyo-ui gwanjeom-eseo bon munhwa-ui jinbo" (Advance of Culture from the Confucian Perspective). In *Munhwa-ui jinbo-e daehan cheolhakjeok seongchal* (Philosophical Reflections on Advance of Culture), edited by Korean Philosophical Association. Seoul: Chulhak-gwa Hyeonsilsa.

Tu, Weiming 杜維明. 1991. *The Triadic Chord: Confucian Ethics, Industrial East Asia, and Max Weber*. Singapore: Institute of East Asian Philosophy.

__________. 1992. *Rujia chuantongdi xiandai zhuanhua* 儒家傳統的現代轉化 (Modern Transformation of Confucian Tradition). Beijing: Zhongguo Guangbo Dianshi Chubanshe.

Vogel, Ezra. 1979. *Japan as Number One*. Cambridge, MA: Harvard University Press.

Wang, Wanqin 王文欽. 1995. *Xinjiapo yu rujia wenhua* 新加坡與儒家文化 (Confucian Culture of Singapore). Suzhou: Soochow University Press.

Weber, Max. 1951. *The Religion of China: Confucianism and Taoism*. Translated and edited by Hans H. Gerth. New York: Macmillan Publishing Co., Inc.

Wong, John. 1996. "Promoting Confucianism for Socio-economic Development: The Singapore Experience." In *Confucian Traditions in East Asian Modernity: Moral Education and Economic Culture in Japan and the Four Mini-Dragons*, edited by Tu Weiming. Cambridge: Harvard University Press.

Zakaria, Fareed. 1994. "A Conversation with Lee Kuan Yew." *Foreign Affairs* 73.2 (March/April): 109-126.